中国典型城市轨道交通建设关键技术丛书

CONNECTING INTO A LOOP
CONSTRUCTION TECHNOLOGY INNOVATION AND PRACTICE OF
FUZHOU METRO LINE 4 ENGINEERING

连线成环
福州地铁4号线建设技术创新与实践

福州市地铁建设工程质量安全监督站　◎ 编著
福州地铁集团有限公司

人民交通出版社
北 京

内 容 提 要

福州地铁 4 号线是福州市第五条建成运营的城市轨道交通线路，是福建省首条采用国际最高等级全自动驾驶系统（GOA4）的运行线路。福州地铁 4 号线工程沿线存在复杂地质断裂带、软硬不均地层、富水砂层、深厚淤泥质土层、基岩突起等多种不良地质问题，在修建过程中克服了盾构穿江施工、软硬不均地层掘进、江中隧道施工、大跨度断面顶管隧道施工、富水砂层基坑开挖、紧邻重要建（构）筑物施工、狭小场地施工组织等诸多难题。本书主要介绍了福州地铁 4 号线在车站及区间土建施工方面采用的新理念、新技术，包括明挖法车站修建施工技术、区间盾构法施工关键技术、矿山法隧道修建施工技术、顶管法施工关键技术等，这些创新技术在提升施工效率和质量、应对复杂地质条件、保障施工安全、推动行业技术进步、实现绿色施工和可持续发展以及提升城市形象和改善民生等方面具有重要意义。

本书可供从事城市轨道交通建设、地下工程、岩土工程等工作的工程技术人员参考，也可供高等院校相关专业师生学习使用。

图书在版编目(CIP)数据

连线成环：福州地铁 4 号线建设技术创新与实践 / 福州市地铁建设工程质量安全监督站，福州地铁集团有限公司编著. — 北京：人民交通出版社股份有限公司，2025.1. — ISBN 978-7-114-20147-9

Ⅰ．U231

中国国家版本馆 CIP 数据核字第 2025SV2499 号

中国典型城市轨道交通建设关键技术丛书
Lianxian Cheng Huan —— Fuzhou Ditie 4 Hao Xian Jianshe Jishu Chuangxin yu Shijian

书　　名：	连线成环——福州地铁 4 号线建设技术创新与实践
著 作 者：	福州市地铁建设工程质量安全监督站　福州地铁集团有限公司
责任编辑：	李　梦
责任校对：	赵媛媛
责任印制：	张　凯
出版发行：	人民交通出版社
地　　址：	（100011）北京市朝阳区安定门外外馆斜街 3 号
网　　址：	http://www.ccpcl.com.cn
销售电话：	（010）85285857
总 经 销：	人民交通出版社发行部
经　　销：	各地新华书店
印　　刷：	北京博海升彩色印刷有限公司
开　　本：	787×1092　1/16
印　　张：	16.5
字　　数：	349 千
版　　次：	2025 年 1 月　第 1 版
印　　次：	2025 年 1 月　第 1 次印刷
书　　号：	ISBN 978-7-114-20147-9
定　　价：	118.00 元

（有印刷、装订质量问题的图书，由本社负责调换）

编委会

EDITORIAL COMMITTEE

主 任 委 员：郑　军　施伯超　杨建国

副主任委员：李钟顺　牛　刚　瞿建勋

主　　　编：陈永武　艾零件　王　欣

副　主　编：林伯华　肖　翔　张恩军　徐征杰

审　　　定：林华强　张　伟

指 导 单 位：福州市住房和城乡建设局

主 编 单 位：福州市地铁建设工程质量安全监督站

福州地铁集团有限公司

参 编 单 位：中国建筑股份有限公司

[中国建设基础设施有限公司、中建海峡建设发展有限公司、

中国建筑一局（集团）有限公司、中国建筑第五工程局有限公司]

中国交通建设股份有限公司

（中交海峡建设投资发展有限公司、中交第二航务工程局有限公司、中交第三航务工程局有限公司、中交一公局集团有限公司）

上海隧道工程有限公司

福建理工大学

参 编 人 员：黄道营　杨明辉　张　灵　谢祖光　陈舒帆　王国平　林家全
　　　　　　夏海洪　张　腾　王　耀　袁　杰　赵红岗　田　旭　杨　卫
　　　　　　徐毅夫　宋心村　梁恒超　罗玉奇　王　石　秦宝军　龚文棋
　　　　　　罗利平　郭智峰　谢茂累　赵明喆　黄嘉伟　张红伟　刘顺溶
　　　　　　张焕明　樊俊松　黄步辉　宁　寅　闫　威　刘　敏　杨　燚

前言

福州地铁 4 号线一期工程是福州市城市轨道交通网络建设中的重要组成部分，肩负着连接城市各重要区域、提升交通便捷性和推动城市发展的重任。工程起始于半洲站，终点为帝封江站，全长 28.4km，途经金山、鼓楼、晋安、台江和仓山等多个重要区域，连接了金山工业集中区、洪山科技园、东街商业中心、东二环泰禾广场综合体、鳌峰金融中心、东部办公区以及海峡国际会展中心等福州市核心地带。福州地铁 4 号线的开通运营，与福州地铁 1 号线、2 号线以及 5 号线形成了"十字 + 环"的布局，极大缓解了中心城区的交通压力，推进了城市"东扩南进"发展战略的实施。

在技术创新方面，福州地铁 4 号线一期工程面临诸多挑战。作者团队通过多种创新技术和精细化管理方法，成功克服了复杂地质条件和密集建（构）筑物下的施工难题。在省立医院站和光明港站，设计团队创新性地采用了中国首创的单风亭设计方案，这不仅降低了施工难度，还为车站与周边建筑的融合创造了有利条件。城门站则首次采用冷冻暗挖法成功实现"零距离"下穿既有线的新纪录，标志着福建省地铁建设技术取得重大进步。此外，林浦站至城门站区间首次使用 EPB/TBM 双模盾构机成功应对了复杂地质条件，实现了在软硬交替地层中的顺利掘进。在前锦车辆段施工过程中，采用了高效智能调度系统和全自动滚焊机，大幅提高了施工效率，确保了工程按期完成。

福州地铁 4 号线一期工程自 2018 年初开始进行围挡施工，经历了数年的艰苦建设，首通段于 2023 年 8 月 27 日正式开通运营。在此过程中，作者团队克服了诸多困难，积累了丰富的施工经验，形成了可供未来地铁工程项目借鉴的宝贵做法。

全书共分为 6 章。第 1 章介绍了福州地铁 4 号线的工程背景、线路规划与设计以及建设意义，并总结了线路的工程地质与水文地质条件、工程重难点、主要工程和建设历程等。第 2 章介绍了福州地铁 4 号线在建造过程中采用的明挖法车站修建施工技术，详细阐述了低净空地下连续墙围护结构施工、上软下硬复合地层地下连续墙施工、富水砂层超深地下连续墙施工、全淤泥软土层车站深基坑加固施工、紧邻安置房深基坑综合防护施工、狭长淤泥质深基坑支护开挖综合施工、城中段盖挖逆作法车站施工、区间中间风井盘锯法硬岩施工等技术。第 3 章介绍了区间盾构法施工关键技术，对不良地质条件下盾构机脱困、盾构穿越上软下硬地层时刀盘防结泥饼、土压平衡盾构机富水砂层掘进施工、盾构区间上软下硬复合地层下穿房屋施工、盾构区间岩层交叉破碎带中下穿闽江、盾构区间城中段软弱地层掘进、盾构区间钢套筒始发接收以及平移过站施工等关键技术进行了详细阐述。第 4 章介绍了矿山法隧道修建施工技术，系统阐述了冻结暗挖法、硬岩地层联络通道爆破开挖施工、车站出入口冻结法施工等关键技术。第 5 章介绍了顶管法施工关键技术，阐述了车站出入口矩形顶管施工、复杂工况下顶管过街通道施工、超大断面顶管隧道施工等关键技术。第 6 章介绍了停车场流水线式大面积施工组织要点以及机电系统安装要点等。

由于作者水平有限，书中难免存在疏漏和不足之处，敬请各位专家和读者不吝赐教，多提批评指导意见，以利修正。

作 者

2024 年 10 月

第1章 绪论 　　001

　　1.1 工程背景 　　003
　　1.2 线路规划与设计 　　003
　　1.3 建设意义 　　004
　　1.4 工程地质与水文地质条件 　　004
　　1.5 工程重难点 　　006
　　1.6 主要工程 　　008
　　1.7 建设历程 　　010

第2章 明挖法车站修建施工技术 　　013

　　2.1 低净空地下连续墙围护结构施工 　　015
　　2.2 上软下硬复合地层地下连续墙施工 　　019
　　2.3 富水砂层超深地下连续墙施工 　　026
　　2.4 全淤泥软土层车站深基坑加固施工 　　036
　　2.5 紧邻安置房深基坑综合防护施工 　　041
　　2.6 狭长淤泥质深基坑支护开挖综合施工 　　046
　　2.7 城中段盖挖逆作法车站施工 　　051
　　2.8 区间中间风井盘锯法硬岩施工技术 　　068

第 3 章　区间盾构法施工关键技术　083

- 3.1　不良地质条件下盾构机脱困　085
- 3.2　盾构穿越上软下硬地层时刀盘防结泥饼技术　092
- 3.3　土压平衡盾构机富水砂层掘进施工　099
- 3.4　盾构区间上软下硬复合地层下穿房屋施工技术　103
- 3.5　盾构区间岩层交叉破碎带中下穿闽江　112
- 3.6　盾构区间城中段软弱地层掘进技术　119
- 3.7　盾构区间钢套筒始发接收、平移过站施工　134

第 4 章　矿山法隧道修建关键技术　151

- 4.1　冻结暗挖法实现"零距离"下穿既有线　153
- 4.2　硬岩地层联络通道爆破开挖施工　161
- 4.3　车站出入口冻结法施工　168

第 5 章　顶管法施工关键技术　181

- 5.1　车站出入口矩形顶管施工　183
- 5.2　复杂工况下顶管过街通道施工　204
- 5.3　超大断面顶管隧道施工技术　216

第 6 章　其他工程关键技术　231

- 6.1　停车场流水线式大面积施工组织　233
- 6.2　机电系统　239

参考文献　255

第 1 章

绪论

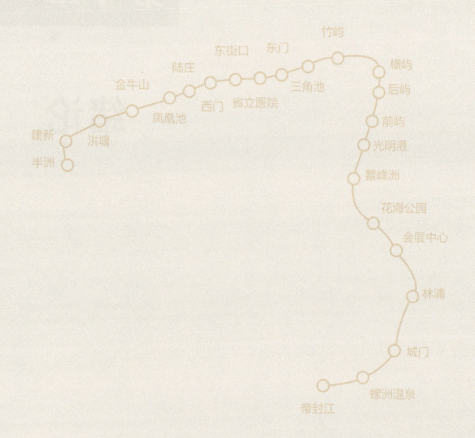

连 线 成 环 | 福州地铁4号线
建设技术创新与实践

1.1　工程背景

为缓解城市交通压力，提升公共交通出行占比，优化城市空间布局，促进区域协调发展，福州市规划了具有现代化、高效率以及便捷特点的轨道交通系统。根据《福州市轨道交通网络规划（2021 年）》，福州市轨道交通的规划范围涵盖了福州市中心城区及周边市域，该规划期限分为远期和远景两个阶段。

远期规划至 2035 年，福州市轨道交通线网由 16 条线路组成（含 F1 线），总长约 623km。其中，市区线 12 条，约 426km；市域线 3 条，约 135km；城际 F1 线约 62km。这些线路将覆盖福州市中心城区及周边重要城镇，形成较为完善的轨道交通网络。

远景规划展望至 2050 年，福州市轨道交通线网将进一步扩展至 20 条线路（含 F1 线），总长约 783km。其中，市区线增加至 13 条，约 462km；市域线增加至 6 条，约 259km；城际 F1 线保持不变，约 62km。这一规划将实现福州市域轨道交通的全域连通，将为福州市的长期发展提供强有力的交通支撑。

目前，福州地铁（即福州市轨道交通）1 号线、2 号线、4 号线、5 号线、6 号线已开通运营，在中心城区形成了地铁 1 号线和地铁 2 号线的"十"字形布局，并通过地铁 4 号线和地铁 5 号线形成环线结构，有效缓解了中心城区的交通压力，支撑了城市"东扩南进"发展战略。其中，于 2023 年 8 月开通的福州地铁 4 号线一期首通段全长约 24km，共设 19 个车站，是福建省内首条全自动运行线路，可实现列车自动驾驶、自动唤醒等功能，最高运行速度为 80km/h，且福州地铁 4 号线一期拥有 6 座换乘车站，可实现与全线网线路的便捷换乘，是目前福州地铁线路中的"换乘之王"。福州地铁 4 号线一期首通段的开通运营，提升了网络可达性和换乘效率，为市民提供了更加便捷、高效的出行方式，对于缓解福州市区交通压力、提升公共交通服务水平具有重要意义。

1.2　线路规划与设计

福州地铁 4 号线一期工程线路走向示意图如图 1-2-1 所示，工程起于半洲站，终于帝封江站，途经金山、鼓楼、晋安、台江、仓山等片区，连接了金山工业集中区、洪山科技园、东街商业中心、东二环泰禾广场综合体、鳌峰金融中心、东部办公区、海峡国际会展中心等主城区重要节点，是福州市轨道交通线网中的加密线路，建成后与地铁 1、2、5 号线在城市中心区形成"十字 + 环"的布局。

地铁 4 号线一期线路全长为 28.4km，线路全部采用地下敷设方式，全线共设 23 座车站，其中包括 7 座换乘车站，平均站间距为 1.26km，最大站间距位于林浦站至城门站区间，达到 2.38km；最小站间距位于陆庄站至西门站区间，仅为 0.72km；全线设一段一场，分别为螺洲车辆段和洪塘停车场；设黄山主变和洪塘主变；采用 6 节 B 型车编组，设计时速达 80km。2023 年 8 月，福州地铁4号线一期工程首通段开通运营，其起于凤凰池站，途经鼓楼区、晋安区、台江区、仓山区，连接金山工业集中区、洪山科技园、东街商业中心、东二环泰禾广场综合体、鳌峰金融中心、东部办公区、海峡国际会展中心等重要节点，终于帝封江站，大致呈"丁"形走向。

图 1-2-1　福州地铁 4 号线一期工程线路走向示意图

1.3　建设意义

作为一条贯通福州市主城区、串联金山片区和南台岛的骨干线路，福州地铁 4 号线一期能够有效改善主城区的交通条件，缓解城市交通拥堵，并提升轨道交通网的整体效益。同时，福州地铁 4 号线一期是福建省首条无人驾驶全自动运行线路。这不仅大幅降低了人力成本，还提升了运营的安全性和可靠性。线路的开通对城市交通起到了分流作用，多点换乘能够减缓中心区的客流压力。地铁成网带来的覆盖性和通达性，将迅速提升公共交通的承载量，更好地满足市民的出行需求。此外，线路途经多个商圈，有助于带动沿线经济发展。

福州地铁 4 号线一期工程首通段的正式载客运营，与已运营的地铁 1、2、5、6 号线实现全线网换乘，标志着福州地铁"十"字（1、2 号线）加环（4、5 号线）放射（6 号线）结构的地铁网络基本形成，使福州轨道交通迈入"环线换乘"的新阶段，为市民提供了极大的便利。

1.4　工程地质与水文地质条件

1.4.1　工程地质条件

福州地铁 4 号线一期工程主要位于福州平原区，线路起点位于半洲站，穿越冲海积平原、剥蚀残丘等多种地貌单元，沿线地形复杂，包括下穿闽江等河流及穿越村庄、公路、市政管线等。本线路所经福州平原区地势低平，海拔多在 5m 以下。由中更新世断陷盆地经河、海长期相互作用形成，堆积层厚度一般为 30～40m，局部可达 70m，自下而上依次为中更新世残积物→晚更新世河→海相沉积物→全新世河→海相沉积物，故福州平原成因类型属于冲积→海积平原。

通过地质勘察和地质分析，推测对线路有影响的断裂主要有：F10 飞凤山-前屿断裂、F12 东山-巫山断裂、F13 大梦山-登云水库断裂、F21 八一水库-螺洲断裂、F22 桐口-洪山桥断裂。未发现较大的区域性断裂从本场地通过，场区内主要断裂的活动性较弱，至少为晚更新世中期以来的不活动断裂。福州地铁 4 号线一期工程沿线穿越的主要地层有全新统第四系（Q）地层长乐组、上更新统东山组、龙海组、燕山晚期花岗岩（γ_3^5）、燕山期侵入岩岩脉（$\varepsilon\pi$）、喜山期侵入岩岩脉（β）地层以及晚侏罗统南园组（J_3^n）深灰色熔结凝灰岩、凝灰岩、流纹质凝灰熔岩等。

1.4.2 水文地质条件

1）地表水体

福州地铁 4 号线一期工程地处闽江流域，地表水体发育，两次穿越闽江流域，地表水体发育，本段线路沿线主要穿越的地表水体有闽江、洪阵河、白马河、晋安河、化工河、光明港、鳌峰河、浦下河以及多条市区内小河和零星池塘等。

2）地下水

一期工程地下水按赋存方式分为第四系松散岩类孔隙水、块状基岩裂隙水、层状基岩裂隙水。

（1）第四系松散岩类孔隙水

松散岩类孔隙水主要位于第四系松散沉积物的孔隙中。本场地的主要相对隔水层包括〈2-1〉黏土、〈2-4-1〉淤泥、〈2-4-2〉淤泥质土和〈2-4-4〉淤泥夹砂，其富水性差，微透水～弱透水。根据含水层和隔水层的空间分布不同，又可将松散岩类孔隙水分为上层滞水、松散层孔隙潜水和松散层孔隙承压水三种。

（2）块状基岩裂隙水

基岩裂隙水赋存于深部花岗岩的碎块状强风化及中等风化带中，由于裂隙张开和密集程度、连通及充填情况都很不均匀，所以裂隙水的埋藏、分布及水动力特征非常不均匀，主要受岩性和地质构造控制。此类裂隙水的透水性及富水性一般较弱，其补给来源主要为含水层侧向补给和上部含水层垂直补给，展现出一定的弱承压性。

（3）层状基岩裂隙水

层状基岩裂隙水赋存于熔结凝灰岩的碎块状强风化及中等风化带中，由于裂隙张开和密集程度、连通及充填情况都很不均匀，所以裂隙水的埋藏、分布及水动力特征非常不均匀，主要受岩性和地质构造控制。此类裂隙水的透水性及富水性一般较弱，其补给来源主要为含水层侧向补给和上部含水层垂直补给，具有一定的弱承压性。

3）场地地下水腐蚀性的初步评价结果

（1）YCK19+899.74 至 YCK31+260.0 段场地地下水对混凝土结构具微腐蚀性，对钢筋混凝土结构中钢筋具微腐蚀性，对钢结构具弱腐蚀性。

（2）YCK31+260.0 至 YCK33+800.0 段地下水在长期浸水情况下对混凝土结构具弱腐蚀性，对钢筋混凝土结构中钢筋具微腐蚀性，对钢结构具中腐蚀性；在有干湿交替情况下，对混凝土结构具弱腐蚀性，对钢筋混凝土结构中钢筋具强腐蚀性，对钢结构具中腐蚀性。该段原为化工厂，地下水 Cl- 超标严重。

（3）YCK33+800.0 至 YCK34+510.0 段场地地下水在有干湿交替情况下，对混凝土结构的腐蚀性具弱腐蚀性，腐蚀性介质均为侵蚀性（SO_4^{2-} 超标），在长期浸水情况下对混凝土结构具微腐蚀性。地下水对钢筋混凝土结构中钢筋具微腐蚀性，对钢结构具弱腐蚀性。

（4）YCK34+510.0 至 YCK3+550.0 段场地地下水在强透水层环境中对混凝土结构具弱腐蚀性，在弱透水层环境中对混凝土结构具微腐蚀性。对钢筋混凝土结构中钢筋具中腐蚀性（干湿交替）或微腐蚀性（长期浸水），对钢结构具中腐蚀性。

（5）YCK3+550.0 至终点在不同深度地下水在各类环境下对混凝土结构均具微腐蚀性。按地层渗透性（A），对混凝土结构具强腐蚀性（腐蚀介质为侵蚀性 CO_2）；按地层渗透性（B），对混凝土结构具中腐蚀性（腐蚀介质为侵蚀性 CO_2）。在长期浸水条件下，地下水对混凝土结构中的钢筋具微腐蚀性；在干湿交替情况下，具弱腐蚀性。

1.5 工程重难点

1）洪塘站—金牛山站盾构区间岩层交叉破碎带中下穿闽江

洪塘站—金牛山站盾构区间长约 1.2km，下穿闽江段长度约 440m，需穿越桐口—洪山桥断裂与大梦山—登云水库断裂交汇处，穿越段涉及 27 种地层、21 种隧道断面，共 66 种地质组合形式，是典型的软硬不均且不断变化的复合地层。同时，区间所穿越的部分岩脉区域常产生基岩突起，造成隧道围岩软硬程度差异极大，围岩极易产生崩塌、失稳，造成盾构机环流严重滞排，无法正常推进。刀盘刀具磨损严重，需经常开仓进行清渣、换刀作业，施工难度极大。在穿越江河的盾构施工过程中，由于地质条件异常复杂，频繁遭遇严重的泥浆排放受阻问题，这一问题进而诱发了江面泥浆异常涌现以及盾构刀具的非正常损耗，最终导致施工机械频繁停机。相比之下，掘进速度在如此复杂地质条件下的减缓程度，远超过在均匀地质条件下的常规表现，这在盾构过江施工中极为罕见。

2）金牛山站、凤凰池站复杂工况下顶管过街通道施工

金牛山站 2 号出入口、3 号出入口通过顶管过街通道与主体结构相接，其中 2 号顶管通道

与主体结构斜接收、在已完成车站结构顶板上方接收吊装。接收过程中易发生洞门渗漏水、主体结构沉降变形等工程风险。

凤凰池站 4 号出入口位于杨桥西路北侧，通过顶管过街通道与主体相接，4 号顶管通道尺寸为 6.9m×4.9m，长约 23m，位于车站主体结构负一层，顶进过程中需穿越多种地下管线。因车站主体吊装孔已完成封堵施工作业，所以顶管设备在车站主体结构负一层接收完成后，需在站内进行拆解，并回运至始发井吊离，整体施工工况复杂且存在主体结构承载力不足引起结构开裂破坏、吊装风险等工程风险。

3）陆庄站—西门站盾构区间钢套筒始发接收、平移过站

西门站周边环境复杂，建（构）筑物密集分布，交通流量大，钢套筒始发接收、平移过站过程中需克服作业空间狭小、预留吊装孔少、过站后钢套筒始发精度要求高等工程难点。

4）西门站、东街口站、省立医院站车站盖挖逆作法实施

西门站、东街口站和省立医院站均位于福州中心城区，车站周围分布着居民区、核心商圈、医院、重要建（构）筑物，交通十分繁忙，如何高效组织基坑土方开挖、逆作过程如何保证地下结构的防水性能为工程施工的重点。

5）东街口站低净空地下连续墙施工

东街口站西端头井存在两幅地下连续墙 DQ-1、DQ-2，其位于东百廊桥下方（净空约 9m）。为保证地下连续墙正常施工，地下连续墙成槽前，采用 $\phi1800mm@1300mm$ MJS 高压旋喷桩 180° 摆喷进行加固。地下连续墙深度为 44.5m，受到廊桥高度限制，需采用特殊设备进行成槽，施工难度大。

6）省立医院站—东门站区间超大断面顶管隧道施工

省立医院站—东门站区间顶管段为当前全球用于地铁区间中最大跨度的超大断面顶管隧道。顶管穿越地层主要为〈2-4-1〉淤泥，该层土质较软，并含有少量粉细砂，易产生管涌，在始发、接收过程中可能引发"栽头"问题。该顶管段埋深近 10m，淤泥层强度非常低，迎面土压力大，导致刀盘扰动下地表沉降较敏感，姿态控制难度大。同时顶管沿东大路布置，为鼓楼区中心城区，沿线两侧分布有重要建（构）筑物及管线，需重点保护。

7）富水砂层超深地下连续墙施工

鳌峰洲站基坑主体围护结构地下连续墙最深处达 64.4m，地下连续墙厚 1000mm，穿越土层包括杂填土、含泥细中砂、淤泥夹砂、淤泥质土、粉质黏土、粉细砂、卵石、强风化花岗岩。在地下连续墙施工过程中，围护结构施工成槽难度大，泥浆护壁稳定性和围护结构体防渗控制难度大，重型设备起吊易引起局部超载，影响槽壁体稳定性等。

8）紧邻安置房深基坑综合防护施工

前屿站主体基坑与前屿村安置房净距为 2.5m，该房屋基础采用 $\phi500mm$ 的沉管灌注桩，桩长约 23m，桩端主要承载力源于其下部的残积砂质粉土层，桩尖深入该层 3m。房屋主体结

构为框架结构，抗震等级为三级；该房屋资料不全，沉管灌注桩具体桩位不明，无法采用常规的斜向锚索锚杆等施加斜向拉应力的防护技术；此外房屋距离基坑边仅 2.5m，一般的机械设备无施工作业面，且若采取常规灌注桩等垂直支护技术，将不可避免地对原状土产生较大的扰动，降低土层的力学性能；因此如何在小空间范围内选择一种既高效又有用且安全经济的综合防护技术是施工难点。

9）区间中间风井盘锯法硬岩施工技术

林浦站—城门站区间中间风井基坑上部长 37.0m，宽 20.0m，基坑深度约 28.90m；上部 4~6m 为杂填土及填石，往下至基坑底为微风化熔结凝灰岩，强度为 96.1~162.5MPa，平均强度为 129.3MPa。该岩石坚硬程度属坚硬岩，岩体完整性等级属较完整~完整，岩体基本质量等级为Ⅱ级。原设计方案为爆破法施工，但风井周边为三环快速路、车管所驾考场和事故快处中心等重要建（构）筑物，安全隐患多，风险高。经设计及专家方案论证对比决定采用盘锯法进行硬岩切割开挖，避免爆破开挖引起周边建筑物的沉降。

10）冷冻暗挖法"零距离"下穿既有线施工技术

地铁 4 号线城门站在下穿既有运营车站城门站时，采用冷冻法与矿山法相结合的施工工艺，该暗挖段与地铁 1 号线城门站底板密贴，地铁 4 号线城门站暗挖通道施工可能引起地铁 1 号线城门站车站结构变形，施工难度大。暗挖段开挖面与既有地铁 1 号线城门站底板密贴，且地铁 1 号线为正在运营中车站。此外，左线通道开挖，右线通道为积极冻结，地铁 1 号线底板容易出现变形等问题。暗挖段工程地质构造复杂，存在粉质黏土、淤泥质土、残积黏性土（可塑）、强风化熔结凝灰岩（砂土状），同时还受到基岩裂隙水等水文地质的影响，给开挖带来风险。

1.6 主要工程

福州地铁 4 号线共设 23 座车站，均为地下站，除终点站帝封江站为双岛站台车站，其余均为岛式车站。区间除出入场线和省立医院站—东门站区间采用顶管法外，其余均采用盾构工法，各车站和区间参数详见表 1-6-1。

各车站和区间参数表　　表 1-6-1

序号	工程名称	结构断面形式	工法	长度（m）	站台宽度（m）	围护结构	备注
1	半洲站	矩形	明挖法	486	11	地下连续墙	地下两层
2	洪塘出入场线	矩形	明挖法	140.69			
3	半洲站—建新站区间	圆形	盾构法	586.672			
4	建新站	矩形	明挖法	353.1	11	地下连续墙	地下两层

续上表

序号	工程名称	结构断面形式	工法	长度(m)	站台宽度(m)	围护结构	备注
5	建新站—洪塘站区间	圆形	盾构法	1316.705			
6	洪塘站	矩形	半盖挖法	187.6	14	地下连续墙	与地铁5号线换乘，地下四层
7	洪塘站—金牛山站区间	圆形	盾构法	1185.41			
8	金牛山站	矩形	明挖法	149	13	地下连续墙	地下三层
9	金牛山站—凤凰池站区间	圆形	盾构法	930.712			
10	凤凰池站	矩形	半盖挖法	267.5	11	地下连续墙	地下两层
11	凤凰池站—陆庄站区间	圆形	盾构法	966.414			
12	陆庄站	矩形	明挖法	164	11	地下连续墙	地下两层
13	陆庄站—西门站区间	圆形	盾构法	553.32			
14	西门站	矩形	半盖挖法	214.6	11	地下连续墙	地下两层
15	西门站—东街口站区间	圆形	盾构法	709.757			
16	东街口站	矩形	半盖挖法	176	14.6	地下连续墙	与地铁1号线换乘，地下三层
17	东街口站—省立医院站区间	圆形	盾构法	576.864			
18	省立医院站	矩形	半盖挖法	195.8	11	地下连续墙	地下两层
19	省立医院站—东门站区间	圆形	盾构法	342.019			左线长度551.359m
		矩形	明挖法	19.8			
		矩形	顶管法	189.54			
20	东门站	矩形	半盖挖法	297.22	14～18	地下连续墙	地下两层
21	东门站—三角池站区间	圆形	盾构法	977.562			
22	三角池站	矩形	明挖法	290	14	地下连续墙	与地铁3号线换乘，地下两层
23	三角池站—竹屿站区间	圆形	盾构法	871.733			
24	竹屿站	矩形	明挖法	190	11	灌注桩	地下两层
25	竹屿站—横屿站区间	圆形	盾构法	1488.195			
26	横屿站	矩形	明挖法	205	11	地下连续墙	地下两层
27	横屿站—后屿站区间	圆形	盾构法	807.691			
28	后屿站	矩形	明挖法	265.9	11	地下连续墙	地下两层
29	后屿站—前屿站区间	圆形	盾构法	740.811			

续上表

序号	工程名称	结构断面形式	工法	长度（m）	站台宽度（m）	围护结构	备注
30	前屿站	矩形	明挖法	176.1	14	地下连续墙	与地铁2号线换乘，地下三层
31	前屿站—光明港站区间	圆形	盾构法	690.038			
32	光明港站	矩形	明挖法	238.6	11	地下连续墙	地下两层
33	光明港站—鳌峰洲站区间	圆形	盾构法	955.922			
34	鳌峰洲站	矩形	明挖法	145	13	地下连续墙	地下三层
35	鳌峰洲站—花海公园站区间	圆形	盾构法	1629.065			
36	花海公园站	矩形	明挖法	475	11	地下连续墙	地下两层
37	花海公园站—会展中心站区间	圆形	盾构法	1190.316			
38	会展中心站	矩形	明挖法	216	11	地下连续墙	地下两层
39	会展中心站—林浦站区间	圆形	盾构法	1553.039			
40	林浦站	矩形	明挖法	176	14	地下连续墙	与地铁6号线换乘，地下三层
41	林浦站—城门区间	圆形	盾构法	874.037			右线长度2114.32m
		矩形	明挖法	37			中间风井
		圆形	盾构法	1203.283			
42	城门站	矩形	明挖法	315.22	14	地下连续墙	与地铁1号线换乘，地下三层
43	螺洲出入段线	圆形	盾构法	582.553			
44	城门站—螺洲镇站区间	圆形	盾构法	831.353			
45	螺洲温泉站	矩形	明挖法	289	11	地下连续墙	地下两层
46	螺洲镇站—帝封江站区间	圆形	盾构法	1222.794			
47	帝封江站	矩形	明挖法	497.4	12	地下连续墙	与地铁5号线换乘，地下两层

1.7 建设历程

1.7.1 前期规划

2015年12月31日，国家发展和改革委员会批复《福州市城市轨道交通第二期建设规划（2015—2021年）》（发改基础〔2015〕3170号），福州地铁4号线一期工程（洪塘站—螺洲镇站区间）获批。

2016年11月23日—12月3日，福州地铁4号线一期工程进行社会稳定风险评估公众参与公示；12月1日，福州地铁4号线一期工程进行环境影响评价第一次公示。

2017年3月15日，福州地铁4号线一期工程进行环境影响评价第二次公示；5月16日，福州市环境保护局批复《福州市轨道交通4号线一期工程环境影响报告书》（榕环保评〔2017〕42号）；6月29日，福建省发展和改革委员会批复《福州市城市轨道交通4号线一期工程可行性研究报告》（闽发改网审交通〔2017〕103号）。

2019年6月20日，福建省发展和改革委员会批复《福州市轨道交通4号线一期工程可行性研究调整补充报告》（闽发改网审交通〔2019〕108号）；8月6日，福建省发展和改革委员会批复《福州市轨道交通4号线一期工程初步设计》（闽发改网审交通〔2019〕137号）。

1.7.2 一期工程建设历程

2018年1月21日，福州地铁4号线竹屿站进行一期围挡施工，成为全线第一个完成围挡封闭的车站；4月4日，会展中心站进行围挡施工；5月11日，前屿站进行围挡施工；5月12日，后屿站进行围挡施工；10月10日，竹屿站首仓底板混凝土浇筑完成。

2019年1月26日，福州地铁4号线省立医院站进行围挡施工；5月9日，光明港站进行一期围挡施工；5月10日，横屿站主体结构封顶；6月1日，三角池站进行围挡施工；8月26日，竹屿站主体结构封顶；11月23日，鳌峰洲站地下连续墙施工完成。

2020年1月9日，福州地铁4号线竹屿站至横屿站区间左线盾构贯通；5月15日，福州地铁4号线竹屿站至横屿站区间右线盾构贯通；5月30日，福州地铁4号线横屿站至后屿站区间右线盾构贯通；8月24日，后屿站大基坑主体结构封顶；9月23日，前屿站第1仓顶板封顶；10月23日，鳌峰洲站主体结构封顶；11月26日，前屿站北端头小基坑封顶。

2021年1月7日，福州地铁4号线前屿站主体结构封顶；3月14日，福州地铁4号线光明港站至鳌峰洲站区间左线盾构贯通；4月15日，后屿站至前屿站区间盾构洞通；4月20日，福州地铁4号线一期工程铺轨工程开工建设；9月7日，福州地铁4号线林浦站至城门站区间右线盾构贯通；12月28日，鳌峰洲站附属结构首幅地下连续墙开工建设。

2022年4月18日，福州地铁4号线一期工程进行焊轨施工；5月25日，福州地铁4号线前锦车辆段首列地铁工程车吊装入轨；5月29日，福州地铁4号线一期工程供电工程花海公园站至城门站35 kV环网电缆及变电所一次送电成功；8月25日，福州地铁4号线一期工程供电移交工作完成。

2023年3月27日，福州地铁4号线一期工程首通段进行空载试运行；6月21日，福州地铁4号线一期工程首通段取得车站卫生学检测合格报告；7月1日，福州地铁4号线主控制中心启用；7月14日，福州市卫生健康委员会同意福州地铁4号线一期工程首通段段通过卫生学验收意见；7月25日，福州地铁4号线一期工程首通段通过竣工验收；8月16日，福州地铁4号线一期工程首通段通过初期运营前安全评估；8月23日至25日，福州地铁4号线一期工程首通段进行试乘活动；8月27日，福州地铁4号线一期工程首通段开通运营。

  2021年4月11日，福州地铁4号线金牛山站—洪塘站区间左线盾构始发；10月18日，金牛山站—洪塘站区间右线进行下穿闽江施工。2023年1月11日，金牛山站—洪塘站区间左线盾构（上游）接收，实现洞通。2024年10月24日，福州地铁4号线后通段洪塘站—金牛山站区间右线盾构顺利完成接收，至此，4号线一期工程全线贯通。

第 2 章

Chapter 2

明挖法车站修建施工技术

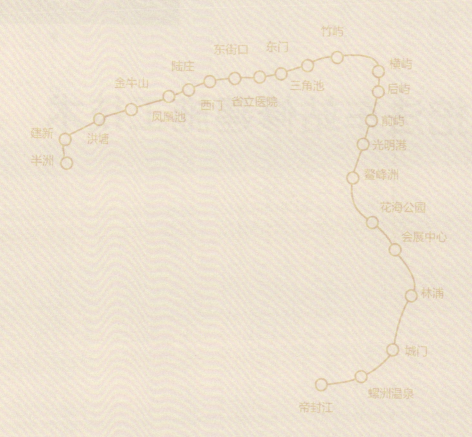

连线成环　福州地铁4号线建设技术创新与实践

2.1 低净空地下连续墙围护结构施工

2.1.1 工程概况

东街口站位于杨桥东路与八一七北路交叉口，沿杨桥东路东西方向布设，是一座3层的地下岛式车站，与已投入运营的地铁1号线东街口站呈"十"字换乘。在车站主体结构方面，采用地下连续墙作为围护结构，采用盖挖逆作法进行施工。

本工程地下连续墙共计41幅，厚度为1.2~1m，深度为44~44.5m。如图2-1-1所示，西区东百廊桥（净空约9m）下方共3幅地下连续墙，深度44.5m、厚度1.2m。

图 2-1-1 东百廊桥现场示意图

2.1.2 施工难点

（1）本站基坑深度范围内存在较厚的淤泥层，为保证地下连续墙正常施作，在连续墙槽壁布置φ650mm@450mm深层三轴搅拌桩进行加固；三轴搅拌桩桩长为26.70~28.53m。然而，受东百廊桥（净空9m）限制，西区场地不满足三轴搅拌桩机拼装需求（长40m×宽20m×高35m）。因此，原计划在西区东百廊桥下进行的三轴搅拌桩槽壁加固（深度达28.53m）无法施工作业，地下连续墙槽段稳定性得不到保证。

（2）东百廊桥净空为9m，现有金泰SG60成槽机作业高度范围为20~25m，无法满足低净空下地下连续墙成槽施工，且对金泰SG60成槽机改装复杂、费用高。

（3）东百廊桥限制下成槽及钢筋笼吊装时间延长，槽段成槽开始至混凝土浇筑完成时间大幅增加，西区地层多为深厚淤泥质土层，槽段塌孔、缩孔导致钢筋笼无法下放等风险发生的概率大幅增大。

（4）钢筋笼由整体吊装调整为分段吊装对接下放，特别是天桥下方地下连续墙钢筋笼，钢筋笼对接过多，将导致钢筋笼变形大、垂直度难以控制、对接处钢筋笼易散架等情况。此外，多段对接导致钢筋笼整体性下降，还影响钢筋笼及地下连续墙抗剪性能，增加施工过程中的安全风险。

（5）紧邻天桥进行吊装作业，会增大施工的风险，同时对天桥内的行人亦是一项重大安全隐患。

2.1.3 施工关键技术

1）地下连续墙槽壁加固技术优化

本站西区地下连续墙槽壁原定的加固方案为：采用深度为 26.70~28.53m 的三轴搅拌桩进行槽壁加固，因受到东百廊桥净空高度的限制而无法实施。原方案采用 ϕ650mm@450mm 三轴搅拌桩，并且选用 42.5 级水泥，其水灰比为 1.5，水泥掺量地下连续墙外侧为 15%、内侧为 12%。

为保证西区地下连续墙在深厚淤泥质土层中成槽的稳定性，对西区加固技术进行优化：西区 3 幅低净空地下连续墙槽壁加固调整为采用 ϕ1800mm@1300mm 全方位高压喷射工法（MJS 工法）旋喷桩进行 180°摆喷加固，采用 42.5 级水泥，其水灰比为 1.0。水泥掺量取土的天然质量的 35%。DQ1~2 区域的 MJS 加固桩长度在外侧和内侧均设计为 28.53m，如图 2-1-2 所示。

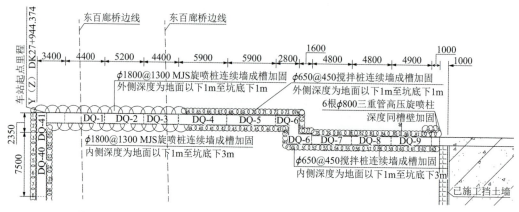

图 2-1-2 西区东百廊桥下地下连续墙槽壁加固优化（尺寸单位：mm）

2）低净空地下连续墙成槽

（1）成槽设备改装

受东百天桥净空限制，天桥下的地下连续墙常规成槽机（高 20~25m）无法成槽施工，需采用特殊设备——低净空成槽机，如图 2-1-3 所示。

图 2-1-3 低净空成槽机示意图

由于目前市场低净空成槽机的种类较少,为满足工程需求,对现有的SG60成槽机进行改装,改装示意图如图2-1-4所示,所需改装部件见表2-1-1。

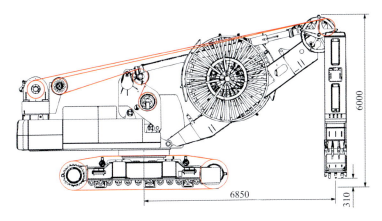

图2-1-4 低净空成槽机改装示意图(尺寸单位:mm)

低净空成槽机改装部件需求表　　　　　　表2-1-1

改装型号	需要生产的部件	生产要求
现有SG60成槽机改装	支架	新制
	前导轮	新制
	顶杆	新制
	后卷扬机过渡架	新制
	下桅杆	SG60现有下桅杆改装
	天车	新制
	抓斗体	新制
	钢丝绳、胶管、电缆	以挖深50m需求配套

由于低净空成槽机爬杆高度限制,成槽时在成槽机旁放置一个简易土箱,成槽机开挖时将抓斗内的槽壁土放入土箱内,再用挖掘机把土箱内的土装置土方车内,以确保开挖的顺利进行,改装后成槽机性能参数见表2-1-2。改装后的低净空成槽机满足东百廊桥下地下连续墙作业要求。

金泰SG60低净空改装成槽机性能参数表　　　　　　表2-1-2

项目	参数	项目	参数
抓斗质量(t)	12~22	液压系统工作压力(bar)	320
抓斗高度(m)	6	最大开挖尺寸(m)	1.5
纠偏原理	斗体铰接纠偏	最大开挖深度(m)	50
纠偏可达垂直精度	1/600		

注:1bar=0.1MPa。

（2）泥浆配合比

东百廊桥限制下成槽及钢筋笼吊装时间延长，槽段成槽开始至混凝土浇筑完成时间大幅增加，西区地层多为深厚淤泥质土层，槽段塌孔、缩孔风险较高。本工程在泥浆指标控制上要适当提高泥浆的黏度和相对密度，选用黏度大、失水量小、形成护壁泥皮薄而韧性强的优质泥浆，以提高泥浆护壁能力和悬浮沉渣能力，降低沉渣厚度，避免缩径现象。为确保地下连续墙在成槽机械长时间施工过程中槽壁稳定，选用新型的复合钠基膨润土（GTC-4）泥浆。

钠基膨润土，其水化后的膨胀倍数为钙基膨润土的10倍以上，膨润土的小板结构充分打开。膨润土的小板与高分子聚合物之间的桥接作用，可在槽壁孔壁形成又薄又韧、致密的泥皮。大大降低了泥浆的滤失，使泥浆的失水量减少，从而降低了对周边地层含水率的扰动，使孔壁周边的地层尽量保持原状，防塌性能增强。复合钠基膨润土（GTC-4）在专用拌浆筒中进行搅拌。配浆用水采用自来水，在配浆前，加入适量纯碱将酸性水或硬水的pH值调到8~9，以达到最佳配浆效果，配合比指标见表2-1-3。

泥浆配合比指标表　　　　　表2-1-3

泥浆材料	膨润土	自来水
1m³投料量（kg）	40	970

（3）成槽施工

抓斗出入导墙口时轻放慢提，防止泥浆掀起波浪，影响导墙下面、后面的土层稳定。抓斗入槽、出槽应慢速、稳当，特别是刚开始成槽时，抓斗保持垂直，并与导墙平行，遇到偏差根据仪表及实测的垂直度情况及时纠偏，以使槽壁的轨迹达到最佳。低净空成槽机挖槽时，悬吊机具的钢索不能松弛，使钢索呈垂直张紧状态，保证挖槽垂直精度。挖槽作业中，要时刻关注侧斜仪器的动向，及时纠正垂直偏差，单元地下连续墙成槽完毕或暂停作业时，即令挖槽机离开作业地下连续墙，施工示意图如图2-1-5所示。

图2-1-5　低净空成槽机成槽施工示意图

3）水下混凝土浇筑

低净空地下连续墙水下混凝土浇筑与常规地下连续墙水下混凝土浇筑方法一致。采用导管法施工，选用直径 270mm 的钢导管，并配备丝牙接头。钢筋笼沉放就位后，用折臂起重机将导管吊入地下连续墙规定位置，导管上顶端安上方形漏斗。导管插入至距离槽底 30～50cm 的位置，浇筑混凝土前应在导管内设置球胆，以起到隔水作用，并检查混凝土配合比后方可浇筑混凝土。检查导管的安装长度，并做好记录，每车混凝土填写一次混凝土上升高度及导管埋设深度的记录，在浇筑中导管插入混凝土深度应始终保持在 2～4m。导管间水平布置为 1.5m，最大不超过 3m，距地下连续墙两侧端部不应大于 1.5m。在混凝土浇筑时，不得将路面洒落的混凝土扫入槽内，污染泥浆。混凝土泛浆高度应控制在 30～50cm，以保证墙顶混凝土强度满足设计要求。

2.1.4　应用成效

东街口站东百廊桥下低净空地下连续墙施工平均工效为 7.5d/幅，耗时为 22d。通过改装低净空金泰 SG60 成槽机，配合钠基膨润土保证槽壁长时间的稳定性，新鲜泥浆置换率达到 150%以上，严控 11 节钢筋笼分节吊装接头质量，加强单节钢筋笼纵、横向桁架布置，确保钢筋笼整体结构强度。施工过程中采用低净空折臂起重机配合 35t 汽车起重机的方式，安全吊放钢筋笼到设计深度。整体地下连续墙槽段垂直度为 1/1500，充盈系数为 1.03，开挖后该段地下连续墙未发现鼓包、渗漏水等围护结构质量缺陷。

2.2　上软下硬复合地层地下连续墙施工

2.2.1　工程概况

出入场线段位于仓山区建新镇，连接洪塘停车场与地铁 4 号线，出入场线段位于洪塘停车场东北方向，斜交纵一号路、洪湾河、公交停车场后，接入建新站。现场地面地形较为平坦，地面现场高程在 7.91～9.22m 之间，其中洪湾河河床高程为 5.60m。场地内主要为民房、停车场、河流、道路等，周边环境主要为居民民房、仓山区新建镇派出所、洪阵河及园亭新村等。

出入场线与正线区间左线相交区域合建，出入场线段为地下一层矩形框架结构，出入场线段与正线区间合建部分为地下二层矩形框架结构。基坑宽度为 9.6～21.5m，出入场线顶板覆土厚度为 5.0～9.2m，区间设置盾构接收井。

出入场线区间采用明挖顺作法施工，基坑采用地下连续墙+内支撑支护形式，坑中坑采用钻孔灌注桩+内支撑支护形式。出入场线站地下连续墙共计 48 幅，每幅墙厚度均为 800mm，深度 20.89～29.60m。接头采用 H 型钢接头，且采用水下 C35 等级的混凝土进行浇筑，其抗渗等级为 P10。地下连续墙统计见表 2-2-1。

出入场线段地下连续墙统计表　　　　表 2-2-1

地下连续墙编号	厚度（mm）	幅数	深度（m）	接头形式
W1～W8	800	9	28.050	H 型钢
W9～W12		4	27.036	
W13～W16		4	23.088	
W17～W18		3	25.542	
W19～W23		5	20.886	
W24		1	29.600	
E1～E8		8	28.050	
E9～E16		8	21.000	
E17～E18		2	26.300	
E19～E22		4	23.093	
E23		1	29.600	
N2		1	26.300	
合计		48		

2.2.2 施工难点

（1）上软下硬复合地层围护结构施工难度大

本工程地下连续墙穿越中风化岩层，该岩层天然状态岩石单轴抗压强度标准值为 139.48MPa，最大强度可达 192.87MPa，强度极高，采用常规成槽设备难以施工。在岩土交界面，因岩层风化不均匀，岩面起伏较大，易发生槽段倾斜、成槽垂直度难以控制、成槽效率低等问题。该岩层天然状态岩石强度极高，需采用辅助成槽设备，方可顺利成槽。

（2）围护结构接缝的防渗控制难度大

围护结构的防渗能力直接影响到永久结构的防渗能力，围护结构一旦发生渗漏，永久结构在该部位发生渗漏的概率非常高。在相邻槽壁的接缝处以及不同围护结构的结合位置极易发生渗漏，并易引发工程事故。

（3）施工易对周围环境造成影响

出入场线段位于居民区，地下连续墙施工时，成槽机产生的较大噪音以及起吊钢筋笼时大型设备的移动，都容易对周围环境造成影响。故设计和施工前必须细致调查周围环境，认真分析车站地质勘察资料，充分评估周边建（构）筑物对本工程地下连续墙的限制和要求，以便采取相应措施将施工影响降低到允许范围。

2.2.3 施工关键技术

2.2.3.1 泥浆制备

本工程在泥浆指标控制上要适当提高泥浆的黏度和相对密度,选用黏度大、失水量小、形成的护壁泥皮薄而韧性强的优质泥浆,以提高泥浆护壁能力和悬浮沉渣能力,降低沉渣厚度,避免径缩现象,确保地下连续墙在成槽机械(成槽机、旋挖钻机、重锤、铣槽机等)反复上下运动过程中的土壁稳定性。为解决常规泥浆在地下连续墙施工中,在护壁性能、携渣能力、稳定性、回收处理等种种方面的不足,选用新型的复合钠基膨润土(GTC-4)泥浆。泥浆拌和参数见表2-2-2,泥浆配合比见表2-2-3。

膨润土掺量与泥浆指标关系表　　　　　表2-2-2

膨润土指标（kg/m³）	30	35	40	45	50
泥浆相对密度	1.015	1.017	1.020	1.023	1.026
泥浆黏度（s）	>25	>30	>35	>45	>65

泥浆配合比指标表　　　　　表2-2-3

泥浆材料	膨润土	自来水
1m³投料量（kg）	30～40	980

由于本工程地下连续墙穿越大量砂性土层,泥浆指标可按砂性土层指标控制。但地下连续墙穿越岩层预计成槽效率较低,施工时间较长,在进行泥浆制备时,宜按表2-2-4中的上限数值进行泥浆性能控制。

泥浆性能指标表　　　　　表2-2-4

项目	新鲜泥浆	成槽泥浆	清孔后泥浆
漏斗黏度（s）	30～35	25～35	25～35
相对密度	1.03～1.10	1.05～1.15	1.03～1.15
pH值	8～9	8～10	8～10
胶体率（%）	>99	>96	>99
失水量（cc/30min）	<10	<15	<10
泥皮厚度（mm）	<1	<1.5	<1
含砂率（%）		<8	<4

2.2.3.2 上软下硬复合地层成槽施工

1)出入场线段一期22幅槽段成槽施工

如图2-2-1所示,针对出入场线上软下硬复合地层成槽施工,一期22幅槽段中设置E21

槽段作为试验槽段，该槽段幅宽为 6m，厚度为 800mm，深度为 23.09m。试验采用旋挖钻机＋成槽机＋铣槽机相结合的综合性成槽作业模式。

a) 牙轮筒钻旋挖引孔、破碎岩层　　b) 成槽机上部软土抓取成槽　　c) 铁槽机下部岩层锥齿切铣成槽

图 2-2-1　出入场线一期槽段成槽施工示意图

（1）牙轮筒钻旋挖引孔

出入场线段一期槽段使用 ZR360C 旋挖钻机进行引孔施工，钻头直径为 800mm。在导墙两侧设置钢板以供桩机定位。钻机自行移位并对位后，通过自身操作系统校核钻杆垂直度，误差小于 0.1%。检查各部件正常后开始钻进，钻进过程升降速度保持在 0.57～0.85m/s，采用中或高转速、低扭矩、少进刀的工艺，给进量为 10～30mm/r，以实现钻进阻力小、成孔效率高。试验槽段 E21 旋挖引孔 9 孔，耗时 79.31h，一期槽段共引孔 95 孔，损耗牙轮筒钻 186 个，更换轮齿 500 个。

（2）成槽机上部软土抓取成槽

旋挖引孔完成后，出入场线段一期槽段采用 SG70 成槽机抓取槽段上部软土。用抓斗挖槽时，要使槽孔垂直，最关键的是要使抓斗在吃土阻力均衡的状态下挖槽，可以抓斗两边的斗齿都吃在实土中，可以抓斗两边的斗齿都落在空洞中，切勿抓斗斗齿一边吃在实土中，一边落在空洞中，根据这个原则，如图 2-2-2 所示，单元地下连续墙上部软土的挖掘顺序为：

① 先挖地下连续墙两端的单孔，或者采用挖好第一孔后，跳开一段距离再挖第二孔的方法，使两个单孔之间留下未被挖掘过的隔墙，这样抓斗在挖单孔时受力均衡，可以有效地纠偏，保证成槽垂直度。

② 先挖单孔，后挖隔墙。因为孔间隔墙的长度小于抓斗开斗长度，抓斗能套住隔墙挖掘，同样能使抓斗受力均衡，有效地纠偏，保证成槽垂直度。

③ 沿槽长方向进行套挖。待单孔和孔间隔墙都挖到设计深度后，再沿槽长方向继续套挖几斗，在抓斗挖单孔和隔墙过程中，因抓斗成槽的垂直度各不相同而形成的凹凸面需修理平整，保证地下连续墙横向有良好的直线性。

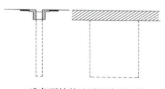 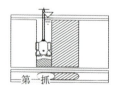

a) 准备开挖的地下连续墙沟槽　　b) 第一抓成槽

图　2-2-2

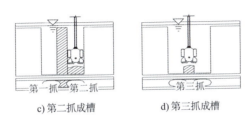

图 2-2-2 出入场线一期槽段上部软土抓取成槽示意图

当成槽由软入硬时,应该放慢成槽速度。注意观察斗体的姿态,及时进行纠偏。确保斗体钢丝绳处于紧绷状态,确保成槽垂直度不大于 0.1%。

(3) 下部硬岩切铣成槽

出入场线段一期槽段采用 BC40 铣槽机进行槽段下部硬岩切铣成槽施工。在强风化~中风化岩石中,铣槽机配标准轮铣槽,在微风化花岗岩中,铣槽机配备锥轮进行铣槽。一期槽段配备标准齿可满足铣槽要求,若旋挖钻机引孔后,标准轮在铣槽过程中进尺缓慢,可采用锥轮进行成槽。

铣槽机铣槽时,切削速度控制在 4~6cm/min。如果铣槽深度超过 8.0~9.0m,可以提高切削的速度至 10~11cm/min。时刻注意 X 向、Y 向的垂直度,使用纠偏板切记要慢慢打开纠偏板,慢慢地进行纠偏。

当穿过硬土层时,要密切注意纠偏板在地层中的位置。如果纠偏板正好在硬质岩层,而铣轮正好在软土地层,则在推出纠偏板时,纠偏板会卡在硬质岩层,进而增加了斗体下放的阻力。因此当放斗阻力增大时,必须先将斗拎住,铣削一段时间,然后将纠偏板收起来,再缓缓下放。一期槽段双轮铣更换牙齿 3840 个,平均成槽工效达 8.45d/幅,一期 22 幅槽段成槽工效如图 2-2-3 所示。

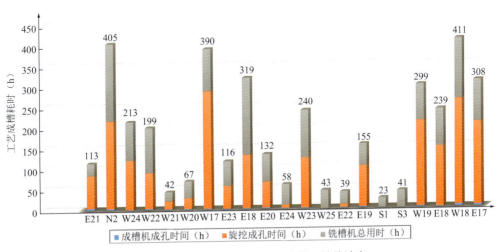

图 2-2-3 出入场线一期槽段成槽工效统计表

2) 出入场线段二期 26 幅槽段成槽施工

如图 2-2-4 所示,入场线段一期 22 幅槽段地下连续墙从 2019 年 11 月 2 日开工至 2020 年 7 月 4 日完成,耗时为 245d,其中成槽耗时为 186d。针对一期槽段所采用的"旋+抓+铣"

工艺无法满足二期施工节点工期问题，必须对辅助成槽工艺进行优化调整。在二期槽段采用利勃海尔 HS883HD 与 10t 重锤相配合的策略，通过重锤的强力破碎作用，为随后的双轮铣削作业创造有利条件，从而形成"抓＋锤＋铣"复合地层成槽工艺。

a) 成槽机上部软土抓取成槽　　b) 10t 圆形重锤锤击破碎岩层　　c) 铣槽机下部岩层锥齿切铣成槽

图 2-2-4　出入场线二期槽段成槽施工示意图

在槽段成槽至硬岩面后，通过利勃海尔 HS883HD 起重设备将 10t 重锤起吊至指定高度，调整水平位置，使轴心孔正对待锤击岩层面，缓缓下放直至距离岩层面 3m 后下放重锤，反复起吊并下冲，每完成一次锤击进尺后，清理槽底碎岩，检测重锤轴心位置并及时纠偏，完成锤击破碎后立即进行铣槽机切铣成槽施工。二期槽段平均成槽工效为 3.38d/幅，辅助成槽工艺的优化大幅提升了成槽工效，二期 26 幅槽段成槽工效如图 2-2-5 所示。

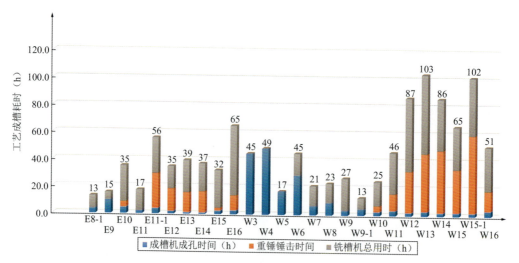

图 2-2-5　出入场线二期槽段成槽工效统计表

2.2.3.3　接头处理及刷壁

H 型钢接头是隔板式刚性接头的一种，能有效地传递基坑外土层压力和竖向力，整体性好。在地下连续墙设计中，尤其是当地下连续墙作为结构一部分时，其在受力及防水方面均有较大安全性，H 型钢止浆板示意图如图 2-2-6 所示。

H 型钢接头在先行槽段局部塌方时，易与浇筑的混凝土混合形成"绕灌混凝土"，导致接头渗漏。为应对此问题，采取以下措施：

（1）控制泥浆指标，确保槽壁稳定。

（2）在先行槽段钢筋笼外包覆止浆铁皮，防止漏浆。

（3）在 H 型钢间隙回填土包，防止混凝土绕流。

（4）铣槽机铣 H 型钢一侧地下连续墙时，铣轮需离开槽段分幅线 20cm。铣槽结束后，用成槽机清理 H 型钢内 20cm 土包。

（5）成槽后，用特制刮刀（30mm 钢板烧制，尺寸与 H 型钢相吻合）安装在成槽机抓斗上，强行挖除附着在 H 型钢上的绕流混凝土。

（6）多次刷壁保证接头质量。成槽、清孔换浆后，对相邻已施工完成的地下连续墙接头进行刷壁，采用钢丝刷紧贴于锯齿形混凝土表壁进行彻底刷洗，刷壁器详图如图 2-2-7 所示。

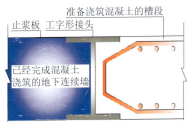

图 2-2-6　H 型钢止浆板示意图　　图 2-2-7　刷壁器详图

2.2.3.4　水下混凝土浇筑

水下混凝土浇筑采用导管法施工，混凝土导管选用直径为 270mm 的钢导管，配备丝牙接头。用起重机将导管吊入地下连续墙规定位置，导管上顶端安上方形漏斗。在混凝土浇筑前测试混凝土的坍落度，并做好试块。

钢筋笼沉放就位后，及时浇筑混凝土，浇筑混凝土前应在导管内设置球胆，以起到隔水作用，并检查混凝土配合比后方可浇筑混凝土。检查导管的安装长度，并做好记录，每车混凝土填写一次混凝土上升高度及导管埋设深度的记录，在浇筑中导管插入混凝土深度应始终保持在 2~4m。导管间水平布置间距不应大于 3m，其距槽段端部不应大于 1.5m；导管下端距槽底应为 30~50cm。在混凝土浇筑时，不得将路面洒落的混凝土扫入槽内，污染泥浆。混凝土泛浆高度控制在 30~50cm，以保证地下连续墙顶部混凝土强度满足设计要求。

2.2.4　应用成效

出入场线段上软下硬复合地层地下连续墙一期槽段施工采用"旋+抓+铣"工艺，二期槽段采用"抓+锤+铣"复合施工工艺。不仅解决了超强硬质岩层中无法切铣成槽的施工难题，同时对辅助成槽工艺的优化和调整进一步提高整体施工工效。出入场线段地下连续墙成槽垂直度控制在 1/350，48 幅地下连续墙总计浇筑混凝土 4960m³、理论计算所需方量为 4793m³，平均充盈系数为 1.03。整体施工质量与安全可控，在基坑开挖过程中未发生基坑渗漏水等工程险情，切实保障工程安全，在工程实践中取得良好效果。

2.3 富水砂层超深地下连续墙施工

2.3.1 工程概况

如图 2-3-1 所示，鳌峰洲站基坑的施工采用明挖法顺筑法，结构形式为复合结构，基坑选用地下连续墙+内支撑的围护结构形式。主体围护结构地下连续墙共 63 幅，其中最大深度达到 64.4m，主钢筋笼最大长度达到 56m。为了确保基坑的止水效果，采用 126 根旋喷桩作为接头止水措施，并设置 30 口降水井。标准段采用三道混凝土支撑+三道钢支撑的内支撑形式，大、小里程盾构段采用三道混凝土支撑+三道钢支撑+一道倒换撑的内支撑形式。基坑中间设置临时立柱，共计 15 根，临时立柱柱基础采用灌注桩，临时立柱采用钢格构柱。围护桩间采用三重管旋喷桩止水，旋喷桩施作于填土、砂层、淤泥层等，进入不透水层 1.5m。

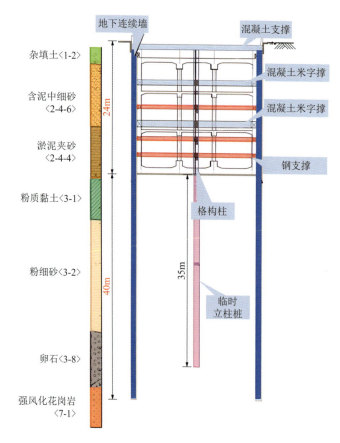

图 2-3-1 鳌峰洲站横断面图

2.3.2 施工难点

(1) 本工程地下分布了较多管线,管线埋深较浅,距离基坑较近,需做好前期迁改工作。场地上空架设高压线缆,垂直高度有限,影响部分围护结构施工。

(2) 鳌峰洲站邻近光明港二支河,地层以砂层为主,其透水性强,且车站为地下三层,开挖深度较深,基坑极易坍塌,同时也可能对周围建(构)筑物及路面造成影响。

(3) 本工程地下连续墙最深达64m,墙厚为1000mm,穿越杂填土、含逆细中砂、淤泥夹砂、淤泥质土、粉质黏土、粉细砂、卵石、强风化花岗岩等多种地质,围护结构施工较困难,具体而言,存在以下难点:

① 成槽难度大:深槽对抓斗重量、高度、压力等要求高,易导致液压系统故障,影响进度。

② 泥浆护壁稳定性控制难:地层中的(含泥)中细砂在动水情况下易塌方,保证槽体稳定性是一大难题。

③ 围护结构体防渗控制难:围护结构渗漏将直接影响永久结构的防渗能力,接缝处和接合部易发生渗漏。

④ 单侧局部超载槽壁体稳定性控制问题:重型设备起吊引起局部超载,影响槽壁体稳定。

2.3.3 施工关键技术

2.3.3.1 特殊性岩土超深地下连续墙槽壁稳定控制技术

鳌峰洲站地下连续墙最大深度达到64m,开挖地层从上至下为回填块石〈1-5〉、(含泥)中细砂层〈2-4-6〉、淤泥夹砂〈2-4-4〉、粉质黏土〈3-1〉、粉细砂〈3-2〉、卵石层〈3-8〉、强风化花岗岩〈7-1〉。表层含有大量建筑垃圾,中部含有软弱地层等特殊岩土,并穿插分布较深砂层,槽壁稳定性差。为满足超深地下连续墙成槽要求,本工程采取槽壁加固+深导墙+泥浆护壁+超声波检测等综合措施,保证成槽质量。

1)富水砂层槽壁整体稳定分析

为了对槽壁进行保护和支撑,保持槽壁的稳定和防止槽壁坍塌,对划分的槽段进行坍塌验算,其中岩土力学参数见表2-3-1。

岩土力学参数 表2-3-1

岩土编号	岩土名称	重度(kN/m³)	压缩模量(MPa)	黏聚力c(kPa)	内摩擦角φ(°)	深度(m)	承压水深度(m)
〈1-2〉	杂填土	19	—	5	12	−3.10	第一层承压水位−3.10
〈2-4-6〉	(含泥)中细砂	18.5	—	4	25	−14.50	

续上表

岩土编号	岩土名称	重度（kN/m³）	压缩模量（MPa）	黏聚力c（kPa）	内摩擦角φ（°）	深度（m）	承压水深度（m）
〈2-4-4〉	淤泥夹砂	16.1	2.6	9.7	3.2	−23.60	第一层承压水位−3.10
〈3-1〉	粉质黏土	19.6	5.96	25.1	8.9	−31.50	第二层承压水位−31.50
〈3-2〉	粉细砂	18.5	—	0	22.5	−52.10	
〈3-8〉	卵石	22	—	0	40	−60.40	
〈7-1〉	强风化花岗岩（砂土状）	19	—	30	28	−69.29	

（1）表层土体稳定性分析

沟槽塌方的安全系数计算公式为：

$$K = \frac{2(\gamma - \gamma_1)^{1/2} \tan \varphi}{\gamma - \gamma_1} \tag{2-3-1}$$

式中：γ——砂土的浮重度（kN/m³）；

γ_1——砂土的浮重度（kN/m³）；

φ——砂土的内摩擦角（°）。

代入数据可得：

$$K = \frac{2(18.5 - 10.5)^{1/2} \tan 25°}{(18.5 - 10.5)} = 0.47 < 1$$

故知，沟槽坍塌安全系数为 0.47 < 1，表层土体稳定性不满足要求。

（2）深层土体泥浆护壁稳定性分析

土体中地下连续墙槽壁稳定性按经典土力学滑动理论要求，取滑动楔形土体进行分析。

根据土体应力平衡条件，槽壁上水平应力状态可表示为：

$$\sigma_x^t = \gamma_t H_t \tan^2\left(45° - \frac{\varphi_t}{2}\right) - 2c_t \tan\left(45° - \frac{\varphi_t}{2}\right) + \gamma_w h_t \tag{2-3-2}$$

式中：σ_x^t——槽壁上的水平应力；

γ_t——土体加权平均重度；

H_t——地下连续墙开挖深度；

φ_t——土体内摩擦角；

c_t——土体黏聚力；

γ_w——水的重度；

h_t——承压水头。

根据公式求得槽壁上土压引起的水平应力，见表 2-3-2。

槽壁水平应力　　　　　表 2-3-2

岩土编号	岩土名称	高程（m）	水平应力（kPa）
〈1-2〉	杂填土	−3.10	20.62
〈2-4-6〉	（含泥）中细砂	−14.50	58.79
〈2-4-4〉	淤泥夹砂	−23.60	140.06
〈3-1〉	粉质黏土	−31.50	254
〈3-2〉	粉细砂	−52.10	442.14
〈3-8〉	卵石	−60.40	336.64
〈7-1〉	强风化花岗岩（砂土状）	−69.29	377.13

槽壁上主动土压力计算公式为：

$$P_a = \sum_{i=1}^{n} \frac{\sigma_x^{i-1} + \sigma_x^{i}}{2} H_i \tag{2-3-3}$$

式中：H_i——不同土层相应的开挖深度；

σ_x^i——第 i 层土相应的槽壁水平应力。

代入数据可得：

$$P_a = \frac{20.62 + 377.13}{2} \times 65 = 12926.88 \text{Pa}$$

槽壁上泥浆压力计算公式为：

$$P_m = \frac{1}{2} \gamma_m H^2 \tag{2-3-4}$$

取泥浆重度 $\gamma_m = 12 \text{kN/m}^3$，最大开挖深度 $H = 65\text{m}$，代入上式可得：

$$P_m = \frac{1}{2} \times 12 \times 65^2 = 25350 \text{Pa}$$

因此，槽壁稳定性的安全系数为：

$$F_s = \frac{P_m}{P_a} = \frac{25350}{12926.88} = 1.96$$

深层槽壁坍塌安全系数 $F_s = 1.96 > 1$，故土体稳定性满足要求。

2）提高槽壁整体稳定性的技术措施

（1）表层松散土体加固。

场地原为民房拆迁区，表层土覆盖条基，清理后场地松散、承载力低，若直接施工导墙，易造成开挖槽段失稳塌方。为解决浅层中存在松散的杂填土〈1-2〉、含泥中细砂层〈2-4-6〉层等问题，对地面以下 8m 的土体进行加固。加固方案采用低水泥掺量的双管旋喷桩技术，沿槽段两侧周圈布置，提高土体强度和自身稳定性，避免导墙失稳倾斜。实施槽壁加固后，有效提高表层土体的稳定性,从而提升墙身的质量,并在实践应用中取得了良好的效果,地下连续墙施工场地如图 2-3-2 所示。

图 2-3-2　地下连续墙施工场地

双管旋喷桩施工工艺流程如图 2-3-3 所示。

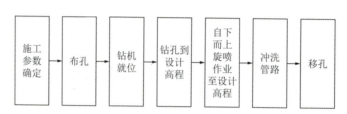

图 2-3-3　双管旋喷桩施工工艺流程图

沿导墙内外基坑一周布置 ϕ650mm@450mm 双管高压旋喷桩,墙外侧的水泥掺入量为 15%,内侧的水泥掺入量为 12%,注浆深度达到 8m,直至第二道支撑位置,槽壁加固距离导墙内边外放 300mm,如图 2-3-4 所示,施工主要参数见表 2-3-3。

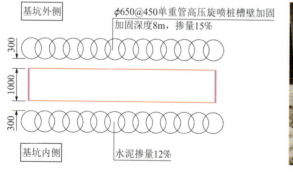

图 2-3-4　双管旋喷桩施工布置图(尺寸单位:mm)

施工主要参数　　　　　　　　　　　表 2-3-3

序号	参数	单位	数值
1	浆液压力	MPa	20~22
2	空气压力	MPa	0.6

续上表

序号	参数	单位	数值
3	空气流量	m³/h	1~2
4	提升速度	cm/min	20~25
5	旋转速度	r/min	10~12
6	浆液喷射量	L/min	76
7	喷嘴孔径	mm	2
8	浆液配合比		1:1

（2）深导墙与路面一体施工，提升整体稳定性。

如图 2-3-5 所示，为减小成槽机、履带起重机等大型机械在槽边行走时对槽壁产生的集中荷载影响，对所有与导墙相接的路面，均铺设了钢筋混凝土材料，并与导墙钢筋整体连接，扩散行车荷载，提高导墙的整体稳定性，防止槽壁发生位移。

图 2-3-5　导墙与场地硬化效果图

① 施工工艺流程如图 2-3-6 所示。

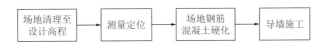

图 2-3-6　导墙与地面硬化流程图

② 导墙与路面硬化施工要点见表 2-3-4。

导墙与路面硬化施工要点　　　　表 2-3-4

序号	施工工序	施工要点及方法
1	场地清理	根据现场拆迁建筑垃圾清理后的表面高程，确定场地硬化及导墙的高程
2	路面硬化	（1）测量放样按地下连续墙四周外放 150mm 后的中心线在向两侧外放 2000mm 场地硬化的边线，预留与导墙面搭接的长度。 （2）场地硬化混凝土采用 C30 混凝土，配筋为双层双向 HRB400 φ14mm@250mm×250mm。 （3）高程引入现场，采用闭合回测法，设置场内水准点，以此控制导墙及地下连续墙的高程，轴线测定使用全站仪，水准点测量用水准仪

续上表

序号	施工工序	施工要点及方法
3	导墙施工	（1）测量放线：地下连续墙中心轴线整体外放 150mm。 （2）沟槽开挖：采用小型挖掘机开挖，开挖顺序按照整体施工顺序进行，导槽施工后要清除导墙根部虚土，禁止将导槽两侧渣土铲入导槽中。 （3）钢筋制作与安装：导墙竖向钢筋、平面纵筋及倒角处加强筋采用 HRB400 $\phi10$mm@100mm，导墙立面水平筋采用 HRB400 $\phi10$mm@200mm，绑扎采用绑扎丝 100%绑扎，纵向及水平钢筋接头采用绑扎连接，接头错开 50%，搭接长度为 35d（d 为钢筋直径）。 （4）导墙对称浇筑：当强度达 70%后方可拆模，及时洒水养护。拆模后设置支撑，支撑设上下二道，水平间距 2000mm

3）优化护壁泥浆配制

泥浆性能的优劣直接影响到地下连续墙成槽施工时槽壁的稳定性。在从现场成槽到完成混凝土浇筑的整个过程中，持续对槽段泥浆的各项指标进行了严格的监测，并采用了超声波检测技术进行辅助分析。根据监测结果，可以得到当泥浆相对密度为 1.1 时，泥浆液面高出地下水位 1m 及导墙面以下 200mm 时，能保持槽壁的稳定；而现场黏度通常实测为 25s 左右，可与槽壁土粒表面形成静止的凝胶，形成一定厚度较稳定的泥皮，起到阻止槽壁坍塌和渗透水的作用。

（1）原材料的选择

① 主材：膨润土采用商品综合性膨润土，每袋质量 25kg。

② 辅材：羧甲基纤维素钠（CMC）、纯碱。

泥浆拌制性能选择见表 2-3-5。

泥浆拌制性能选择　　　　　表 2-3-5

序号	性能要求	材料选择	性能标准
1	提高黏度	加膨润土	失水量减少，稳定性提高，静切力、相对密度增大
		加 CMC	失水量减少，稳定性提高，静切力增大，相对密度不变
		加纯碱	失水量减少，稳定性提高，静切力增大，相对密度不变
2	增大相对密度	加膨润土	黏度增大，稳定性提高
3	增大静切力	加膨润土和 CMC	黏度增大，稳定性提高，失水量减少
4	减少失水量	加膨润土和 CMC	黏度增大，稳定性提高
5	提高稳定性	加膨润土和 CMC	黏度增大，失水量减少

（2）泥浆的配置

根据现场成槽过程中槽壁稳定情况配置泥浆的性能指标，一般对于软土砂层按质量配合比试配，其配合比为水（kg）：膨润土（kg）：增黏剂（kg）= 100：10：0.05（根据试验指标调整添加量）。

膨润土浆液拌制完成后，根据测试的泥浆性能指标，再适量增加 CMC 和纯碱进行微调，达到泥浆指标要求，通过成槽检验泥浆指标能否使槽壁稳定，泥浆配合比见表 2-3-6。

泥浆配合比 表 2-3-6

土层类型	膨润土掺量（%）	增黏剂 CMC 掺量（%）	纯碱掺量（%）
砂性土	10～12	0～0.05	0～0.5

实际使用阶段泥浆指标见表 2-3-7。

实际使用阶段泥浆指标 表 2-3-7

泥浆指标	相对密度	黏度（s）	含砂率（%）	pH 值
数值	1.06～1.10	25	2～4	9～11

（3）泥浆拌制

泥浆拌制的容器选用直径为 1m、深度为 2m 的搅拌桶，先加入水，搅拌机旋转后放入 4 袋膨润土，搅拌 10min，抽至储浆池待溶胀 24h 后使用。

（4）循环泥浆的使用

循环泥浆的分离净化采用泥浆净化分离装置对泥浆中的砂进行分离。当循环泥浆相对密度大于 1.25，黏度大于 40s，当含砂率大于 7%时，作为废浆处理。混凝土浇筑顶部浮渣与浮渣以下 2m 的泥浆作为废浆处理。

2.3.3.2 超深地下连续墙成槽垂直度控制技术

1）严格控制成槽过程中泥浆各项指标

（1）根据福州地区富水含砂地层地质特点，试配出性能指标符合要求的泥浆，并将性能指标要求及配合比标识牌悬挂于泥浆棚内，现场严格按配合比配置新浆。

（2）加大泥浆检测及循环频率，确保泥浆护壁效果。为保证成槽过程中的槽壁稳定，减少塌方对成槽施工的影响，现场每 2h 进行一次泥浆性能检测，并根据成槽过程中土层或地下水变化，随时动态调整检测频率，当槽内泥浆的性能指标发生显著变化后及时置换新浆，检测结果见表 2-3-8。

Q54 幅地下连续墙成槽泥浆检测记录 表 2-3-8

序号	泥浆性能检测记录时间（时:分）	密度（g/cm³）	黏度（s）	含砂率（%）	pH 值
1	10:20	1.09	25	0.5	9
2	12:25	1.07	19.03	1.5	9
3	14:10	1.09	25	2.5	10
4	16:30	1.11	23.63	1	12
5	18:25	1.1	21	2.5	10
6	20:30	1.06	20.3	2.9	8
7	22:40	1.11	26.8	2	13

（3）降低天气变化的影响。下雨前做好围堰，防止地面水流入槽内，并在此期间使用较稠的泥浆，如图 2-3-7 所示。

图 2-3-7　成槽施工基坑围护图

效果检查：成槽过程中泥浆性能指标得到明显改善，相对密度为 1.1，含砂率为 2%，黏度为 27.25s，pH 值为 8，符合目标要求，如图 2-3-8 所示。

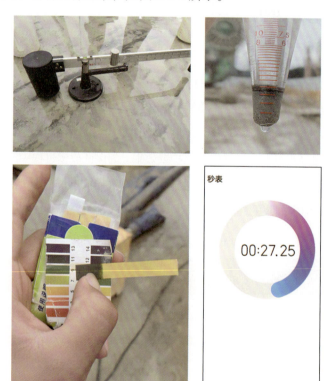

图 2-3-8　泥浆性能检测结果图

2）更换自动纠偏功能的成槽机

SG60 成槽机成槽时纠偏能力较差，无法满足超深地下连续墙施工需要，因此更换为 SG70

型成槽机，该成槽机具有自动校核垂直度、纠偏能力强等特点，如图 2-3-9 所示。

3）确定合理的抓槽顺序

（1）成槽使用机械型号为 SG70，如图 2-3-10 所示，"一抓"尺寸为 2.7m，当施工标准幅段为 6m 时，可分为"三抓"，先挖两侧再挖中间，确保成槽机抓斗两侧受力均匀。

（2）异形幅段施工前先在图纸中测量出槽段尺寸，选择合理开挖顺序，当 L 字幅的槽段长度小于 5.4m 时，按照大于 5.4m 的要求将其划分为"三抓"。针对 Z 字幅中间槽段小于 2.7m，导致成槽机无法下放的问题，在导墙施工时进行外放，改变槽段尺寸，确保成槽机抓斗顺利下放。

（3）每斗进尺深度控制在 0.3m 左右，上、下抓斗时缓慢进行，避免形成涡流冲刷槽壁。

图 2-3-9　SG70 成槽机成槽施工图

图 2-3-10　抓槽顺序示意图

4）稳定淤泥质土层

已施工的成槽垂直度检测数据显示，垂直度偏差主要从基坑上部进行发展，主要因为其均位于淤泥层及淤泥夹砂层等，土层软弱且含水率较大，成槽过程中易出现抓斗受力不均，槽壁受压缩径，淤泥夹砂流失甚至塌方等问题。

针对淤泥质土层普遍存在的成槽垂直度偏差较大的问题，编制专项土质加固方案，提前对淤泥质土层范围内的槽壁进行加固。即在导墙施工之前，使用三轴搅拌桩机进行槽壁加固，桩径为 850mm，设计深度要求深入淤泥质土至少 1m，桩间咬合宽度为 450mm，与地下连续墙搭接不小于 200m。水灰比为 1.0，水泥掺量为 30%，要求加固后的土体 28d 无侧限抗压强度达到 1.0MPa，取芯检查如图 2-3-11 所示。

图 2-3-11　三轴搅拌桩槽壁加固质量钻孔取芯检查

5）对靠近光明港二支河一侧槽壁使用高压旋喷桩机进行注浆加固

前期已对部分表层淤泥质土使用搅拌桩加固，并取得较好的效果，但分析发现富水含砂地层位于基坑中部，使用搅拌桩从上往下搅拌加固将会造成水泥浆大量浪费。而使用高压旋喷桩可直接引孔至需加固部位,使用高压喷头喷浆加固,此方法可仅对砂层进行加固,随后回浇筑浆孔,用时较长但经济实用,性能对比见表 2-3-9,高压旋喷桩施工如图 2-3-12 所示。

槽壁加固性能对比表　　　　　表 2-3-9

序号	加固措施	经济性	实用性	时效性
1	三轴深层搅拌桩	较差	一般	较好
2	高压旋喷桩	一般	较好	一般

图 2-3-12　高压旋喷桩施工图

2.3.4　应用成效

(1)经过对浅层松散土体的槽壁加固,使导墙地基达到整体稳定,在导墙施工与后续成槽作业中,严格控制泥浆护壁质量,表层土体未出现明显塌方,保证了成槽的精度、减少了开挖后处理鼓包的范围。

(2)有效地避免了因整体吊装与周围高压电塔碰撞的事故,克服了城市商业圈拆迁区域因地块狭小而面临的超长钢筋笼吊装的安全风险,选择 56m 主笼一次吊装与 8m 副笼一次吊装,在槽口焊接为整体钢筋笼的方式,保证了吊装的安全可靠,具有环境适应性强、造价低等优点。所采用的主副笼分别吊装,相对超长钢筋笼整体制作吊装,减少了电能、钢铁的消耗,降低了施工机械尾气的排放,从而减少碳排放量,做到绿色施工。

(3)地下连续墙先后浇筑的混凝土之间连接整体性好,工字型钢接头止水质量得到保证,同时大大提高了施工效率。工字型钢腹板背面密贴钢制锁口管,封闭工字型钢与外部环境的联系;开挖连接幅完成后采用铲壁器和刷壁器两种装置对工字型钢上夹泥进行清刷,地下连续墙工字型钢接头止水效果较好。

2.4　全淤泥软土层车站深基坑加固施工

2.4.1　工程概况

横屿站位于前横北路与化工路十字交叉口北侧,沿前横北路南北向铺设。车站有效站台中心里程为 CK33 + 674.180，设计起点里程为 ZCK33 + 547.884，设计终点里程为 YCK33 + 753.281。车站外包全长约 205m，标准段外包总宽约 19.7m，车站标准段基坑深约 13.61m，北端盾构井段基坑深约 17.5m，南端盾构井段基坑深约 17.9m。场地内主要地层有：杂填土〈1-2〉、淤泥〈2-4-1〉、粉质黏土〈3-1-1〉、淤泥质土〈3-4-2〉、全风化花岗岩〈6-1〉、强风化花岗岩（碎块状、砂土状）〈7-2〉、全风化花岗岩〈8-1〉。如图 2-4-1 所示，车站北侧小里程端附近基坑深度范围内有较厚的淤泥层地质，在地下连续墙成槽前，对其槽壁采用 $\phi650mm@450mm$ 深层三轴搅拌桩进行加固。为便于基坑坑内开挖及支撑架设，同时为保证基坑坑底软土层被动区反力，在基坑开挖前，对基坑内采用 $\phi850mm@600mm$ 三轴搅拌桩进行抽条加固。

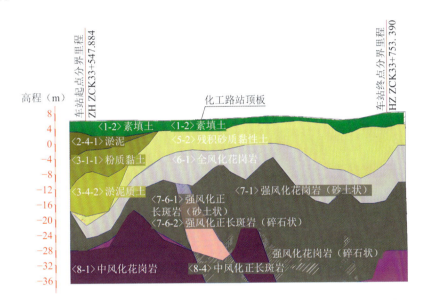

图 2-4-1 横屿站地质纵剖面图

后屿站位于福州市晋安区福新东路和前横路交叉口南侧，主体沿前横北路布置，该站为地下二层岛式车站，采用明挖法进行施工。车站外包总长为 265.9m，车站主体总建筑面积为 10115.17m²。车站主体基坑深度范围内有较厚的淤泥层地质，在地下连续墙成槽前，对其槽壁采用 $\phi650mm@450mm$ 深层五轴搅拌桩进行加固。为便于基坑坑内开挖及支撑架设，同时为保证基坑坑底软土层被动区反力，在基坑开挖前，对基坑内采用 $\phi850mm@600mm$ 五轴搅拌桩进行格栅加固和抽条加固。

2.4.2 施工难点

在横屿站、后屿站主体基坑深度范围内有较厚的淤泥层地质，在地下连续墙成槽与基坑开挖前，如何有效地在全淤泥软土地层对槽壁与坑底进行快速、有效的加固是施工的难点。

2.4.3 施工关键技术

1）施工机械

原设计方案采用三轴搅拌桩对槽壁与基底进行加固,本工程在横屿站采用三轴搅拌桩进行施工,在后屿站采用五轴搅拌桩进行施工,均取得不错成效。两种施工工艺基本相同,所采用搅拌桩机存在差异,三轴搅拌桩采用常规机械,五轴搅拌桩采用上工机械 JB170 全液压步履式打桩架,如图 2-4-2 所示。

2）工艺试桩

按照设计要求、地质实际情况和机械设备性能进行工艺试验桩。水泥搅拌桩施工是通过搅拌头将水泥浆和软土强制拌和,搅拌次数越多,拌和越均匀,水泥土的强度也越高。但是搅拌次数越多,施工时间也越长,工效越低。试桩的目的是为了寻求最佳的搅拌次数、进尺速度,确定不同土层的水泥用量、水灰比、泵送压力及施工工艺等,以指导下一步水泥搅拌桩的大规模施工。

试桩拟采用的施工参数如下。

第一组:水灰比为 1.5,钻进速度为 0.5m/min,提升速度为 0.5m/min,采用二喷四搅。

第二组:水灰比为 1.3,钻进速度为 0.5m/min,提升速度为 0.8m/min,采用二喷四搅。

图 2-4-2 上工机械 JB170 五轴钻机

第三组:水灰比为 1.5,钻进速度为 0.5m/min,提升速度为 1.0m/min,采用二喷四搅。

水泥搅拌桩试桩桩体于 28d 后再进行钻芯取样检测无侧限抗压强度,以检验试桩成桩质量,最后确定水泥掺量及其他相关参数。

3）施工流程

(1) 搅拌桩施工

本工程搅拌桩采用二喷四搅施工工艺,主要施工流程如图 2-4-3 所示。

(2) 测量放样

根据设计图纸文件,首先把场地进行清理整平,将砖渣、块石等杂物清除,下一步测量放样,测量放样包含两项内容:一是依据设计图纸来确定打桩的设计宽度;二是依照设计画出桩位布设平面图,并标明每根桩位的排列编号,放出具体的桩位,施工前须经过监理的复核,五轴搅拌桩加固如图 2-4-4 所示。

如图 2-4-5 所示,根据搅拌桩桩位的中心线,采用 PC220 挖掘机进行沟槽的开挖作业,沟槽的尺寸宽度为 1.2m,深度为 1~1.2m。开挖过程中导向沟槽余土应及时清理平整,以保证后续搅拌桩机能水平行走。

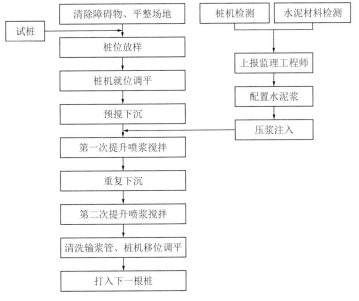

图 2-4-3　搅拌机施工流程

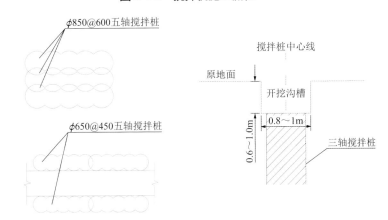

图 2-4-4　五轴搅拌桩加固示意图　　图 2-4-5　沟槽开挖示意图
（尺寸单位：mm）

（3）桩机就位调平

由现场施工员、桩机班长统一指挥桩机就位，桩机下面铺设钢板及路基板，移动前需看清前、后、左、右各位置的情况，专人指挥，如发现障碍物应及时清除，移动结束后应检查定位情况并及时纠偏，桩位偏差不应大于 1/4D（D 为桩径）。桩机应平稳、平正，并用全站仪或线锤进行观测，确保钻机的垂直度，导向架垂直度误差不应大于 1/150。

（4）预搅下沉

根据成桩工艺试验确定水泥浆配合比，待压浆前将水泥浆倒入储浆桶中，制备好的水泥浆滞留时间不得超过 2h。随后启动浆喷机电动机，放松起重机或卷扬机钢丝绳，使喷浆桩机沿导向架自上而下浆喷切土下沉。同时开启灰浆泵进行喷浆，边喷浆边旋转，使水泥浆和原地基土充分拌和，直到下沉钻进至桩底高程，并原位喷浆 30s 以上。

（5）制备水泥浆液及浆液注入

开钻前需对拌浆工作人员进行交底，施工现场应配备电脑计量的自动搅拌系统和散装水泥罐，以确保浆液质量稳定。槽壁加固采用ϕ650mm@450mm的五轴搅拌桩，水灰比根据试桩参数确定，外侧水泥掺量不小于15%，内侧不小于12%。基坑内采用ϕ850mm@600mm五轴搅拌桩进行加固，强加固区水泥掺量为20%，弱加固区为7%。

每根桩水泥用量＝单根桩面积×有效桩长×土的密度×水泥掺量。

每幅ϕ650mm的五轴搅拌桩面积约1.4m^2，每幅ϕ850mm的五轴搅拌桩面积约2.537m^2，土体密度为1.8g/cm^3；每桶拌浆为1000kg水泥＋800kg水（水灰比根据试桩参数确定）。

水泥浆配制好后，停滞时间不得超过2h，对搁置超过2h以上的拌制浆液，应作废浆处理，严禁再用。搭接施工的相邻搅拌桩施工间隔不得超过12h。

搅拌桩采用标准连续方式施工，使用42.5级水泥，需保证强加固区和弱加固区的无侧限抗压强度。搅拌桩搭接施工的间隔时间不宜大于24h，若超过或搭接不良，应记录并采取补偿措施。

（6）钻进搅拌提升

五轴水泥搅拌桩水泥和原状土须均匀搅拌，下沉和提升过程中均为注浆搅拌，为了使水泥浆与土体均匀搅拌，下沉喷浆时由空压机送气切割土体，促使搅拌均匀，同时为了防止桩体内产生气泡、密实度降低，提升时应关闭气体。同时严格控制下沉和提升速度，下沉速度为0.5～0.6m/min，提升速度为0.4～0.5m/min，在桩底部分宜重复搅拌注浆。提升速度不宜过快，避免出现真空负压，孔壁塌方等现象。桩施工时，不得冲水下沉。

另外，按照五轴搅拌桩的施工工艺，五轴搅拌机在下钻提升时要求均匀、连续注入拌制好的水泥浆液，钻杆提升完毕时，设计水泥浆液全部注完。确认浆液已经到桩底时，以试验确定的速度提升搅拌钻头，边喷浆边旋转，提升到桩顶设计高程后再关闭灰浆泵，在原位转动喷浆30s，以保证桩头均匀密实。

（7）提钻、清洗浆管、转移

将搅拌钻头提出地面，停止主电机、空压机，清洗喷浆管，填写施工记录表，桩机移位并校正桩机垂直度后进行下一根桩施工。

（8）五轴水泥土搅拌桩质量检测

五轴水泥土搅拌桩施工允许偏差、检验数量及检验方法见表2-4-1。

五轴水泥土搅拌桩地基质量检测表　　　表2-4-1

项目	序号	检查项目	允许值或允许偏差	检查方法
主控项目	1	复合地基承载力	不小于设计值	静载试验
	2	单桩承载力	不小于设计值	静载试验
	3	水泥用量	不小于设计值	查看流量表
	4	搅拌叶回转半径	±20mm	用钢尺量

续上表

项目	序号	检查项目	允许值或允许偏差		检查方法
主控项目	5	桩长	不小于设计值		测钻杆长度
	6	桩身强度	不小于设计值		28d 试块强度或钻芯法
一般项目	1	水胶比	设计值		实际用水量与水泥等凝胶材料的重量比
	2	提升速度	设计值		测量机头上升距离及时间
	3	下沉速度	设计值		测量机头下沉距离及时间
	4	桩位	条基边桩沿轴线	≤1/4D	全站仪或钢尺测量
			垂直轴线	≤1/6D	
			其他情况	≤2/5D	
	5	桩顶高程	±200mm		水准测量，最上部 500mm 浮浆层及劣质桩体不计入
	6	导向架垂直度	≤1/150		经纬仪测量
	7	褥垫层夯填度（夯实后的褥垫层厚度与虚铺厚度的比值）	≤0.9		水准测量

注：D 为设计桩径。

4）施工工效

横屿站施工使用一台五轴搅拌桩机工效约 20 幅/d，后屿站现场施工使用一台五轴搅拌桩机工效约 30 幅/d，说明在场地条件满足的情况下，采用五轴搅拌桩可进一步提升工效。

2.4.4 应用成效

在福州地铁 4 号线横屿站、后屿站基坑加固及槽壁加固施工中，搅拌桩加固展现了较好的工程优越性及适用性，为在淤泥层、淤泥质软土层等软弱地层使用搅拌桩进行地基处理积累了大量的经验。同时为进一步提升工效，应用上工机械 JB170 全液压步履式打桩架 + 五轴钻机的五轴搅拌桩施工技术，取得了良好效果，可为之后类似的工程施工提供参考。

2.5 紧邻安置房深基坑综合防护施工

2.5.1 工程概况

如图 2-5-1 所示，前屿站为换乘站，与地铁 2 号线前屿站呈"十"字换乘，其位于前横南路与福马路交叉口，沿前横南路南北向布置。地铁 4 号线前屿站为双柱 3 跨 3 层站地下建筑。车站起点里程右线为 YDK35 + 563.071，终点里程右线为 YDK35 + 739.171，车站起点里程左线为 ZDK35 + 563.071，终点里程左线为 ZDK35 + 739.171，设计总长度为 176.1m，标准宽为 23.1m，标准段基坑深度为 24.15m。前屿站安置房为 8 层地面结构，位于地铁 2 号线前屿站与地铁 4 号线前屿站西南象限，基础为 $\phi500mm$ 的沉管灌注桩，桩长约 23m，桩端主持力层为残积砂质粉土，桩尖进入该层至少 3m。房屋主体结构为框架结构，抗震等级为三级。安置房东侧为地铁 4 号线前屿站主体基坑（深度为 24.15m），距离主体基坑约 2.5m；北侧为地铁 4 号线前屿站外挂附属基坑（深度为 9.80m），距安置房净距为 8.28m；南侧为地铁 4 号线前屿站 1 号、2 号风亭组及 2 号出入口基坑（深度为 16.57m），距安置房净距约 9.95m。

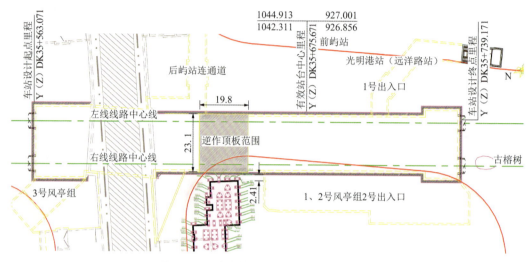

图 2-5-1　前屿站平面图（尺寸单位：m）

如图 2-5-2 所示，前屿站主体基坑与建（构）筑物净距为 2.5m，风亭组及出入口附属基坑开挖深度为 16.57m，与建（构）筑物净距为 9.95m，外挂附属基坑开挖深度为 9.80m，与建（构）筑物净距为 8.28m，主体基坑开挖对建（构）筑物的影响最大。在车站主体基坑的冠梁支撑施工期间，通过对安置房监测数据进行分析，发现房屋沉降值已达到 11mm（地铁 4 号线施工期间）；经过与地铁 2 号线施工期间的监测数据对比研究，该安置房屋累计沉降值即将超过红线允许范围，故在地铁 4 号线车站围护结构已施工的情况下，需对安置房进行保护加固方案设计及施工处置。

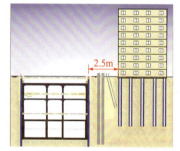

图 2-5-2　建筑物与基坑位置示意图

2.5.2　施工难点

前屿村安置房距离已施工完围护结构的地铁基坑围护结构边仅 2.5m，该房屋基础采用 ϕ500mm 的沉管灌注桩，桩长约 23m，桩端主持力层为残积砂质粉土，桩尖进入该层至少 3m。房屋主体结构为框架结构，抗震等级为三级；该房屋资料不全，沉管灌注桩具体桩位不明，无法采用常规的斜向锚索锚杆等施加斜向拉应力的防护技术；此外房屋距离基坑边仅 2.5m，一般的机械设备无施工作业面，且若采取常规灌注桩等垂直支护技术，将不可避免地对原状土产生较大的扰动，破坏土层的力学性能；因此如何在小空间范围内选择一种既高效又有用且安全经济的综合防护技术是施工的难点。

2.5.3 施工关键技术

安置房保护措施分为安置房周边地基加固处理和前屿站主体基坑变形控制措施，包括钢管桩注浆地基加固、袖阀管注浆地基加固和逆作 6~9 轴顶板、6~8 轴新增加两根钢管格构柱、4~9 轴处全部采用混凝土支撑。安置房保护方案施工步骤见表 2-5-1。

安置房保护方案施工步骤表　　　　表 2-5-1

施工步序	施工内容
第一步	调查房屋周边管线情况，借地，围挡封闭
第二步	施工钢管桩、回填水泥浆液，施作冠梁，预埋袖阀管、注浆
第三步	施作钢管柱，待桩基强度达到设计要求后，开始开挖土方至顶板底。及时根据监测数量变化，进行注浆
第四步	凿除部分地下连续墙，浇筑垫层，绑扎顶板钢筋，浇筑顶板混凝土。待顶板强度达到设计要求后开挖下层土方，施作第二道混凝土腰梁及混凝土支撑。及时根据监测数量变化，进行注浆
第五步	待第二道混凝土腰梁及混凝土支撑强度达到设计要求后开挖下层土方，施作第三道混凝土腰梁及混凝土支撑。及时根据监测数量变化，进行注浆
第六步	待第三道混凝土腰梁及混凝土支撑强度达到设计要求后开挖下层土方，施作第四道混凝土腰梁及混凝土支撑。及时根据监测数量变化，进行注浆
第七步	待第四道混凝土腰梁及混凝土支撑强度达到设计要求后开挖下层土方至基底，及时施工接地。垫层，尽快封闭底板。及时根据监测数量变化，进行注浆

1）建（构）筑物综合保护方案施工工艺流程

施工准备→小直径钢管桩施工→桩顶冠梁施工→袖阀管预埋施工→钢管混凝土柱施工→顶板逆作施工及深基坑支护开挖。

2）小直径钢管桩施工要点

（1）施工准备

根据桩位施工范围，进行场地清理和地下管线调查。钻孔前按设计桩长将钢管接长，钢管连接处使用 4 根 ϕ12mm 钢筋双面焊加固，焊接长度不小于钢管直径的两倍。

小直径钢管桩采用"分段、跳排、间隔跳桩"工艺，小直径钢管桩的桩间距和排距为桩直径 d 的 2.5 倍，并采用梅花形布设；小直径钢管桩的桩长锚入邻近基坑底不少于 1m，确保锚固力和桩体稳定性。

（2）成孔下管

钻机缓慢钻进，每进尺 2m 接一次钻杆，采用膨润土泥浆护壁，防止塌孔。小直径钢管桩外侧距围护结构不少于 50cm，以保证柔性土体的完整性，减小基坑开挖对建（构）筑物基础的扰动。在注水泥浆前，对桩孔进行清孔，排出孔内全部泥浆，使孔底沉渣厚度不大于 50mm。待清孔完毕后及时在孔内安装预先制作好的钢管，钢管顶露出冠梁面 50~100mm，以便接入注浆管。

（3）注浆

在距离小直径钢管桩的底部 2~5m 处的锚固区域，采用梅花形布设注浆孔，注浆时注浆管需安装压力表，注浆压力为 0.6~1.0MPa，扩散半径为 0.25m，水灰比控制在 0.6:1~1:1 之间。下放钢管时要及时注浆，并采取多次间隔的方式，平均 3~5 次，注浆后暂不拔管，直至水泥浆从管外流出为止，拔出注浆管，密封钢管端部，加压数分钟，待水泥浆再次从钢管外流出为止。

3）桩顶冠梁施工要点

冠梁截面尺寸为 800mm（宽）×600mm（高），测量放样出冠梁中心线，确定冠梁施工范围。小直径钢管桩内水泥浆强度达到 30MPa 以上时方可进行清除桩头作业。人工开挖至冠梁底 150mm 处，两边比冠梁宽 150mm，开挖过程中做好对钢管桩的保护。开挖完毕后，底部浇筑 150mm 厚的 C15 混凝土垫层，两边砌筑 120mm 的砖墙，内表面涂抹 1:1 水泥砂浆找平。

小直径钢管桩中钢管的外壁上下单面焊接 L 形钢筋，并将 L 形钢筋与桩顶冠梁的主筋焊接，确保钢管桩与冠梁有效性连接和受力稳固，如图 2-5-3 所示。控制桩顶冠梁与主体结构基坑内冠梁同高程且同厚度，并通过植筋将二者连接成整体，以提升抗侧向力能力。

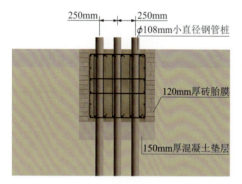

图 2-5-3　桩顶冠梁施工剖面图

4）袖阀管施工要点

使用全站仪测出钻孔孔位，在靠近基坑侧距离建（构）筑物 1.5m 处施作 5 排 ϕ50mm 袖阀管，其间距为 1.0m，排距为 0.5m，错开布置。在钻孔时，根据注浆孔与建（构）筑物桩基的距离，适当调整钻入角度和钻入深度，注浆范围为残积砂质黏性土（硬塑）以下 1m。

套壳料由膨润土、水泥、水现场配制而成，配合比为水泥:膨润土:水 = 1:1.5:2。套壳料养护 5~7d，待强度达到 0.3~0.5MPa 后，方可注浆。

在成孔后立即通过钻杆将套壳料置换孔内泥浆，将注浆管放入注浆管孔中时，确保注浆管下到孔底，上部要高出地面 20cm，最后在注浆管上部安装盖子，防止杂物进入注浆管。注浆时先注外围、后注中部，以达到一序外围成墙、二序内部压密的目的。外围适当提高注浆压力。注浆中应密切注意注浆压力的变化。每段注浆时，压力表应出现两次峰值，当出现第二次峰值后，将注浆内管上提进行下一段注浆。保持注浆压力在 0.5~1.0MPa 范围内，并在达到设定压力后保持稳压 20min，在发现排出的泥浆中含有套壳料时，便可停止置换。利用长度为 20cm 的套管将相邻两节袖阀管进行连接，并及时将袖阀管插入钻孔，下放时应保证袖阀管的中心与钻孔中心重合。

5）钢管混凝土柱施工

（1）钻孔

使用全站仪测定桩位，做好标记。根据桩位标志，开挖护筒孔，采用 1.5m 以上钢护筒。

护筒直径比设计孔径大10cm，护筒宜高于地面30cm，防止地表水流入。在钻孔测斜过程中，土层每2m测斜一次，地层变化时需测斜一次，岩层每0.5m测斜一次，保证钻孔垂直度。成孔完毕现场验孔并测量孔深，孔深偏差保证在±100mm以内。

（2）清孔

清孔共分为两次进行，第一次清孔在成孔完毕后立即进行，第二次清孔在下放钢筋笼和导管安装完毕后进行。第二次清孔采用导管压入新浆的方式进行，向孔内输入新泥浆，维持反循环30min左右，沉渣厚度不大于50mm时清孔结束。

（3）放置钢筋笼

如图2-5-4所示，钢管柱制作采用直径600mm、厚度14mm钢管，钢材型号为Q345B，钢管柱加工要求柱体垂直度不得大于1/1000，偏差不得大于20mm。钢管柱插入钻孔灌注桩内4000mm，钢管柱插入部分焊接ϕ19mm栓钉（钉长100mm，间距150mm，每层14个），在钢筋笼主筋与钢管柱管壁之间用ϕ16mm钢筋焊接固定，固定时钢管柱必须居于钢筋笼正中心，钢管柱中心线和基础中心线允许偏差为±5mm，钢筋笼与钢管柱一起吊放，吊点位于钢管柱上部。

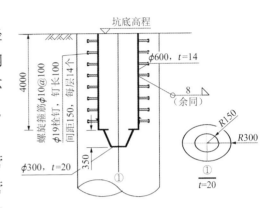

图2-5-4 钢管柱与灌注桩节点做法
（尺寸单位：mm）

（4）混凝土浇筑

钢管混凝土柱采用C35混凝土，坍落度为180~220mm，导管直径选用250mm，使用前做气密性检查，导管应离孔底30~50cm为宜，初始灌注时要有一定的初灌量，防止泥浆回流入导管。灌注完成后时隔36~48h拆除定位器。对于桩孔周围的回填作业，选用碎石夹砂作为回填材料。

（5）结构底板连接处处理

在将钢管混凝土桩用于主体结构底板之前，需对其桩基进行凿除处理，直至垫层以下300mm的位置，空隙采用填砂处理。底板防水卷材包裹在钢管周围用铜条收紧，密封胶收口，距底板上下各60mm钢管处焊接2道10mm厚的止水环（留透气孔，内径为600mm，外径为1000mm），底板主筋与止水环双面焊接长度为$5d$（d为钢筋直径）。

（6）中板连接处处理

当用于主体结构中板时，在ϕ600mm钢管穿越中板处预留700mm×700mm的孔洞，孔洞周边预留横纵向钢筋接驳器，待后续钢管拆除后封堵。

6）顶板逆作施工

施工前需凿除部分地下连续墙，凿除的深度达300mm，高度达800mm，并在该位置上下预埋注浆管。凿除地下连续墙时，保留接头处工字钢并与 L 形钢筋双面焊接，凿除地下连续墙部分进行植筋施工，钢筋采用旋转或手锤击打的方式入孔，植筋胶填充量保证插入钢筋后周边有少许胶料溢出。在顶板钢筋绑扎施工时，增设一道暗梁（1400mm×600mm），连接 3 道格构柱和 2 道钢管混凝土柱。顶板混凝土浇筑采用"斜面分层，薄层浇筑，自然流淌、层层推进"的浇筑的方法。

单块结构板长度应在 18～25m 之间，结构板块数的设置以建（构）筑物所邻近深基坑的长度为依据，同时当建（构）筑物所邻近深基坑的长度大于 54m 时，结构板采用"跳段法"进行施工，结构板的跳段部分采用顺作法进行施工，其他部分采用逆作法进行施工，且逆作法施工的结构板内增设一根暗梁，用于包裹并连接钢管混凝土柱和格构柱。

基坑开挖从上到下分层、分段、分块、对称进行。每层开挖深度不超过 2m，严禁在一个工况一次开挖到底。严格遵守"开槽支撑，先撑后挖，分层开挖，严禁超挖"十六字方针。

2.5.4　应用成效

结合前屿站安置房保护工程的实际情况，提出紧邻地铁车站高层建（构）筑物基础综合防护关键技术，并得到成功应用，减小了建（构）筑物的沉降，保证了建（构）筑物的安全，避免了安置房整体拆迁工作。在整个施工期间，安置房沉降值控制好，且工期提前 2 个月，取得了良好的效果。

2.6　狭长淤泥质深基坑支护开挖综合施工

2.6.1　工程概况

福州市地铁 4 号线一期工程 220kV 榕南线路电力管廊起讫里程为 K0+000～K3+871，总长为 3871m。新建管廊标准段结构净空尺寸为 1.8m×2.4m，加宽段结构净空尺寸为 2.8m×1.9m，底板、顶板、侧墙厚度为 350mm，采用 C30P8 现浇钢筋混凝土，基坑开挖平均深度约 6m；每 200m 设置一处逃生孔及防火门，如图 2-6-1 所示。

管廊先后经过化工路与前横路交叉路口、福新东路与前横路交叉路口以及福马路口等多处十字交叉主干道路口。此外，管廊分别经过福州地铁 4 号线后屿站、前屿站、光明港站这三个车站尚未施工的出入口上方，并且还穿越地铁 2 号线前屿站已经竣工的顶板正上方区域。

基坑开挖范围内地层主要为淤泥、淤泥夹砂层、含泥中细砂层，基底主要处在含泥中细砂、砂夹淤泥层、淤泥层等软弱地层。

新旧管廊设计无缝对接施工里程范围为 K0+000～K0+050，旧管廊结构净空尺寸为 1.6m×1.6m，结构厚度为 250mm，旧管廊平均埋深约为 3m。

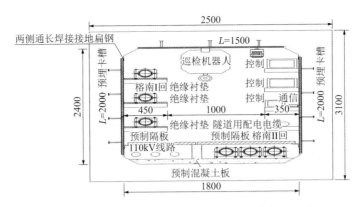

图 2-6-1 管廊结构标准段剖面图（尺寸单位：mm）

2.6.2 施工难点

（1）管廊先后经过化工路与前横路交叉路口、福新东路与前横路交叉路口以及福马路口等多处十字交叉主干道路口。此外，管廊分别经过福州地铁4号线后屿站、前屿站、光明港站这三个车站尚未施工的出入口上方，并且还穿越地铁2号线前屿站已经竣工的顶板正上方区域。

（2）管廊沿线分别下穿陈厝河桥梁、下穿凤坂河；并正穿远洋高架桥。管廊基坑范围内管线种类达10余种，管径在10~150cm不等，围护结构施工难度极大。

（3）新旧管廊设计无缝对接施工里程范围为K0+000~K0+050，旧管廊结构净空尺寸为1.6m×1.6m，结构厚度为250mm，旧管廊平均埋深约为3m，电力管廊建设存在建设周期，导致出现新旧电力管廊需要无缝对接的现象。但由于旧管廊内高压电缆已正式运营，新管廊再次施工对电缆安全影响较大，危险性高。

2.6.3 施工关键技术

1）软弱地基加固设计

因全线管廊基底处于软弱地层，为保证基坑开挖的安全以及提高地基承载力、降低后期管廊沉降值，需对地基进行加固处理，考虑基坑开挖深度、地质，并结合经济、安全及环保等因素综合考虑。

（1）标准段

标准开挖段（基坑开挖深度不超过7m）基底采取ϕ550mm@1000mm单轴水泥搅拌桩间隔加固，基坑范围内按两排设置，排间距为1.5m；加固至基坑底以下5m区域，基坑底以下为强加固，水泥掺量不少于18%，基坑底以上为弱加固，水泥掺量为6%。同时基坑底以下采用100mm厚素混凝土+200mm厚碎石换填，基坑底以上施工200mm厚素混凝土层（150mm厚素混凝土垫层+50mm厚防水保护层），范围为基坑内满铺，且与两侧钢板桩密贴，在提高地基承载力的同时，兼作钢板桩混凝土支撑，如图 2-6-2 所示。

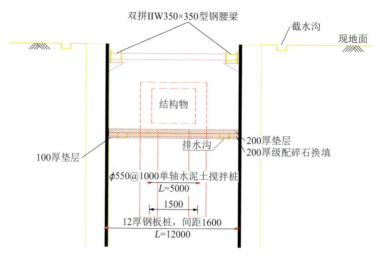

图 2-6-2　基坑间隔加固剖面示意图（尺寸单位：mm）

（2）加深段

局部开挖加深段（基坑开挖深度至少 7m）基底采取 ϕ550mm@400mm 单轴水泥搅拌桩抽条加固；加固至基坑底以下 4m，基坑底以上 1m 至基底以下 4m 为强加固区。垂直基坑方向加固间距为一个 U 形钢板桩间距，即 1.6m；平行基坑方向设两条，且紧贴基坑壁设两排通长布置，如图 2-6-3 所示。

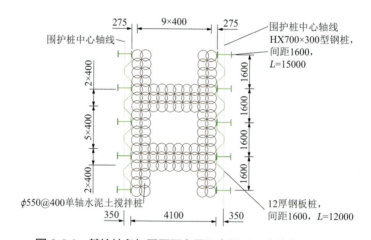

图 2-6-3　基坑抽条加固平面布置示意图（尺寸单位：mm）

（3）管线段

因施工现场管线繁多、交叉路口段场地狭窄等因素搅拌桩难以施工，故针对管线处及路口段地基加固采取高压旋喷桩代替搅拌桩。桩径、加固范围及桩长均同水泥搅拌桩，高压旋喷桩水泥用量不小于 150kg/m、喷浆压力不小于 20MPa，注浆流量不小于 100L/min；水泥浆水灰比不大于 1:1，喷射管提升速度为 100~150mm/min，旋转速度约 20r/min。

2）基坑支护结构设计

（1）标准段

标准段基坑支护结构采用 H 型钢板桩和 U 形钢板桩组合（HUC）钢板桩，H 型钢板桩选用 HN700mm×300mm 型钢，间距 1600mm，$L=15$m；U 形钢板桩选用 12mm 厚钢板桩，间距 1600mm，$L=12$m；C 型钢管选用外径 60mm，壁厚 10mm，$L=12$m。标准段基坑开挖宽度为 2.5m（结构外尺寸）+0.8m（施工作业范围）×2＝4.1m，如图 2-6-4 所示。

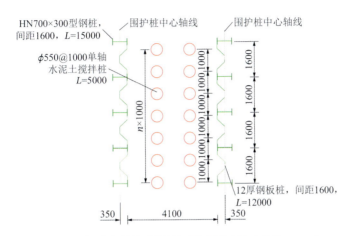

图 2-6-4　标准段基坑支护平面示意图（尺寸单位：mm）

（2）管线段

因管线处 HUC 组合钢板桩无法施工，且管线迁改困难，因此针对此种情况采取喷射混凝土护壁＋旋喷桩止水帷幕＋钢管锚杆作为基坑土钉墙围护结构。

钢管选用 ϕ48mm×3mm 管材，垂直及水平间距均为 1m，管长为 3m。喷射混凝土护壁采用 100mm 厚的 C20 混凝土，内挂 ϕ10mm@200mm×200mm 钢筋网；施工时喷射混凝土护壁深度根据地质而定，每层深度不宜超过 1m。在基坑外管线两侧施工 ϕ550mm@400mm 单管高压旋喷桩止水帷幕（3 排）。

3）与地铁相交节点处结构设计

（1）上跨代建地铁出入口

因地铁出入口尚未施工，为保证后期出入口与管廊相交处基坑开挖的安全（需采取暗挖逆作法），需对出入口基坑设计范围内地层进行预加固处理。对该类交叉节点采用 ϕ700mm@500mm 双轴水泥搅拌桩进行满堂加固处理。强加固深度为地铁出入口设计基坑底高程以下 3m 至管廊设计基坑底高程以上 1m，其余部分为弱加固。同时为降低不均匀沉降带来的影响，节点前后各 20m 范围内，采用 ϕ550mm@400mm 单轴水泥搅拌桩抽条加固处理。强加固底高程逐步从地铁基坑底以下 3m 变化至管廊基坑底以下 4m，同时基坑底以下用 200mm 碎石换填，基坑底以上施工 200mm 厚的素混凝土层。

（2）上跨已施工盾构隧道

对于上跨已施工盾构区间隧道，为避免开挖过程中隧道上浮，采取 ϕ550mm@400mm 单轴水泥搅拌桩进行满堂加固，范围为基坑底以上 1m 至基底坑下 2.5m。在隧道两侧范围距离隧道 1.5m 外，采用 ϕ550mm@400mm 单轴水泥搅拌桩进行抽条加固，范围为基坑底以下 6.5m，如图 2-6-5 所示。

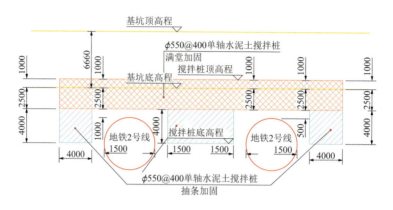

图 2-6-5　盾构区间地基处理横剖面图（尺寸单位：mm）

4）基坑支撑结构设计

基坑内支撑体系采取钢支撑系统。根据基坑深度不同分别设置 1～3 道钢围檩，第一道围檩选用双拼 HW350mm×350mm 型钢，第二、三道围檩选用双拼 HW400mm×400mm 型钢。第一道支撑选用 HW350mm 型钢，间距为 4m。第二、三道支撑选用 HW400mm 型钢，间距为 3m。第一道支撑中心线距离原地面 1m，第二道支撑距离第一道支撑中心线 3m。基坑深度 6m 以内设 1 道支撑，6～8m 设 2 道支撑，超过 8m 设 3 道支撑。

5）施工监测

基坑开挖施工过程中在基坑两侧每隔 30m 设置一处监测点，对桩顶沉降及水平位移进行监测，均未发现监测数值超过设计允许值。

针对管廊完工后因管廊不均匀沉降造成的地表沉降进行监测，每隔 65～80m 设置一处监测点。

在基坑开挖三层深度范围内的管线需进行变形监测，特别涉及燃气及自来水管线需摸排阀门位置，做好安全应急准备。

2.6.4　应用成效

（1）通过对福州市 220kV 榕南线新旧电力管廊无缝对接设计方案对比和施工应用，可以证明：

① 采用"背贴式"新旧管廊对接方式，可有效保护运营中的高压电缆，停电申请流程短，带电作业开票审批程序快，保证电缆和施工安全。

② "背贴式"新旧管廊对接方式接口界面防水处理较为简易，施工工艺简单，旧管廊结构凿除工作量小，可加快工期。

在实际施工过程中，确保了施工进度、施工质量及施工安全，有着较好的经济效益，对后期与既有管廊对接工程设计与施工有着借鉴作用。

（2）通过对福州市 220kV 榕南线电力管廊深基坑支护及开挖综合技术应用及监测，可以证明：针对不同开挖深度的淤泥及其他软弱地层，采用单轴搅拌桩进行抽条加固或满堂加固处理，能够有效提高地基承载力，且经济性能较好。土钉墙及重力式挡土墙作为狭长深基坑围护结构体系，可达到支护及防水效果，且施工工期相对较快。

在实际施工过程中，有效解决了狭长淤泥软土深基坑中管线繁多、场地狭窄导致施工困难、钢板桩支护难以施工这一问题，同时确保了施工进度、施工质量及施工安全，有着较好的经济效益，对类似的条件施工有着借鉴作用。

2.7 城中段盖挖逆作法车站施工

2.7.1 工程概况

1）西门站工程概况

如图 2-7-1 所示，西门站位于福州市鼓楼区，车站沿杨桥路布置，位于白马北路以东，文藻河以西。车站南侧为福建省总工会、武夷花园小区，西侧为市保护古树，北侧为鼓房大楼、善化新村住宅区，东侧为古河道文藻河。

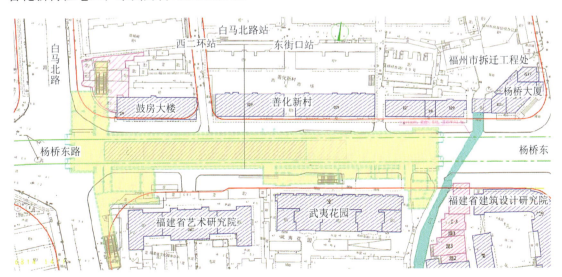

图 2-7-1 西门站平面示意图

西门站设计车站总长度为 214.6m，标准段宽度为 19.7m，端头井宽度为 23.8m。车站采用盖挖逆作法施工，主体围护结构端头井采用1000mm厚的地下连续墙，标准段采用800mm厚的地下连续墙，标准段基础底板埋深约18.6m（高程为−10.6m），端头井埋深约21.2m（高程为−13.17m），本站共设4个出入口及3组风亭，如图2-7-2所示。

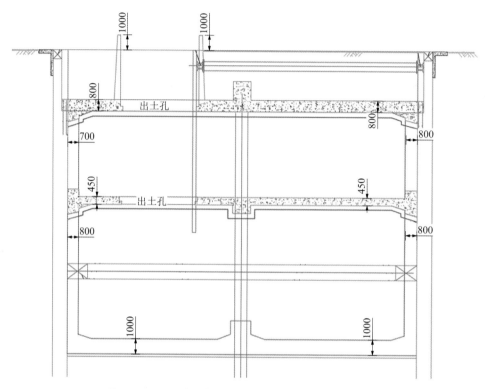

图2-7-2　西门站剖面结构示意图（尺寸单位：mm）

2）东街口站工程概况

如图2-7-3所示，东街口站位于杨桥东路、东街与八一七北路交叉口，沿杨桥东路、东街东西方向布设，车站为双柱三跨三层结构，与已运营地铁1号线东街口站呈"十"字换乘。车站总长为176.0m，标准段宽度为23.1m，端头井基坑深度为25.5m，标准段基坑深约23.6m，顶板覆土厚度3m，车站共设置4个出入口（与地铁1号线共用，地铁1号线建设期间已完成）以及2组风亭（1号风亭组已完成）。车站主体围护结构采用1200mm及1000mm厚的地下连续墙，通过工字钢接头连接，地下连续墙深度为44m及44.5m，施工过程采用盖挖逆作法，如图2-7-4所示。

3）省立医院站工程概况

如图2-7-5所示，省立医院站沿主干道东街路东西向敷设，车站东端头邻近东街与五四路交叉口，西端头靠近东街与大斗彩巷交口。本站为地下两层岛式车站，车站总长195.8m，标准段宽为19.9m，端头井基坑深度为22m，标准段基坑深度为20.4m，顶板覆土为3.9m。车站共设置3个出入口1组风亭，其中3号出入口预留。车站主体围护结构采用1000mm厚的地下连续墙，通过工字钢接头连接。地下连续墙的深度设计根据地下岩土层的特性考虑，总体上呈现出东深西浅的趋势，深度范围为23～45m，其施工过程中采用盖挖逆作法技术，如图2-7-6所示。

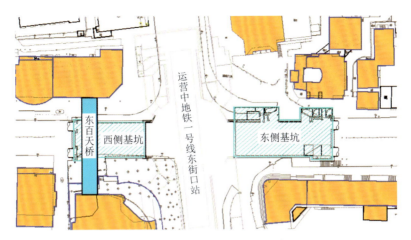

图2-7-3 东街口站工程平面示意图

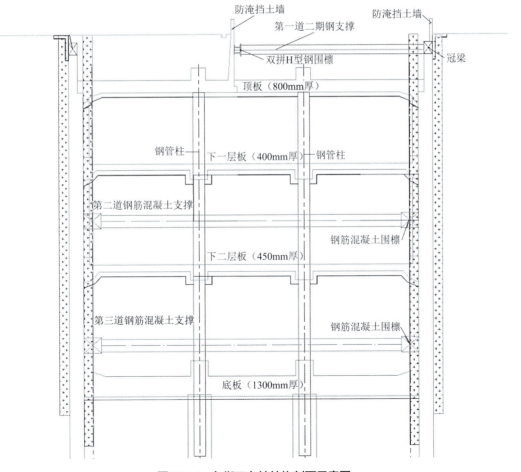

图2-7-4 东街口车站结构剖面示意图

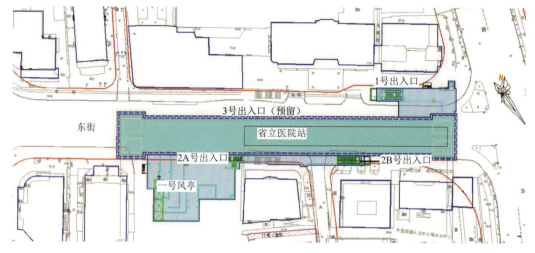

图 2-7-5 省立医院站工程平面示意图

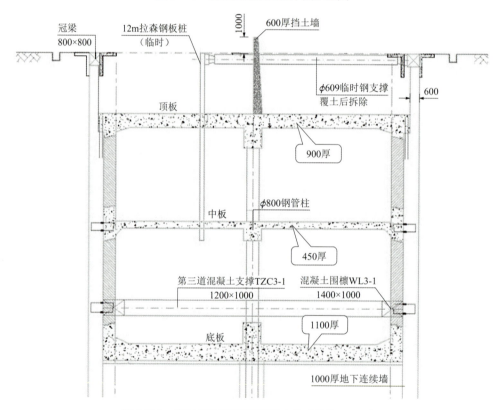

图 2-7-6 车站结构剖面示意图（尺寸单位：mm）

2.7.2 施工难点

（1）本工程城中段盖挖逆作车站（西门站、东街口站、省立医院站）基坑规模大、施工节点工期紧、质量和环境保护要求高，如何做好施工筹划，安排好盖挖逆作各工序的施工和相互之间的衔接，是本工程重难点。车站施工场地周边环境条件复杂，高楼建筑林立，管线错综复杂，距车站主体最近的建筑距离仅10m，距主体最近的管线距离仅2m，在施工过程中，需控制施工活动对这些建（构）筑物和管线可能产生的影响，布置建（构）筑物及管线监测点并对其进行监测。

（2）车站采用盖挖逆作法进行施工，工艺本身对施工组织要求高。由于周边环境复杂造成施工场地狭小，车站主体将分两期进行施工，一期进行北侧半幅顶板的施工，二期进行南侧顶板及车站盖挖逆作部分的施工。车站顶板分南北两块两期进行施工，这条纵缝沿车站东西方向贯穿整块顶板，其处理效果直接影响到车站整体施工质量，因此必须对此施工纵缝的防水等施工处理到位。

（3）根据地质勘查报告及其他相关资料，本工程站点淤泥质黏土分布于工程整段范围内，且呈现出由西向东的不均匀分布特征。基坑开挖范围内浅层水主要赋存于淤泥质黏土层中，该层水力坡度小，地下水径流十分缓慢。根据类似工程经验，在淤泥质土中进行浅层降水效果不明显。

① 淤泥质黏土含水率极大但透水性极差，在疏干降水过程中，这将导致该土层降水效果极差，从而对降水施工带来了很大的影响。

② 淤泥质黏土底层的承载力极低，且本工程范围内这种土层厚度较大，在基坑开挖过程中极易造成挖掘机沉陷等情况，造成挖土工期延长。

③ 车站负一层板均处于淤泥质黏土土层范围内，因本工程为逆作法施工，淤泥质黏土对结构施工质量及其变形控制将造成极大的影响。

（4）盖挖逆作法是由地面向下开挖至一定深度后，先将顶部封闭，利用主体结构本身的中间立柱及结构板形成支撑体系，随后其余的下部工程在封闭的顶盖下由上而下进行施工的施工方法。在封闭条件下土方开挖的组织与施工直接决定盖挖逆作法的施工质量与施工效率。在车站开挖阶段，土方需通过顶板预留的出土孔进行外运，因施工场地极其狭小，对每一个预留出土孔都需进行协调筹划，确保出土或吊装协调顺畅，以此保证整体施工质量。

（5）因盖挖逆作法工艺的特点，导致侧墙与结构板工序交叉，无法同时浇筑。这种工序交叉使得分期结构板施工缝、结构板下侧墙施工缝等位置防水控制难度高。此外，在侧墙浇筑时，下方开挖及结构施工又同时存在，此时满堂脚手架的模板支架体系无法满足施工需求。因此，本工程采用钢质三角后靠结构搭配木模板的后靠模板支架体系。

（6）盖挖逆作施工过程中，存在密闭空间作业所引发的安全风险。在盖挖逆作施工过程中，地下作业空间与外界相对隔离，施工人员进出受到限制，自然通风不良，空间较小，在有限空间作业场所可能存在氧气浓度低，含有有毒有害或易燃易爆气体等情况。在本车站施工过程中，每层开挖连通后的空间较大，通风顺畅，而在每层向下开挖初期的坑内空间相对有限，存在密闭空间施工的情况，有可能对施工作业人员造成不良影响。

2.7.3 施工关键技术

2.7.3.1 逆作法钢管柱高精度插入施工技术

主体结构基坑内设置永久结构钢管柱桩，共26根，其中一期施工完成20根，二期施工完成6根。钢管柱包括25根φ800mm钢管柱和1根φ1000mm钢管柱，均采用厚度为30mm的Q345钢板卷制而成；钢管立柱基础采用φ1600mm或φ1800mm的旋挖扩底立柱桩，按照地层入岩情况，西侧立柱桩入岩部分长度约6m，而东侧非入岩部分长度约35m。立柱桩内浇筑C35混凝土，钢管柱内浇筑C45微膨胀混凝土，钢管柱采用全回转垂直后插入法施工，如图2-7-7所示，工法设备的功能性是决定施工质量的关键因素。

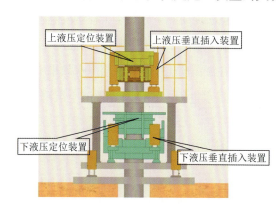

图2-7-7 全回转插管机示意图

施工过程中，根据全回转插管机自身的两套液压定位装置和垂直液压系统，将钢管柱垂直插入初凝前的混凝土中（采用缓凝混凝土，缓凝时间约36h）。钢立柱在插入混凝土过程中，通过钢立柱下部安装的定点式水平位移计，可将这些关键数据迅速传输至信号采集系统。随后通过先进的无线（或有线）通信技术，这些数据被即时发送到电脑终端，实现了对钢立柱插入过程垂直度的动态监测，采集频率可达60次/min，垂直度控制在小于0.1%，保证了钢管柱施工质量。

1）地基要求

清理场地钢管桩施工位置内的障碍物，保证机械设备有足够的施工空间，现场地基采用300mm厚的施工便道，在上方铺设两条走道板，防止钢管柱插入时发生偏斜现象。

2）全套管钻机就位对中

采用全站仪测量确定桩位中心，利用十字定心法将多功能平台吊至桩位，并实现桩位中心点与平台中心点对中，随后吊放全套管钻机，并移动至多功能平台定位槽中，实现钻机对中。为了进一步提升施工精度，在钻机顶部平台设立十字线，确保该中心点与桩位中心点重合，可有效将施工控制偏差在±10mm以内。

3）插入钢管柱

钢管柱的吊装采用单机回转法，起重机一边起钩一边回转，使柱子绕柱脚旋转从而将整根钢管柱吊起。钢柱通过卡环将钢丝绳固定到钢管柱顶部的吊耳上。钢管柱吊放至全套管全回转钻机内，初始时依靠钢管柱的自重能自由下入孔内一定深度，当浮力大于钢管柱重量后，由全套管全回转钻机将钢管柱抱紧，用液压系统施加压力将钢管柱下压插入孔内，当钢管柱插入一个行程后（现场 1.5m 为一个行程），重新复测钢管柱的垂直度（垂直度由传感器检测电脑数据分析），待满足垂直度要求后继续下压插入。反复以上步骤，直至插入设计标深。

4）钢管柱柱身混凝土浇筑

在钢管柱四周回填碎石达到设计要求后，全套管全回转钻机仍需夹紧钢管柱，控制好钢管柱顶高程即可进行钢管柱内浇筑混凝土。浇筑前先安放混凝土导管和料斗，采用水下浇筑混凝土的方式。

省立医院站 26 根钢管桩整体垂直度偏差为 0.08%，桩位偏差为 –2mm，桩顶面高程偏差为 –8mm，成功实现钢管柱高精度插入。

2.7.3.2 逆作法基坑土方开挖技术

1）顶板以上区域基坑土方明挖

省立医院站一期明挖土方开挖范围为北侧半幅顶板范围，东西长度为 195.8m，南北宽度 11.5~13m，依据设计纵向施工缝位置确定，如图 2-7-8 所示。

图 2-7-8　省立医院站一期明挖土方平面图

省立医院站二期明挖土方范围为南侧剩余半幅顶板范围，东西长度为 195.8m，南北宽度 7~8m，如图 2-7-9 所示。

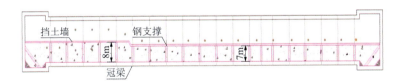

图 2-7-9　省立医院站二期明挖土方平面图

省立医院站一、二期明挖土方开挖顺序均按照由东向西的施工顺序，安排相应段顶板底以上土方的开挖。土方采用后退式放坡开挖，首层土的开挖以方便安装钢支撑架设为原则进行施工作业，每层开挖深度不得超过 2m，首层土开挖至钢支撑下 0.5m 位置。第二层土向下开挖 2m 并进行收平处理，收平长度为 4m，然后继续按 1∶2.5 放坡开挖第三层土，开挖第三层土时底部留 0.5m 厚的土方，这部分土方采用人工收底方式，如图 2-7-10 所示。

明挖土方高度为 4.7~5.2m，开挖纵向每层按 1∶2.5 放坡，整体坡度达到 1∶3。由于现场场地狭小且明挖土方量相对较小（一期约 12200m³、二期约 7800m³），现场不设集土坑。自卸汽车置于挖掘机背后，夜间开挖出来的土体直接装车运至卸土点。

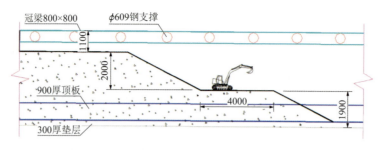

图 2-7-10　明挖放坡示意图（尺寸单位：mm）

2）顶板以下区域基坑土方暗挖

（1）总体开挖布置

①出土孔：车站两端头井各预留 1 个 11.0m×7.5m 盾构吊装孔，标准段顶板预留 3 个 7m×5m 的出土孔、1 个 7m×3.7m 出土孔，与中板孔洞上下贯通，盖挖逆作施工时可作为出土孔及下料井，如图 2-7-11 所示。场内在端头井南侧吊装孔的位置设置人员上下基坑通道及门禁系统，严格控制场内人员行走流向，保证场区内施工安全。

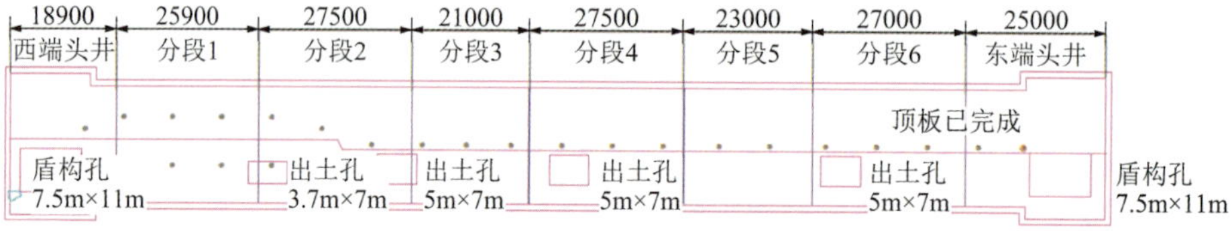

图 2-7-11　省立医院站顶板上方出土孔设置示意图（尺寸单位：mm）

②出土设备：投入 4 台长臂挖掘机（运输顶板以下至中板以上的土方）及 4 台 50t 电抓斗（运输中板以下至底板的土方）完成土方垂直运输。盖挖土方采用挖掘机开挖，当接力倒土至出土孔后，利用出土孔口长臂挖掘机或电抓斗提升至地面，采用自卸车运输土方至临时集土坑。

③土方驳运：当顶板回填土方后，在孔口间设置施工便道，用于土方运输和结构施工材料运输，便道采用双层双向 $\phi14mm@200mm$ 的钢筋和 250mm 厚 C25 混凝土。盖挖土方由挖掘机直接挖去卸入顶板上方集土坑。

④盖挖土体分层布置

在实际现场施工中，由于本站主体结构为盖挖逆作法施工，挖掘机作业需要一定的作业高度空间，同时开挖前已对结构板下土体进行三轴搅拌桩加固改良，且盖挖逆作法施工过程中支撑体系相比明挖结构更加稳定。结构顶板以下土方开挖具体分层如下：

负一层土方开挖：负一层土方开挖高度为 6.5m，分 3m＋2m＋1.5m 三次开挖。

负二层混凝土支撑以上土方开挖：标准段与西端头井开挖高度为 5.6m，分 3m＋2m＋0.6m 三次开挖；东端头井土方开挖高度为 4m，分 3m＋1m 两次开挖。

负二层混凝土支撑以下土方开挖：标准段开挖高度为 3m，分 3m 一层开挖到底；东端头井第四道混凝土支撑以上土方开挖高度为 3m，分 3m 一层开挖到底；西端头井开挖高度为 5.3m，分 3m＋2.3m 两次开挖。

东端头井第四道混凝土支撑以下开挖高度 3m，分 3m 一次开挖到底，如图 2-7-12 所示。

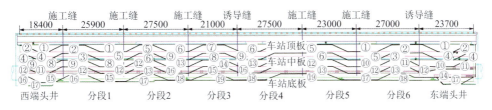

图 2-7-12　省立医院站基坑土方分层示意图（尺寸单位：mm）

（2）负一层土方开挖

如图 2-7-13 所示，负一层土方开挖总高度约 6.5m，共约 25000m³，分 3m + 2m + 1.5m（含 0.5m 人工挖土）3 层开挖，每层土方开挖采用 1∶2.5 放坡，总体放坡比例为 1∶3。场地上土方采用一台长臂挖掘机取土，顶板下土方采用一去一回的开挖方式，先从 2 个出土口向中间开挖，开挖高度 3m。挖至预定工作面后，在两个出土孔间设置临时便道连通，然后挖掘机从中间向两端后退扩挖第二层 2m 厚土方，最后开挖最后一层 1.5m 厚土方至设计基底（挖掘机底部开挖平台离开挖面约 0.5m，以防挖掘机施工过程中扰动基底土体），并及时安装中板地模和结构板，且对基底进行封闭。

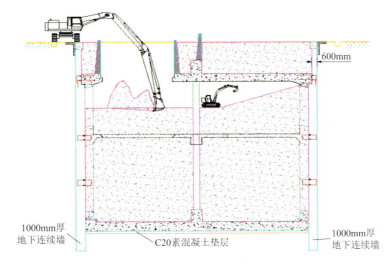

图 2-7-13　负一层土方开挖示意图

（3）负二层支撑上土方开挖

如图 2-7-14 所示，负二层支撑上土方开挖深度约 5.6m，共约 22400m³。分 3m + 2m + 0.6m（含 0.5m 人工挖土）三层开挖，每层土方开挖均采用 1∶2.5 放坡，总体放坡比例达到 1∶3。采用一去一回的开挖方式，先从 2 个出土口向中间开挖，开挖高度 3m。挖至预定工作面后，在两个出土孔间设置临时便道连通，然后挖掘机从中间向两端后退扩挖第二层 2m 厚土方，最后开挖至预定的混凝土围檩底部（挖掘机底部开挖平台离开挖面约 0.5m，以防挖掘机施工过程中扰动基底土体）。并及时施工混凝土围檩，尽早完成混凝土支撑体系。

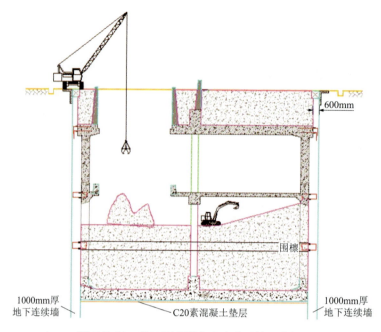

图 2-7-14　负二层支撑上方土方开挖示意图

（4）负二层支撑下土方开挖

① 标准段混凝土支撑下土方开挖

如图 2-7-15 所示，负二层标准段混凝土支撑以下土方开挖深度约 3m，共约 9400m³。采用 1∶2.5 放坡开挖，分 3m 一层进行开挖，开挖后及时施工底板地模和结构板，并对基底进行封闭。

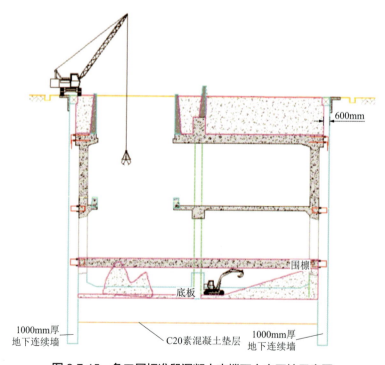

图 2-7-15　负二层标准段混凝土支撑下土方开挖示意图

② 端头井位置混凝土支撑下土方开挖

负二层混凝土支撑以下端头井土方开挖分为东、西端头井两种情况。

a. 西端头井位置在混凝土支撑下开挖深度约 5.3m，土方量约 1700m³。分 3m + 2.3m（含 0.5m 人工挖土）两层开挖，每层土方开挖均采用 1∶2.5 放坡，总体放坡比例达到 1∶3。开挖后及时施工底板地模和结构板，对基底进行封闭。

b. 东端头井位置共有两道混凝土支撑，在负二层混凝土支撑下东端头井范围内还有一道 1200mm×1000mm 的混凝土支撑。混凝土支撑之间高差为 3m，分 3m 一层开挖至下一道混凝土支撑底部即开始施工混凝土围檩，并尽快完成最后一道支撑的施工。待该道支撑养护达到设计强度的 75% 以上后，进行支撑到底板底部的土方开挖作业。混凝土支撑到底板底高差 3m，因此开挖将分 3m 一层开挖至底板底部，随即开始底板地模和结构板的施工，对基坑底板进行封闭，如图 2-7-16 所示。

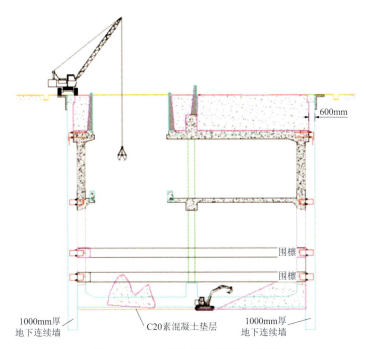

图 2-7-16　东端头井底部开挖示意图

2.7.3.3　逆作法车站结构回筑施工技术

省立医院站主体结构采用盖挖逆作法施工，结构板同时承担基坑开挖支撑作用，因此，在土方开挖过程中需同步进行结构板施工，作为基坑支撑体系使用。结构板施工顺序根据基坑开挖顺序，先进行两侧结构施工，适时向中部推进，利用预留施工孔及盾构始发井等展开多作业面平行施工，按"水平分段、自上而下、逐层逆作"施工，紧随基坑开挖进行。环向施工缝设置间距为 20~30m，施工缝布置在纵向柱 1/4~1/3 跨之间。

结构模板：中板、顶板采用地模，施工缝采用木模板支挡。

侧墙模板：采用单侧三脚架钢模进行支设，在顶板底预留混凝土浇筑孔。

1）结构板地模施工

在结构板施工之前需要进行坑内疏干井降水，有效降低开挖土体中的含水率，确保降水质量和效果，水位降至开挖面设计高程以下 1m 后，方可进行土方开挖施工，确保结构施工顺利进行。

整平基坑底面并用蛙式打夯机夯实原状土，原状土夯实必须严格按照交底进行，保证土体夯实质量，避免浇筑时地模出现变形。

在夯实后的原状土层上浇筑一层厚 5~10cm 的 C20 混凝土垫层，垫层浇筑时采用 10cm×10cm 木方将垫层分割为 2m×2m 的小块，避免后期拆除时垫层整体掉落。垫层具有一定强度后，在混凝土垫层上铺设木板作为地模，木模板用钉子与木方相连。

因纵梁的最高突出板高度为 0.9m，浇筑过程中侧向压力较小，且根据前期现场试验结果，纵横梁两侧采用 24cm 厚的砖墙进行加固，砖墙施工完成后回填土方，并夯实作为后靠，在砖面铺设木板，梁底采用地模形式，与板位置一致。侧墙边沟要做好二次衬砌和防水层接茬，用黄沙回填并夯实，回填黄沙需满足密实要求，同时以便于钢筋下插为参考标准，如图 2-7-17 所示。

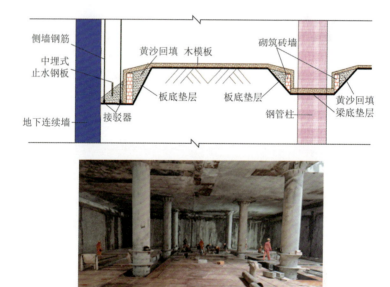

图 2-7-17　结构板地模施工示意图

2）侧墙模板施工

（1）单侧支架的组成

单侧支架由埋件系统和架体两部分组成。

① 埋件系统：包括地脚螺栓、连接螺母、外连杆、蝶形螺母、方垫片和横梁。

② 架体：本工程使用的架体有高度 $H=2600$mm 的三角支架、$H=2300$mm 的梯形支架和 $H=1000$mm 的加高节等几种，如图 2-7-18 所示。

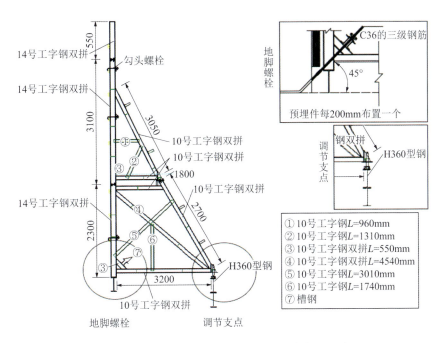

图 2-7-18　单侧支模架示意图（尺寸单位：mm）

（2）模板及单侧支架安装

单侧支架之间的距离不应大于 900mm，支架中部由常用的 ϕ48mm 钢管架现场制作而成。现场施工流程如图 2-7-19 所示。

a) 搭架子抹面清理施工缝　　b) 顶板侧墙施工缝凿毛清理　　c) 侧墙钢筋绑扎　　d) 合模

e) 三脚架固定　　f) 混凝土浇筑　　g) 侧墙混凝土养护

图 2-7-19　现场施工流程

标准节和加高节组装的单侧支架，预先在材料堆放场地拼装好，然后利用履带起重机从端头井盾构吊装孔、出土孔吊至坑内作业现场。在直面墙体段，每安装五至六榀单侧支架后，穿插埋件系统的压梁槽钢。待支架安装完后，安装埋件系统。最后用主背楞连接件将模板背楞与单侧支架部分连成一个整体。

调节单侧支架后支座，直至模板面板上口向墙内侧倾斜约 5mm，原因是单侧支架受力后，模板将略向后倾。最后再紧固并检查一次埋件受力系统,确保混凝土浇筑时,模板下口不会漏浆。

（3）混凝土浇筑

本站逆作法施工地下侧墙在施工缝下 300mm 处,设置斜向模板,形成喇叭口,喇叭上口延伸至施工缝上方 150～200mm 处;混凝土浇筑到喇叭上口,即施工缝向上 200mm 处。拆模后,剔除喇叭口混凝土,并用等强度砂浆抹平表面,如图 2-7-20 所示。

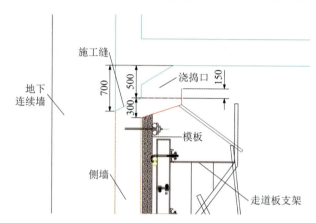

图 2-7-20　侧墙混凝土浇筑口布置示意图（尺寸单位：mm）

（4）施工缝处理

顶板及中板下侧墙施工缝采用涂刷优质水泥基渗透结晶涂层,预埋止水条+注浆管的形式,混凝土最终液面高度高于施工缝 20～30cm。在混凝土全养护过程中保持压力,减少收缩变形引起的缝隙增大,确保结构防水能力,如图 2-7-21 所示。

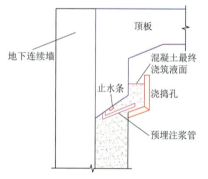

图 2-7-21　侧墙施工缝处理示意图

2.7.3.4　逆作法车站侧墙裂缝控制技术

逆作法施工的车站侧墙浇筑、养护环境与常规明挖顺作法的车站侧墙存在较大差异,在省立医院站负一层侧墙浇筑、养护过程中发现采用标准 C35、P8 级混凝土配备设计时,配合比见表 2-7-1,由于侧墙存在局部裂缝,导致出现渗漏。

省立医院站标准 C35、P8 级混凝土配合比　　表 2-7-1

原材料	水	P·O 42.5 级水泥	S95 矿粉	Ⅱ级粉煤灰	河砂	机制砂	碎石 05	碎石 23 5-25	减水剂	抗裂防水剂
1m³ 用量（kg）	162	344	0	61	375	380	278	800	4.86	20.25

通过在省立医院站负二层浇筑西段头井洞口面的侧墙（该段侧墙长 21m,厚度 0.7m）时设置温度监测点,监测端头井的中心长度、厚度方向的变形,监测距根部 1.4m 的长度方向变形;监测距离地面 1.4m 的墙厚度中心、高度中心的温度及对应钢筋保护层处的温度,分别如

图 2-7-22、图 2-7-23 所示。

图 2-7-22　省立医院站负二层侧墙监测探头埋深位置示意

图 2-7-23　在预浇筑侧墙内埋设温度-变形监控探头

本段侧墙浇筑的时间为 2021 年 7 月 13 日，C35 混凝土的入模温度在 37.1～37.7℃，这一温度范围在夏季不采取控温措施时属于正常情况；混凝土温峰值在 67.2～70.2℃，最大温升幅度为 30.1～32.7℃。相比以往监测的其他相同结构的明挖顺作法地铁工程项目，C35、P8 基准混凝土在逆作法车站浇筑、养护方式下温升处于中等水平；在温降阶段，其温降速率为 5.4℃/d。相比以往监测相似的明挖顺作法地铁工程项目，此混凝土入模温度偏高，温升虽不是特别高，但考虑入模温度后，温峰值及后期温降较大，开裂风险较高，温度变化曲线如图 2-7-24 所示。

以混凝土终凝为零点，在 C35、P8 基准混凝土温升阶段，其厚度方向的膨胀变形为 329×10^{-6}m；侧墙中心位置长度方向的温升阶段膨胀变形为 313×10^{-6}m；侧墙底部位置长度方向的温升阶段膨胀变形为 210×10^{-6}m。温降阶段，混凝土自由条件下（厚度方向）的收缩变形明显快于侧墙长度方向，如图 2-7-25 所示。

如图 2-7-26 所示，在温升阶段，混凝土中心厚度方向（基本无约束）的单位温升变形为 10.9×10^{-6}m/℃，中心长度方向的单位温升变形为 10.2×10^{-6}m/℃，侧墙底部混凝土温升阶段的单位温升变形为 7.9×10^{-6}m/℃。

监测结果表明，省立医院站西端头井洞口处侧墙的约束相较于其他部位的约束较小，且采用的鑫恒达抗裂硅质防水剂无膨胀、补偿收缩效果，存在较大的侧墙开裂风险。

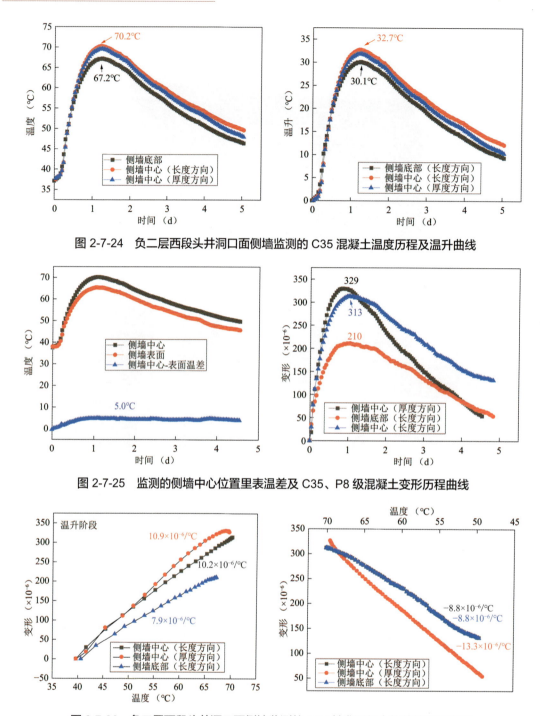

图 2-7-24　负二层西段头井洞口面侧墙监测的 C35 混凝土温度历程及温升曲线

图 2-7-25　监测的侧墙中心位置里表温差及 C35、P8 级混凝土变形历程曲线

图 2-7-26　负二层西段头井洞口面侧墙监测的 C35 基准混凝土的单位温度变形

针对标准级配 C35、P8 混凝土在逆作法车站应用中存在较大开裂风险的问题，现场通过实地监测分析，发现其产生裂缝的主要原因为长度、厚度方向因温度差变化导致的变形不一致，从而产生温差裂缝。现场应及时采取下列措施：

1）抗裂混凝土配合比优化

将标准级配 C35、P8 混凝土中鑫恒达抗裂硅质防水剂剔除，采用苏博特 HME-V 混凝土

（温控、防渗）高效抗裂剂，对试验配合比进行优化，见表2-7-2。

福州地铁4号线省立医院站C35、P8混凝土的优化配合比表（单位：kg/m³） 表2-7-2

原材料编号	水	P·O 42.5级水泥	S95矿粉	II级粉煤灰	河砂	机制砂	碎石05	碎石23 5-25	减水剂	苏博特抗裂剂
2号	162	344	0	20.5	375	380	278	800	4.86	40.5
3号	162	320	0	44.5	375	380	278	800	4.86	40.5
4号	162	300	0	64.5	375	380	278	800	4.86	40.5
5号	162	344	0	28.6	375	380	278	800	4.86	32.4

优化配合比试验结果见表2-7-3，可以看出采用4号优化配合比（300kg/m³水泥）强度不仅可达到设计侧墙C35、P8要求，还可大幅度改善省立医院侧墙混凝土抗裂性能。

福州地铁4号线省立医院站C35、P8混凝土的优化配合比试验结果 表2-7-3

项目	配合比编号			
	2号	3号	4号	5号
7d抗压强度	42.1	39.1	39.6	42.1
29d抗压强度	56.1	48.1	47.7	50.3

2）现场管控措施

对侧墙结构进行优化，将其施工分段调整为小于20m，混凝土浇筑完成后带模养护时间不小于7d，同时在夜间进行混凝土浇筑作业，降低混凝土入模温度；采取水能量膜+土工布覆盖，紧贴侧墙混凝表面。

在商品混凝土的拌和工程中，避免采用热水泥、刚出仓的水泥、采用陈化的水泥。对碎石等粗骨料进行喷淋处理，降低混凝土的拌和温度。

通过上述针对性措施，省立医院站后续浇筑侧墙裂缝大幅度减少，有力保证了逆作法车站结构施工质量，养护及浇筑效果如图2-7-27所示。

图2-7-27 省立医院站侧墙养护及浇筑效果

2.7.4 应用成效

城中段车站的施工工艺（西门站、东街口站、省立医院站）原为半盖挖顺作法，在进场后优化调整为全盖挖逆作法。在保证中心城区社会交通道路不受较大影响的前提下，通过合理的出土孔设置、土方开挖形式及强有力的结构回筑质量控制措施，在狭小施工场地内顺利完成站点建设。逆作法车站结构板与围护结构形成强支撑体系，保证周边建（构）筑的安全，以省立医院站为例：整体施工监测数据浮动较小，未出现红色预警，围护结构最大变形小于30mm，地表累计沉降小于21.3mm。与采用相类似的半盖挖顺作法施工的东门站相比较，省立医院站从开挖至结构完成耗时240d，而东门站耗时276d。

通过科学筹划并采用合理的施工管控技术，将全盖挖逆作法优势发挥到最大，顺利完成城中段车站施工任务。同时在建设过程中对工程所在地的环境和社会氛围起到维持和保护作用，进一步降低了工程建设对周边环境的影响。

2.8　区间中间风井盘锯法硬岩施工技术

2.8.1　工程概况

福州地铁4号线林浦站—城门站区间中间风井基坑上部长为37.0m，宽为20.0m，基坑深度约为28.90m；上部4~6m为杂填土及填石，下至基坑底为微风化熔结凝灰岩，强度为96.1~162.5MPa，平均强度为129.3MPa，岩石坚硬程度属坚硬岩，岩体完整性等级属较完整~完整，岩体基本质量等级为Ⅱ级。

如图2-8-1所示，中间风井周边环境较为复杂、管线多。西侧、南侧主要为周边厂区民房及道路，主要为1或2层的浅基础民房、厂房；东侧主要为现状山包；北侧主要为三环高架及黄山车管所，三环高架桥为主要干线，车流量大，黄山车管所为福州市区唯一一家车管所。周边既有建（构）筑物距离主体基坑最近约9.85m，北侧靠近三环高架桥，距离主体基坑最近约19.80m。

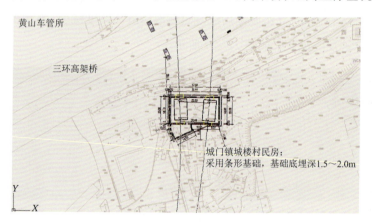

图2-8-1　周边环境示意图

本场地上层滞水初见水位埋深为0.82~1.21m，高程为7.21~11.10m；块状基岩裂隙水水位埋深为0.00~2.53m，高程为8.47~12.10m。部分孔位存在自流基岩裂隙承压水，承压水头高出地表0.5~1.0m。其他钻孔未见基岩裂隙水承压水头高出地表。

2.8.2 施工难点

原设计方案采用爆破法施工,但风井周边为三环快速路、车管所驾考场和事故快处中心等重要建(构)筑物,安全隐患多,风险高且爆破手续办理难度大,特别是周边管线及建(构)筑物的安全协议,开挖时间存在滞后的可能性,将难以完成节点目标。

1)施工场地狭小且工期紧

风井石方外运约 3.3 万 m^3,基坑开挖长度为 37m,深度为 10.9～31.7m,工作面狭小,基坑开挖、支护、出渣主要工序在有限工作面内顺利地交叉施工是保证工期节点的关键。

2)周边建(构)筑物多且距离近

西北角距离基坑约 35m 为南三环高架桥桩基,毗邻基坑西南处为民房,毗邻基坑南处为配电房、变压器、民房等建(构)筑物,基坑开挖过程需对其加强观测。

2.8.3 施工关键技术

2.8.3.1 基坑开挖施工准备

只有当工程施工具备基坑开挖条件后方可进行开挖施工,基坑开挖前要满足如下条件:

(1)支护材料准备到位。

(2)地面排水系统完善,挡水墙施工完成,确保地面水不流入基坑。

(3)基坑监测已经开展,检测元件布置准确到位,检测设备运行良好,检测数据可以及时准确反映基坑结构的状态,通过检测数据可以判断基坑现状。

(4)基坑开挖前还必须具备以下现场条件:

①基坑四周设置合格可靠的安全栏杆防护,防止高空坠物事故的发生,栏杆高度不低于 1.2m。

②场地周围及基坑内必须有足够的照明度。

③基坑四周不准堆放杂物,确保施工人员行走安全,严防杂物滚落坑内伤及作业人员。

(5)基坑施工前,对全体施工人员进行安全技术交底,使全体施工人员熟悉并掌握所执行的各项技术措施和技术标准。

(6)基坑开挖前,首先落实好弃渣场地,并且协助相关部门搞好交通组织。

(7)已通过深基坑开挖条件验收。

2.8.3.2 基坑开挖顺序

基坑开挖严格按照"时空效应"理论,纵向按照"分段、分层、对称"的原则进行开挖。根据地铁 4 号线总体工等综合考虑,风井石方开挖顺序为自东向西切割开挖。

2.8.3.3 基坑石方开挖流程

基坑石方开挖流程如图 2-8-2 所示。

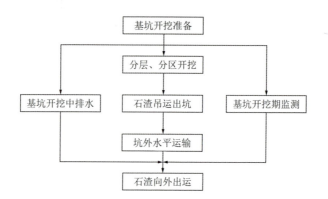

图 2-8-2 基坑石方开挖流程图

（1）第一层石方开挖，如图 2-8-3 所示。

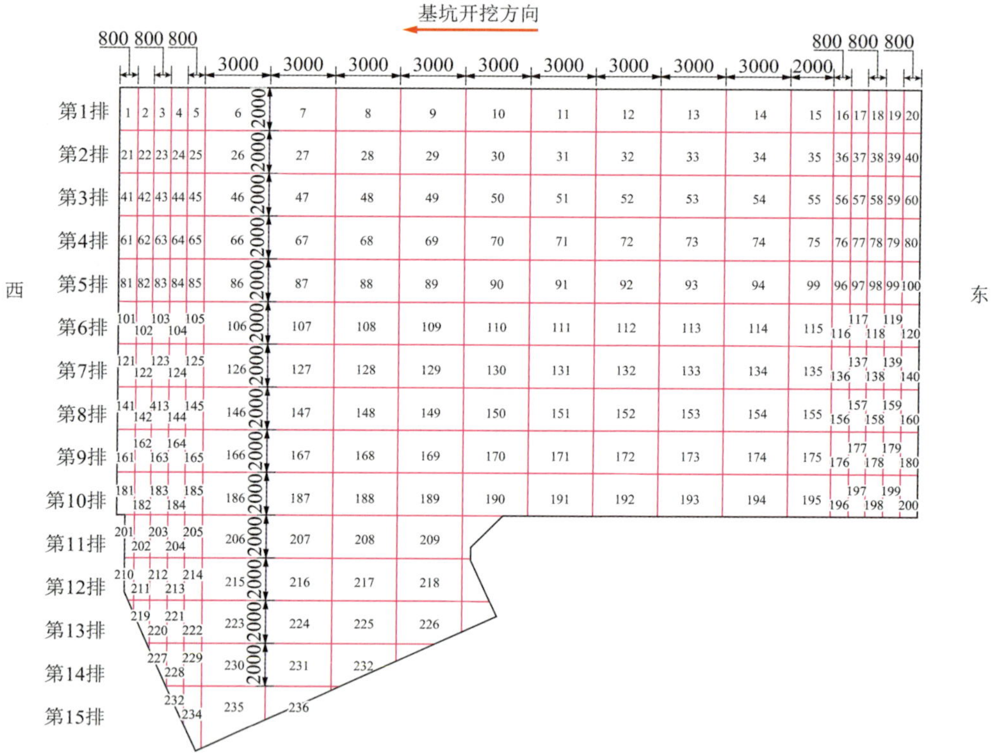

图 2-8-3 中间风井基坑第一层分块图（尺寸单位：mm）

基坑第一层石方分为 10 小层，每小层层高为 1.3m，开挖将用到 2 台 YZK-1360/1900 矿山采石机（开山锯）进行切割，一台沿横向切割，另一台沿纵向切割。

在基坑两边用炮机凿出 2 条临空面通道，通道宽为 4m，高度与切割块高度保持一致，为 1.3m，将通道内的石渣清理并吊运至弃渣区，安放绳锯机至西侧临空面第 1 排处，将绳锯金刚石绳索从 6 号块缠绕至 15 号块进行切割。切割完成后将绳锯机移至西侧临空面第 2 排处，将绳锯金刚石绳索从 26 号块缠绕至 35 号块进行切割，以此类推切割 46～55 号块、66～75 号块、235～236 号块，在第 11～15 排因基坑为不规则形状，在边角地方用人工风镐配合修边。

当绳锯切割至第 6 排并完成 1～5 排的第 1 小层石块吊运后，用开山锯开始切割第 1～5 排的第 2 小层，切割完成后采用绳锯进行底部切割，依次类推，形成流水作业，从第 1 小层依次切割至第 10 小层，完成第一大层的基坑切割。

（2）第二层石方开挖，如图 2-8-4 所示。

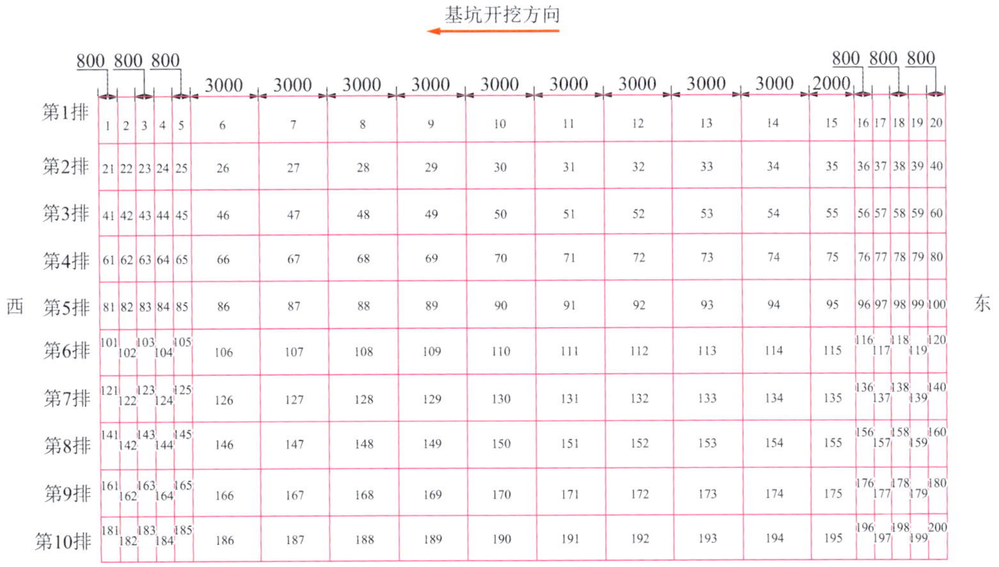

图 2-8-4　中间风井基坑第二层分块图（尺寸单位：mm）

基坑第二层石方分为 5 小层，每小层层高为 1.3m，开挖使用 2 台 YZK-1360/1900 矿山采石机（开山锯）进行切割，一台沿横向切割，另一台沿纵向切割，将基坑切割成规定的尺寸。

在基坑两边用炮机凿出 2 条临空面通道，通道宽为 4m，高度与切割块高度保持一致，为 1.3m，将通道内的石渣清理并吊运至弃渣区，安放绳锯机至西侧临空面第 1 排处，将绳锯金刚石绳索从 6 号块缠绕至 15 号块进行切割。切割完成后将绳锯机移至西侧临空面第 2 排处，将绳锯金刚石绳索从 26 号块缠绕至 35 号块进行切割，以此类推切割 46～55 号块、186～195 号块。

当绳锯切割至第 6 排并完成 1～5 排的第 11 小层石块吊运后，用开山锯开始切割第 1～5 排的第 12 小层，切割完成后采用绳锯进行底部切割，依次类推，形成流水作业，从第 11 小层依次切割至第 15 小层，完成第二大层的基坑切割。

（3）第三层石方开挖，如图 2-8-5 所示。

基坑第三层石方分为 9 小层，每小层层高为 1.3m，开挖将用到 2 台 YZK-1360/1900 矿山采石机（开山锯）进行切割，一台沿横向切割，另一台沿纵向切割，将基坑切割成规定的尺寸。

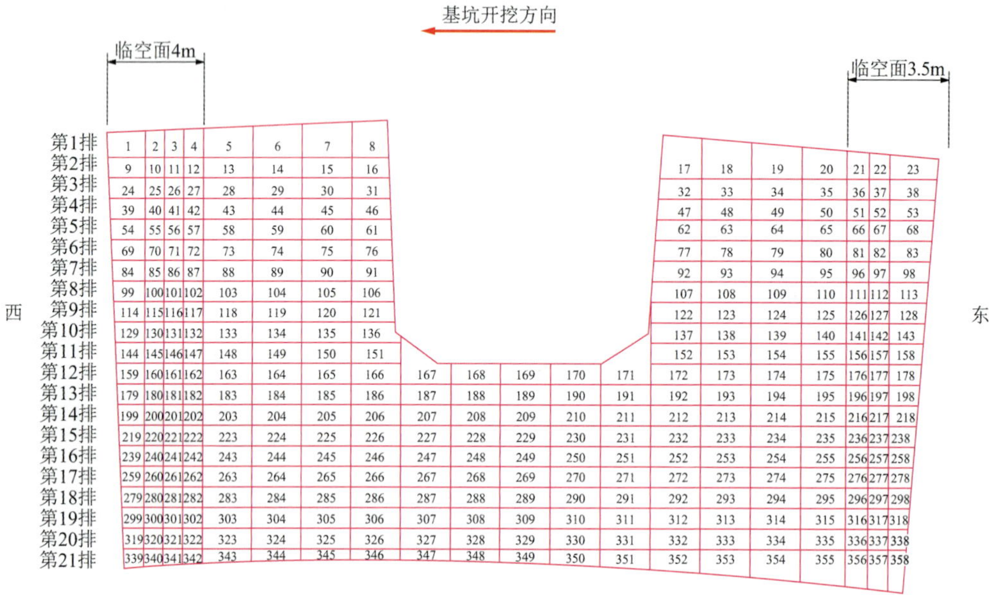

图 2-8-5 中间风井基坑第三层分块图

在基坑两边用炮机凿出 2 条临空面通道，通道宽西侧为 4m，东侧为 3.5m，高度与切割块高度保持一致，为 1.3m，将通道内的石渣清理并吊运至弃渣区，安放绳锯机至西侧临空面第 1 排处，将绳锯金刚石绳索从 5 号块缠绕至 8 号块进行切割。切割完成后将绳锯机移至西侧临空面第 2 排处，将绳锯金刚石绳索从 13 号块缠绕至 16 号块进行切割，以此类推切割 28～31 号块、339～358 号块。

当绳锯切割至第 12 排并完成 1～11 排的第 16 小层石块吊运后，用开山锯开始切割第 1～11 排的第 17 小层，切割完成后采用绳锯进行底部切割，依次类推，形成流水作业，从第 16 小层依次切割至第 24 小层，完成第三大层的基坑切割。

（4）石块吊装，吊装点如图 2-8-6 和图 2-8-7 所示。

基坑切割出的石块尺寸主要为 3m×2m×1.3m、2m×0.8m×1.3m、0.8m×0.8m×1.3m 三种尺寸，其余为不规则形状。切割完成后用 200 挖掘机配合 45t 门式起重机将石块先松动，随后才可穿钢丝绳及铁链进行吊装作业。

其中 0.8m×2m×1.3m、0.8m×0.8m×1.3m 尺寸的石块采用在其一端取孔（ϕ60mm 长度 40mm），随后穿过钢丝绳用 45t 门式起重机吊至弃渣区；3m×2m×1.3m 尺寸的石块选取两个对角点用两条铁链拖在石块底部后用 45t 门式起重机吊至弃渣区。

最重块石块的质量达 19.5t，其尺寸为 3m×2m×1.3m，使用 45t 门式起重机采用大钩，该设备最重可吊起 45t 重物，满足最重块吊装需求。

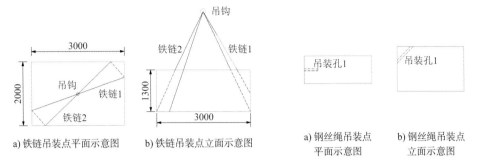

图 2-8-6 石块（3m×2m×1.3m）吊装点示意图（尺寸单位：mm）　　图 2-8-7 石块（2m×0.8m×1.3m、0.8m×0.8m×1.3m）吊装点示意图

2.8.3.4 基坑开挖注意事项

（1）提前准备支护材料。

（2）竖向分层、纵向分段开挖，采用平行流水作业，确保工程顺利进行。

（3）石方采用开山锯和绳锯配合开挖，困难部分采用小型挖掘机和人工风镐。

（4）做好场地规划，合理调配运输车辆，保证道路畅通。

（5）根据现场布置合理组织运输，减少对交通的影响。

（6）基坑中利用挖掘机装渣，待石方收尾后吊出装载机。

（7）配备专人指挥开挖，避免挖掘机碰撞支护层。

（8）实行信息化施工，及时监测并处理险情。

2.8.3.5 周边建（构）筑物、地下管线的保护措施

1）地下管线的调查与保护措施

（1）详细调查管线位置、埋深等，并迁改至安全距离。

（2）根据管线类型、位置进行保护，并进行监控量测。

（3）定期检查管道变形等，超警戒值时应立即停工加固。

（4）发生事故立即通知主管部门抢险。

（5）发现大变形趋势及时联系相关单位确定处理方案。

2）周边建（构）筑物的保护措施

（1）分段、分块、分层开挖，满足"时空效应"原理。

（2）减少动荷载影响，减缓基坑变形；及时处理渗漏水部位。

（3）及时进行垫层施工，封闭基底。

（4）加强基坑变形、建（构）筑物沉降、道路沉降、挡石墙变形位移及地下水位监测。

2.8.3.6 石方外运

石方外运前制定合理的运输路线，办理环卫等相关手续，运至规定的渣土场进行弃渣。根据风井所处的地理位置，渣石外运除受特殊原因交通管制外，保证夜间的石方外运。

如果受外界及天气情况影响不能进行及时石方外运，为保证挖石的连续作业，达到基坑石方开挖工序节点，在施工场地及弃渣场内临时堆渣，待满足外运条件时组织石方外运。在门口派专人疏导交通，做好土方车出工地前的清洗、清扫工作，减少粉尘污染。并且要运石车辆做好防滑措施。

2.8.3.7 基坑开挖质量验收标准

基坑开挖质量验收标准见表 2-8-1。

基坑开挖质量验收标准 表 2-8-1

项目	序号	检验项目	允许偏差（mm）	检验频率		检验方法
				范围	点数	
主控项目	1	坑底高程	±30	每段基坑或长50m	5	用水准仪测量
	2	纵横轴线	50		2	用经纬仪测量
	3	基坑尺寸	不小于设计尺寸		4	钢尺量，每边计1点
一般项目	1	基坑边坡	按设计要求	每段基坑或长50m	4	用坡度尺检查
	2	坑底平整度	20		5	用2m靠尺和楔形塞尺检查
	3	基底岩性	按设计要求		2	观察或进行岩样分析

在开挖至基坑底部后，应会同业主、监理、设计及勘察单位进行基底验槽确认，确认基坑底部岩层是否与设计资料及勘察资料吻合，基底验槽合格后方可浇筑垫层。

2.8.3.8 支护施工

1）概述

本基坑原设计支护采用挂网喷锚方式，后经设计变更后对基坑开挖后局部破碎区域采用挂网喷锚方式。钢筋网尺寸为$\phi 8mm@150mm\times 150mm$，喷射混凝土采用100m厚的C25早强混凝土，在浅层2m范围内采用长为5m、直径为$\phi 22mm$的锚杆进行加固，锚杆以$1500mm\times 1500mm$的梅花形布局分布，其余采用长为2m、直径为$\phi 22mm$的锚杆，各工序流程如图2-8-8所示。

2）锚杆施工

（1）锚杆施工工艺流程

本工程采用$\phi 22mm$砂浆锚杆，施工工艺流程如图2-8-9所示。

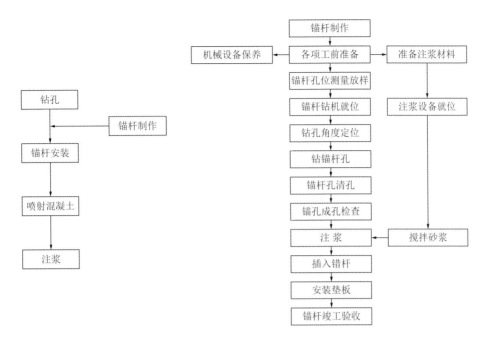

图 2-8-8　支护流程图　　图 2-8-9　砂浆锚杆施工工艺流程图

（2）操作要点

① 锚杆应提前加工好，根据设计要求，浅层以下 2m 范围内采用长为 5m 的锚杆，其他部位采用长为 2m 的锚杆，长为 5m 的锚杆需焊接对中支架，对中支架采用 ϕ25mm（t = 2mm）的钢管，沿锚杆体周边焊接而成，每隔 1.5~2.0m 焊接一个，焊接了定位支架的锚杆需能顺利置入 ϕ100mm 的钻孔内。

② 施工作业时，首先测量人员需按照设计，测放出锚杆孔位并标记。锚杆造孔施工根据锚杆类型、规格及岩层等情况进行选择，钻孔方向向下倾斜 15°，允许偏差为 ±3°。本工程采用 ϕ100mm 钻孔和 ϕ22mm 砂浆锚杆，利用砂浆将锚杆与钻孔间的空隙填充密实。施钻时钻头要对准岩面上锚杆孔孔位的标记进行下钻；在钻设锚杆孔时，还需钻设泄水孔，每 4~5m² 设置一处并根据坡面渗水情况调整，采用直径 50mm 聚氯乙烯管（PVC 管）钻孔滤网包裹。

③ 钻孔完成后用高压风和水将孔清洗干净，经验收合格后进行下一道工序施工。对验收不合格的孔，应重造或补造后重新验收，直至合格。

④ 锚杆钻孔施工应符合以下要求：钻孔机具应根据锚杆类型、规格及岩层情况选择；孔位允许偏差为 ±15cm，钻孔数量应符合设计规定；钻孔深度不应小于锚杆杆体有效长度，且深度超长值不应大于 100mm。

⑤ 锚杆安装前应检查以下工作，并做好原始记录：锚杆材料型号、规格、品种符合设计要求，配件应配套；锚杆孔位、孔径、孔深及布置形式满足设计要求；孔内无积水，岩粉应吹洗干净。

⑥ 灌浆采用 P·O 42.5 级普通硅酸盐水泥浆，水灰比建议取 0.5~0.55，水泥浆体单轴抗

压强度应大于30MPa，水泥选用膨胀性早强低碱水泥，砂应预先筛选，保证质量及注浆效果。将注浆管插入锚杆孔最底端，开机注浆，随着压力缓慢抽注浆管，以保证孔里浆体饱满。安装锚杆时，要在锚杆上做出孔深标记，确认孔里浆体饱满后，将锚杆缓慢均匀推入，保证浆体完全包裹锚杆，锚杆灌浆完毕后孔口塞入止浆塞，锚杆施工示意图如图2-8-10所示。

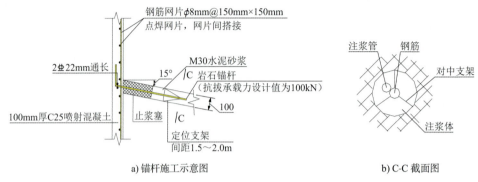

图 2-8-10　锚杆施工示意图和 C-C 截面图

（3）锚杆施工质量控制要点

①所有材料（钢筋、水泥和砂等）除必须有出厂合格证外，应按进货时间分批向监理报检、报审。未经检查批准的材料，不得用于施工。

②钢筋应顺直，表面不得有污物、铁锈或其他有害物质，并严格按设计尺寸下料。验收合格的锚杆体应妥善保护，以免腐蚀和机械损伤。

③锚杆孔的深度大于锚杆长度10cm，锚杆加工误差不大于±1cm，锚杆孔的直径大于杆体直径15mm。

④锚杆类型、布置及安装数量应符合设计要求。

⑤灌浆前，孔内的石屑与岩粉须清理干净，并将孔内的积水排净。钻孔验收合格而不能及时注浆的，应保护好孔口，以防止锚杆孔污染或堵塞。

⑥全长黏结式锚杆安装后不得敲击，其端部3d内不得悬挂重物。

⑦锚杆施作完成28d后，应进行抗拉拔试验，本工程锚杆拉拔承载力设计值不小于50kN。

（4）锚杆支护施工质量验收标准

锚杆支护施工质量验收标准见表2-8-2。

锚杆支护施工质量验收标准　　表 2-8-2

序号	检验项目	规定值或允许偏差	检查方法和频率
1	锚杆数量（根）	不少于设计	按分项工程统计
2	锚杆拔力（kN）	28d拔力平均值不小于设计值，最小拔力不小于0.9倍的设计值	按锚杆数1%做拔力试验，且不小于3根做拔力试验
3	孔位（mm）	±15	尺量：检查锚杆的10%
4	钻孔深度（mm）	±50	尺量：检查锚杆的10%

续上表

序号	检验项目	规定值或允许偏差	检查方法和频率
5	砂浆锚杆孔径（mm）	大于杆体直径+15	尺量：检查锚杆数的10%
6	锚杆长度	满足设计要求	按锚杆数的3%检验，或不少于3根

3）钢筋网施工

（1）施工顺序

原料准备→钢筋网加工制作→断面检查、岩面清理→焊接$\phi 22$mm加强肋→安装钢筋网→钢筋网焊接。

（2）基本要点

① 钢筋网材料应满足设计要求，用于制作钢筋网的钢筋在使用前应调直，清除锈蚀和油渍。

② 钢筋搭接长度不得小于30d（d为钢筋直径），并不得小于一个网格长边尺寸。

③ 钢筋网应与锚杆或其他固定装置连接牢固。

④ 钢筋网应随岩面起伏铺设，与岩面的最大间隙不超过30mm。

⑤ 开始喷射时，应减小喷头至受喷面的距离，并调整喷射角度，钢筋网保护层厚度不得小于4cm。

（3）施工作业要点

本工程采用直径为$\phi 8$mm，网格尺寸为150mm×150mm的钢筋网。钢筋网可预先在钢筋加工场加工成型或购买成品，在现场安装时，钢筋通过焊接形成整体。钢筋网的铺设在锚杆和$\phi 22$mm加强肋施工完成后进行，沿开挖岩面铺设。钢筋网在铺设过程中应尽量与岩面紧贴，利用锚杆、加强肋进行固定，钢筋网与锚杆之间采取焊接，加强肋之间采取绑扎，相邻钢筋网之间也采取点焊进行焊接，并保证一定搭设长度。钢筋网挂设完成后喷射混凝土时，应使钢筋网被完全覆盖，且保证一定覆盖厚度，钢筋网施工如图2-8-11所示。

① 钢筋网片加工：钢筋网片采用I级$\phi 8$mm钢筋焊制，在钢筋加工场内集中加工。先用钢筋调直机把钢筋调直，再截成钢筋条，钢筋网片尺寸根据拱架间距和网片之间搭接长度综合考虑确定。

钢筋焊接前要先将钢筋表面的油渍、漆污、水泥浆和用锤敲击能剥落的浮皮、铁锈等均清除干净；加工完毕后的钢筋网片应平整，

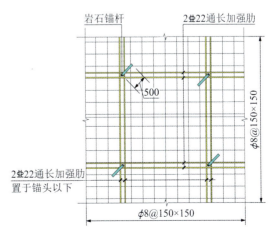

图2-8-11 钢筋网施工示意图（尺寸单位：mm）

钢筋表面无削弱钢筋截面的伤痕。

② 成品的存放：制作成型的钢筋网片必须轻抬轻放，避免摔地产生变形。钢筋网片成品应远离加工场地，堆放在指定的成品堆放场地上。存放和运输过程中要避免潮湿的环境，防止锈蚀、污染和变形。

③ 挂网：按图纸标定的位置挂设加工好的钢筋网片，钢筋片随初喷面的起伏铺设，绑扎固定于先期施工的系统锚杆之上，再把钢筋片焊接成网。铺挂设时利用混凝土作为块衬垫，放置在钢筋和初喷层之间，以保证钢筋和初喷层之间保持 20~30mm 的间隙。砂层地段应先加铺钢筋网，沿环向压紧后再喷射混凝土。

④ 钢筋网施工质量控制措施：加工钢筋网的原材料要有出厂合格证，其力学性能试验要符合规定。钢筋网的规格、型号、外观质量要满足设计和规范要求，并及时向监理报检、报审。未经检查批准的材料，不得用于施工；钢筋网的制作应严格按照设计图纸执行；钢筋应冷拉调直后使用，钢筋表面不得有裂纹、油污、颗粒或片状锈蚀；钢筋网与钢筋网连接处、钢筋网与锚杆连接处点焊牢固，使钢筋网在喷射时不易晃动；洞里外施工场地修筑临时排水设施保证排水畅通。工地废水，注浆机清洗水泥浆等排放前先经沉淀池，并采取必要的净化措施处理，达标后方可排放；加工场地的下脚料要进行分类整理，原材料、半成品的堆码整齐。

（4）钢筋网支护施工质量验收标准

钢筋网支护施工质量验收标准见表 2-8-3。

钢筋网支护施工质量验收标准　　表 2-8-3

序号	检验项目	规定值或允许偏差	检验方法和频率
1	网格尺寸（mm）	±10	尺量
2	钢筋保护层厚度（mm）	满足设计要求	凿孔检查：每10m检查5点
3	与受喷岩面的间隙宽度（mm）	≤30	尺量：每10m检查10点
4	钢筋网的长、宽（mm）	±10	尺量

4）喷射混凝土施工

（1）施工步骤

喷射混凝土采用潮喷工艺，施工工序为：施工准备→喷面处理→计量配料→拌和→运输→施喷→检验、试验。

（2）操作基本要求

① 喷射混凝土所使用材料应满足设计及规范要求。

② 分层喷射时，后一层喷射应在前一层混凝土终凝后进行，初喷厚度不应小于4cm。

③ 混合料应随拌随喷。

④ 喷射混凝土回弹物不得重新用作喷射混凝土材料。

⑤ 喷射混凝土应适时进行养护，隧道内环境温度低于 5℃时不得洒水养护。

（3）施工作业要点

① 喷射前应对岩面进行检查，并做好以下准备工作：清除开挖面的浮石，处理好光滑岩面；工作平台就位；用高压风水枪冲洗喷面，对遇水易潮解的泥化岩层，应采用压风清扫岩面；埋设控制喷射混凝土厚度的标志；在受喷面渗水严重部位应注浆堵水或埋设导管排水。

② 在喷射混凝土站，应严格按照试验室确定的配合比来拌制混凝土料，混凝土喷射采用湿喷工艺，分段、分层自下而上进行喷射，分段长度不宜大于 6m。喷射时先将低洼处大致喷平，再自下而上分层、分段喷射。分层喷射时，后一层喷射应在前一层混凝土终凝后进行，若终凝 1h 后再进行喷射时，应先用风水清洗喷层表面。一次喷混凝土的厚度以确保混凝土不滑移、不坠落为度，既不能因厚度太大而影响喷混凝土的黏结力和黏聚力，也不能太薄而增加回弹量，并保持喷层厚度均匀。

③ 喷射时使喷嘴与受喷面间保持适当距离，喷射角度尽可能接近 90°，以获得最大压实和最小回弹。喷嘴应连续、缓慢地进行横向环行移动，一圈压半圈，喷射工所画的环形圈，横向宽度为 40~60cm，高为 15~20cm；若受喷面被钢筋、钢筋网覆盖时，应先喷射钢筋与基岩面之间缝隙，并将喷嘴稍加偏斜，但不宜小于 75°。如果喷嘴与受喷面的角度太小，会形成混凝土物料在受喷面上的滚动，产生出凹凸不平的波形喷面，增加回弹量，影响喷混凝土的质量。

④ 在有水地段进行喷射混凝土作业时应采取以下措施：

对渗漏水应先进行处理，当渗漏水范围大时，可设树枝状排水导管后再进行喷射，当渗漏水严重时，可设计泄水孔，边排水边喷射；喷射时，应先从远离渗漏出水处开始，逐渐向渗漏处逼近，将散水集中，安设导管，使水引出，再向导管逼近喷射；喷射混凝土终凝 2h 后，应进行润湿养护；环境温度低于 5℃时不得喷水养护。

（4）喷射混凝土施工质量控制措施

① 喷射混凝土原材料检验合格后才能使用，速凝剂应妥善保管，防止变质。严格控制拌合物的水灰比，经常检查速凝剂注入环的工作状况。喷射混凝土的坍落度宜控制在 8~12cm，坍落度过大会导致混凝土易产生离析且回弹率会增大，过小容易出现堵管现象。喷射过程中应及时检查混凝土的回弹率和实际配合比。喷射混凝土的回弹率应满足相关要求，即侧壁不应大于 15%，拱部不应大于 25%。

② 喷射混凝土拌合物的停放时间不得大于 30min。

③ 必须在基坑开挖后及时进行施工。喷射混凝土严禁选用具有潜在碱活性骨料。喷混凝土厚度应预埋厚度控制标志，严格控制喷射混凝土的厚度。

④ 喷射前应仔细检查喷射面，如有松动土块应及时处理，喷射中当有脱落的岩块或混凝土被钢筋网架住时，应及时清除后再进行喷射。喷射机应布置在安全地带，并尽量靠近喷射部

位,便于喷射机的操作人员与喷浆工沟通,随时调整工作风压。

⑤喷射完成后应检查喷射混凝土与岩面黏结情况,可用锤敲击检查。同时测量其平整度和断面,并将此断面与开挖断面对比,确认喷射混凝土厚度是否满足设计和规范要求。当有空鼓、脱壳时,应及时凿除,冲洗干净进行重喷,或采用压浆法充填。

⑥经常检查喷射机出料弯头、输料管和管路接头,发现问题及时处理。管路堵塞时,必须先关闭主机,然后才能进行处理。

⑦喷射完成后应先关主机,再依次关闭计量泵、振动棒和风阀,最后用清水将机内、输送管路内残留物清除干净。

⑧作业区的气温和混合料进入喷射机的温度均不应低于5℃。

⑨喷射混凝土终凝2h以后,应洒水养护,养护时间一般不小于7d。

(5)喷射混凝土支护施工质量验收标准

喷射混凝土支护施工质量验收标准见表2-8-4。

喷射混凝土支护施工质量验收标准 表2-8-4

序号	检验项目	规定值或允许偏差	检验方法和频率
1	喷射混凝土强度(MPa)	在合格标准内	
2	喷层厚度(mm)	平均厚度不小于设计厚度;90%检查点的厚度不小于设计厚度;最小厚度不小于0.5倍的设计厚度,且不小于50	凿孔法或雷达检测仪:每10m检查一个断面,每个断面从坡地线起每3m检查1点
3	空洞检测	无空洞,无杂物	同上

2.8.4 应用成效

1)基坑开挖施工使用开山锯切割的优点

(1)对比矿山法爆破工艺,其优点为:对周边建(构)筑物、重要管线及三环路扰动较小更安全;无须申报爆破手续、节约准备时间、不受外界因素干扰。

(2)对比CO_2气体静爆工艺,其优点为:切割方案可流水作业,轨道铺设、开山锯切割、人工取石、吊装外运互不干扰,功效更好。

(3)对比矿山法爆破工艺及CO_2气体静爆工艺,其优点为:施工噪声小、扬尘较少,文明施工更加可控;基坑壁较平整,外观质量更好,现场实际开挖面如图2-8-12所示。

图2-8-12 现场实际开挖面

（4）切割开采出的石块经济效益较高，可加工成板或路缘石等使用。

2）基坑开挖施工使用开山锯切割的缺点

开山锯切割受岩层地质影响较大，岩层完整性较差的地质容易出现卡锯，处理卡锯需花费大量时间，如图 2-8-13 所示。

图 2-8-13　盘锯卡锯

3）基坑开挖施工中存在的问题及解决措施

（1）原厂锯片与盘锯的连接方式采用法兰盘连接，该连接方式无法满足锯片紧贴基坑开挖轮廓线切割，每层将会向坑内错台 10cm。故对原厂锯片进行改装，锯片与盘锯间采用螺栓进行连接，使其能够紧贴基坑开挖轮廓线切割，避免后续错台处理。

（2）锯片直径为 3.3m，刚开始切割锯片时晃动剧烈，刀头容易掉落。如图 2-8-14 所示，采用大小锯片配合的切割方式，刚开始切割时使用直径为 2.2m 的锯片，待切割深度达 60cm 后更换直径为 3.3m 的锯片切割到位，减小下刀晃动及刀头掉落。

图 2-8-14　大小锯片配合切割示意图

(3)盘锯因卡锯问题无法切割到底,本身基坑岩层裂隙很多,在切割不到位的情况下,取石过程易出现断层、鼓包情况,需要进行二次处理,人工风镐凿除需耗费大量的时间。因此,需注意以下几点:

① 及时更换不合格的劳务工人,实行 24h 作业制度。

② 降低切割速度,预防卡锯,预防岩裂。

③ 采用火烧释放应力,减少岩裂。

④ 挖掘机炮头配合凿除断层鼓包。

断层、鼓包处理与火烧释放应力如图 2-8-15 所示。

a) 断层鼓包处理

b) 鼓包处理火烧释放应力

图 2-8-15 断层、鼓包处理与火烧释放应力

(4)由于锯片刀头磨损严重,导致切割缓慢,故在现场进行实体取样,寄往厂家配制适合该岩层的刀头。

Chapter 3

第 3 章

区间盾构法施工关键技术

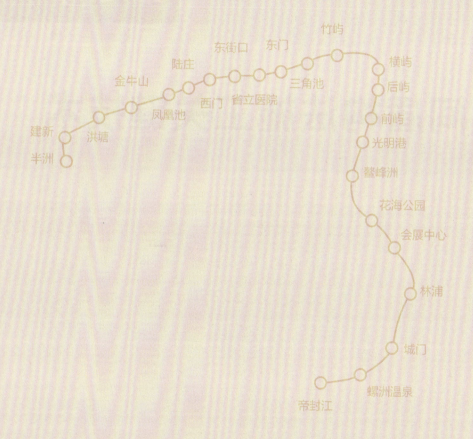

连线成环 | 福州地铁4号线建设技术创新与实践

第3章 区间盾构法施工关键技术

3.1 不良地质条件下盾构机脱困

3.1.1 工程概况

三角池站—竹屿站区间跨越晋安区塔头路、横屿路，沿塔头路、横屿路东西向布置。本区间线路出竹屿站，沿横屿路、塔头路进入三角池站。区间上部现状地形总体较平坦，区间埋深为 7.87~12.66m，局部地形略有起伏。三角池站—竹屿站区间线路纵坡设计为 V 字坡，区间最大坡度为 25.0‰，区间线间距为 14~16m，主体隧道采用盾构法施工。

三角池站—竹屿站区间场地上部主要覆盖有全新统第四系（Q）地层长乐组陆交互相沉积、龙海组冲洪积的黏性土、淤泥、淤泥质土，局部为粗砂、含泥碎卵石，下伏基岩主要为燕山期花岗岩，局部为燕山期侵入岩脉（地质状况一般介绍盾构机穿越地层的地质情况），三角池站—竹屿站区间地貌类型为海陆交互相冲淤积平原地貌（ZCK30+980.425~ZCK31+040、ZCK31+300~ZCK31+869.237）和剥侵残山地貌（ZCK31+040~ZCK31+300），属于第Ⅰ和第Ⅱ工程地质区，基底揭示的岩性主要为花岗岩，局部为正长斑岩、辉绿岩等。

由于区间硬岩比例较高，达到了 38.16%（表 3-1-1），盾构机刀盘配置为 35 把单刃滚刀及 6 把双刃滚刀。

区间地质比例 表 3-1-1

序号	地层编号	地层名称	比例	折算长度（m）
1	〈4-2〉	（含泥）粗砂	0.72%	6.24
2	〈4-3-2〉	（含泥）碎卵石	9.70%	84.26
3	〈4-6-1〉	粉质黏土	16.27%	141.35
4	〈4-6-2〉	（含泥、碎石）粉质黏土	0.08%	0.70
5	〈4-8〉	（含泥）碎卵石	13.95%	121.24
6	〈5-2〉	残积砂质黏性土	0.03%	0.30
7	〈6-1〉	全风化花岗岩	1.19%	10.31
8	〈6-4〉	全风化正长斑岩	0.94%	8.19
9	〈7-1〉	砂土状强风化花岗岩	4.41%	38.28
10	〈7-6-1〉	砂土状强风化正长斑岩	9.00%	78.15
11	〈7-6-2〉	碎块状强风化正长斑岩	5.56%	48.30
12	〈8-4〉	中风化正长斑岩	38.16%	331.15

3.1.2 施工难点

盾尾砂浆包裹状态下盾构机安全脱困是难点。在左线盾构机掘进至 170~220 环区域时，穿越的主要地层为（含泥）碎卵石〈4-3-2〉、粉质黏土〈4-6-1〉、（含泥）碎卵石〈4-8〉、砂土状强风化正长斑岩〈7-6-1〉，上部有较厚淤泥地层（图3-1-1）。由于地层灵敏度较高，掘进过程中时常发生沉降预警；为减少预警次数，在掘进过程中增大了同步注浆的注浆量，平均注浆量为理论计算值的1.5～1.8倍。同时在预警发生后，时常停机对脱出盾尾一定距离的管片进行二次注浆，浆液初凝时间为9～10h。

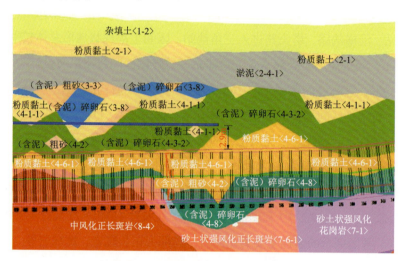

图3-1-1　盾构机被困段地质剖面图

从盾构机掘进至230环开始，盾构机姿态开始恶化，出现"栽头"现象，盾构机推力逐渐增大，推进速度降低，而刀盘扭矩则较为正常，盾构掘进参数见表3-1-2。经过排查分析，基本判断盾构机受困的原因为同步注浆浆液在盾尾上凝结形成附着包裹物，导致盾构机与地层间摩阻力急剧增大。结合前期盾构掘进时注浆量过大，且时常出现停机等情况，可以判定增大的推力是由于注浆量增大的同时频繁停机造成浆液凝固后附着在盾壳之上。

盾构掘进参数表　　　　　　　　　　　　　表3-1-2

环号	总推力（kN）	推进速度（mm/min）	刀盘扭矩（kN·m）
237	17697	30	529
238	17664	25	535
239	21263	19	606
240	20586	9	488
241	21257	9	706
242	21048	19	957
243	20313	17	1210
244	23163	17	1124
245	21892	9	375
246	21410	7	414
247	21349	8	596

续上表

环号	总推力（kN）	推进速度（mm/min）	刀盘扭矩（kN·m）
248	25037	14	587
249	25876	10	834

3.1.3 施工关键技术

3.1.3.1 盾构机受困原因分析

1）理论推力计算

盾构机的推力 F 主要由以下四部分组成：

$$F = F_1 + F_2 + F_3 + F_4 \tag{3-1-1}$$

式中：F_1——盾构机外壳与土体之间的摩擦力；

F_2——工作面推进阻力；

F_3——盾尾与管片之间的摩擦力；

F_4——后方台车的阻力。

盾构机的受力情况分析如图 3-1-2 所示，盾构机各部分推力计算如下。

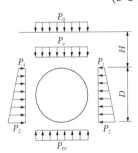

图 3-1-2 盾构机受力分析图

P_0-地面上置荷载

（1）盾构机外壳与土体之间的摩擦力 F_1：

$$F_1 = \frac{1}{4}(P_e + P_{01} + P_1 + P_2)DL\mu\pi \tag{3-1-2}$$

式中：P_{01}——盾构机底部的均布压力；

P_1——盾构机拱顶处的侧向水土压力；

P_2——盾构机底部的侧向水土压力。

本工程中，盾构机拱顶距离地面 15.72m，地下水位为 -2.0m，土与钢的摩擦系数 μ 取 0.3。经计算可知，$P_e = 269598\text{N/m}^2$，$P_1 = 134456\text{N/m}^2$，$P_2 = 197568\text{N/m}^2$，$P_{01} = 333102\text{N/m}^2$，$F_1 = 11907000\text{N}$。

（2）刀盘上的水平推力引起的推力 F_2：

$$F_2 = \frac{\pi(D^2 P_d)}{4} \tag{3-1-3}$$

式中：P_d——水平土压力，$P_d = \lambda\gamma(h + D/2)$，$\lambda$ 取 0.4（静止土压力系数）。

经计算，$P_d = 162386\text{N}$，$F_2 = 4228700\text{N}$。

（3）盾尾与管片之间的摩擦力 F_3：

$$F_3 = G_p\mu \tag{3-1-4}$$

式中：G_p——盾尾内管片自重；

　　　μ——盾尾与管片之间的摩擦系数（取 0.3）。

本工程中，盾尾管片自重为 380kN，$F_3 = G_p\mu = 111720$N。

（4）后方台车的阻力 F_4：

$$F_4 = G_h \sin\theta + \mu_g G_h \cos\theta \tag{3-1-5}$$

式中：G_h——盾尾台车的重量，$G_h \approx 1600$kN；

　　　θ——坡度，$\tan\theta = 0.014$；

　　　μ_g——滚动摩阻系数，取 0.05；

因此，$F_4 = G_h \sin\theta + \mu_g G_h \cos\theta = 100352$N。

由上述参数可得，盾构机正常掘进的总推力为：

$$F = 11907000 + 4228700 + 111720 + 100352 = 16347772\text{N}$$

这一数值与盾构机正常掘进时的实际掘进推力较为吻合。

2）推力增大原因分析

虽然盾构机的推力不断增大，但扭矩波动不大，且通过测量渣土温度，也未出现高于 40℃ 的情况。据此可初步判断盾构机推力过大原因并非由于刀具损坏造成，为了进一步排查推力过大原因，确认是否由于开挖直径减小（即保径刀的磨损）或刀盘结泥饼造成的推力增大，在掘进至 245 环时带压进仓进行刀具检查，发现保径刀及正面刀具为均磨且磨损量未超过 1cm，未发现结泥饼现象。同时经盾构机厂家对盾构机的检查，未发现盾构机存在异常。

经过开仓检查及盾构机设备检查，可以排除由于刀具磨损、开挖直径减小及盾构机设备故障等原因造成盾构机的推力增大。根据盾体上的垂直压力和水平土压力的计算方法，当盾构机所处地层无显著变化时，盾体摩擦阻力应为定值，因此可排除盾体摩擦阻力的影响；根据实际测试，拉伸铰接调整盾构机姿态后，推力仍然无变化，故可排除盾尾与管片间摩擦力的影响；根据盾构掘进历史数据（表 3-1-2），后配套总拉力一直维持稳定、无变化，可排除后配套拖车的拖拉力的影响；由于气仓压力设定为固定值，开挖掌子面的土仓压力一直维持在 1.7～1.8bar，故排除开挖面支撑压力的影响；由于盾构机未进入全断面硬岩地层，理论上刀盘刀具的压力不应有过大变化。

排除以上原因后，基本可以判断盾构机受困的原因为同步注浆浆液在盾尾上凝结形成附着包裹物，使得盾构机与地层间摩阻力急剧增大。结合前期盾构掘进时注浆量过大且频繁停机等情况，可以判定推力增大是由于注浆量增大的同时频繁停机造成浆液凝固后附着在盾壳之上，这些附着物致使盾构机推力增大。

3.1.3.2　脱困措施

1）在地下采取的脱困措施

（1）疏通径向注浆孔，并提前接好膨润土管与径向注浆孔的球阀，依次向各注浆孔内注入膨润土浆液，注入膨润土浆液方式为每孔注入 3～4m³，每隔 1h 补注一次，总共注入 3 次，目的是通过注浆来疏松盾壳外部的附着物。

（2）通过超前注浆孔对盾构机底部注入油脂，避免盾构机在纠偏过程中出现"栽头"现象。

（3）适当降低同步注浆中砂浆的水泥掺量及注浆压力，防止在脱困过程中由于掘进速度降低导致注入的浆液凝固，进而增大盾构机的推力。

（4）在掘进至 249 环时，在盾构机底部增设了 4 个 200t 外置液压缸，如图 3-1-3 所示。由于盾构机底部增设了千斤顶，为了防止在掘进拼装过程中上部管片脱开的现象，一方面要增加管片螺栓的复紧次数，同时可使用槽钢对管片进行纵向拉紧。

图 3-1-3 盾构机底部加液压缸

（5）在掘进过程中为了降低盾构机推力，可根据地层情况适当降低土压力 0.3～0.5bar，在最后 10～20cm 闷推保压，如图 3-1-4 所示。

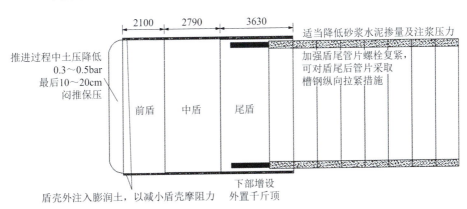

图 3-1-4 闷推保压示意图（尺寸单位：mm）

（6）如图 3-1-5 所示，在 6 和 7、7 和 8、8 和 9、9 和 10 推进液压缸的间隙安放 4 台辅助推进的外置千斤顶，4 台辅助千斤顶用同一泵站提供动力，在使用辅助千斤顶时注意控制盾构机的掘进速度，尽可能使之与外置千斤顶同步。

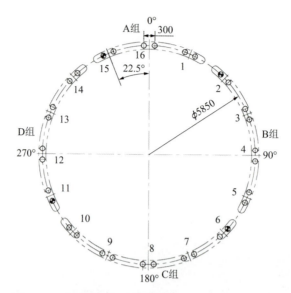

图 3-1-5　推进液压缸安装示意图（尺寸单位：mm）

2）在地面采取的脱困措施

在右线掘进至 281～303 环时，刀盘切口处的地面整体地势较为平坦，局部地形略有起伏，盾构机停于 297 环位置，地面高程为 8.47m，隧道顶埋深为 15.6m。

281～303 环掘进参数见表 3-1-3。

281～303 环掘进参数表　　　　　　　　　　　表 3-1-3

环号	推力（kN）	速度（mm/min）	扭矩（kN·m）
281	26227	10	1265
282	27205	10	1016
283	28919	10	986
284	29027	9	776
285	29731	9	1455
286	31512	11	1131
287	34851	9	872
288	35298	11	1390
289	35315	11	1703
290	35623	11	2008
291	35296	12	3352
292	35315	11	1703
293	31529	11	1390
294	33644	9	2103

续上表

环号	推力（kN）	速度（mm/min）	扭矩（kN·m）
295	30052	13	1776
296	32641	5	1067
297	32774	10	1717
298	33003	6	1204
299	31881	5	1745
300	29928	10	3484
301	26315	15	1503
302	21963	15	1979
303	20661	12	1939

（1）场地勘察。

正式进场施工前应进行管线调查，确认地面无管线后，再利用围挡对施工区域进行隔离。

（2）孔位放样。

施工前用全站仪测定控制点，为了能更加充分利用该孔位，可将其定位在前盾中心位置，随后用钢尺和测线实地布设孔位中心，确保桩孔中心与盾构机中盾中心移位偏差小于50mm。

（3）下钻引孔。

在调整钻杆后，需先确定孔长和钻杆根数，方可开始引孔，然后打开空压机检查管路是否通畅，将水泥浆泵通水，以防钻杆堵塞。在钻孔至最后1m时，现场地面与地下盾构机内应各安排一名管理人员保持联系，控制钻进速度，直至盾壳后停止。在钻孔完成后及时下放ϕ168mm钢套管，防止在振动过程中塌孔。

（4）提升钻杆，更换振动工装。

为辅助盾构机脱困，工程师设计一种可传导振动的工装件，该盾构机脱困辅助工装件是将1cm厚钢板与HW100×100工字钢焊接，如图3-1-6所示。施工时采用振动锤夹住工装件即可将振动传递到盾壳上，通过振动作用来松动裹住盾体的附着物硬壳。

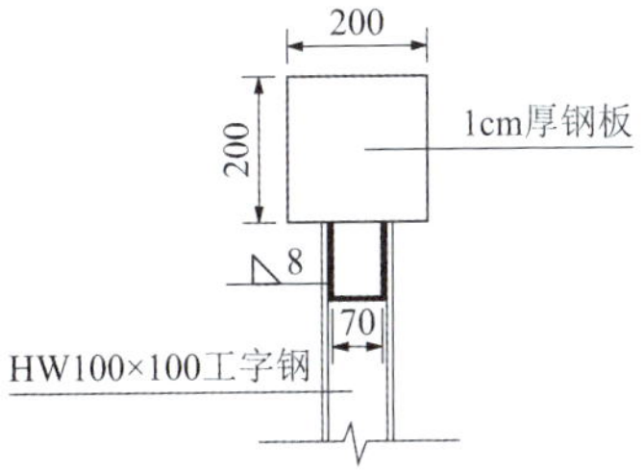

图 3-1-6 盾构机脱困辅助工装件
（尺寸单位：mm）

（5）冲击盾体。

使用振动锤结合工装件来冲击盾构机盾体，以清理其表面的固结体。在盾构掘进时振动锤开始不间断冲击盾构机外壳，每向前掘进30cm停机10min，此时继续对盾构机外壳进行冲击，持续时间3～5min，而后停止冲击。待振动锤冷却完毕后启动盾构机向前掘进，重复上述操作步骤，并观察各个参数以验证冲击效果，直至盾尾离开该孔。当盾构机铰接部分靠近钻探孔时，应留出至少 50cm 距离，避免振动对铰接系统造成损坏。在振动脱困过程中，地面及地下需要密切协作，保证盾体无变形、破损、漏浆现象。

盾构机自 298 环开始进行地面振动+地下辅助千斤顶掘进作业，至 301 环结束，盾构机推力由 32000kN 降至 26500kN，此时，盾构机已无须增加辅助千斤顶进行掘进，包裹在盾壳外围的砂浆壳开始逐渐剥离，在继续掘进至 303 环时，推力已下降至 20500kN，此时，盾构机顺利脱困。

在盾构机顺利接收后，仍可见盾构机两侧附着于盾壳上的砂浆壳，如图 3-1-7 所示。

（6）封孔。

孔位处管片拼装完毕后，使用水泥浆封孔。

图 3-1-7　盾壳包裹砂浆

3.1.4　应用成效

（1）通过实际推力数据与理论估算的比较，所采用的估算法可行，并对推力增大的原因分析及脱困方案的制定起到了参考作用。

（2）最终盾构机出洞显示出砂浆壳包裹情况与理论分析相符，也说明了掘进过程中造成推力过大的原因是注浆量过大，且不间断停机致使砂浆壳不断加厚，造成盾构机推力过大。因此为了避免此类状况的发生，掘进过程中应合理控制注浆量及浆液的凝固时间，并尽量减少停机，若遇到不可避免的需长时间停机的情况，宜采取适当加入泥浆或黏性较差的膨润土或、砂土充填土仓，同时再向径向孔注入膨润土或者油脂等相关停机措施。

（3）三竹区间采用该脱困方案时，不仅仅在盾构机内采取了措施，同时也在地面采取了振动措施。该方案对地面的破坏小，效果好，适合在市区进行施工，对于类似案例有很好的参考价值。

3.2　盾构穿越上软下硬地层时刀盘防结泥饼技术

3.2.1　工程概况

本工程位于福州市晋安区规划道路下方。本区间线路出横屿站后先沿横屿路向东行进，后向南下穿地块转入前横路，并向南敷设，在化工路路口北侧接入横屿站。区间隧道总长 1506.176m，施工采用一台铁建重工生产的 ϕ6440mm 复合式土压平衡盾构机，本工程地质条件复杂，为了能够更好地适应区间地质特点，盾构机刀盘采用滚刀加刮刀组合的混合刀具方式。本区间线路沿线地势空旷，隧道区间属海陆交互相冲淤积平原地貌和剥蚀残山地貌单元，场地上部主要覆盖有全新统第四系地层长乐组陆交互相沉积、上更新统东山组冲洪积、龙海组冲洪积黏性土、淤泥、淤泥质土，局部为中砂、粗砂、卵石，下伏基岩主要为燕山期花岗岩，局部为燕山期侵入岩脉。地下水按赋存方式分为孔隙潜水、松散岩类孔隙水、残积土及风化岩层中的孔隙-裂隙水和基岩裂隙水四种类型。稳定水位埋深为 0.20～6.80m，稳定水位高程为 3.53～7.97m，盾构区间所穿越地层分别为：（含砂、碎石）粉质黏土、碎块状强风化正长斑岩、砂土状强风化花岗岩、中风化正长斑岩、（含泥）碎卵石、（含泥）粗砂、粉质黏土、淤泥。始发端地质剖面图如图 3-2-1 所示。

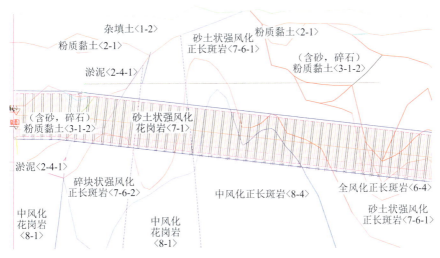

图 3-2-1　地质剖面图

3.2.2　施工难点

由于盾构施工过程中地质情况的复杂性，可能产生刀盘结泥饼等问题。泥饼主要是指盾构机刀盘切削下来的细小颗粒、碎屑在密封仓和刀盘区内重新聚集，形成半固结或固结的块状体。泥饼的形成会造成扭矩和推力增大、推进速度减慢、刀具磨损等问题，进而导致盾构机严重损坏，在富水地层会诱发喷涌甚至发生地表塌方，从而引发严重的工程事故。

3.2.3　施工关键技术

1）泥饼形成的主要原因及机理

根据烧结理论，当烧成温度和时间确定时，烧结速度主要决定于物料的粒径。盾构机掘进的前 50 环，在粉质黏土的颗粒组成中，粒径小于 0.075mm 的颗粒占比为 36.3%，因此，在一定的温度下，由于表面张力的作用，土体颗粒经过黏附作用、物质传递和气相传质等过程，孔隙逐步得到填充，转变成致密的烧结体。刀盘掌子面富含黏土矿物颗粒，在刀具的切削和刀盘的冲击作用下，黏土颗粒及岩块变成碎屑和粉末状，这些碎屑粉末状的黏性颗粒是形成泥饼的基础材料；同时由于粉粒及黏粒含量较高，颗粒之间的质点迁移所需的能量降低，有助于形成连生型固溶体。由于刀盘中心部位往往开口率相对较小，若渣土改良不到位，在刀盘的碾压下黏性颗粒极易在中心滚刀刀箱位置混合，导致中心滚刀逐渐失去转动能力，随着摩擦力增大，温度逐渐升高，自刀盘中心位置向四周逐步在刀盘面上形成附着的泥饼，如图 3-2-2 所示。在掘进过程中的高温高压作用下，泥饼不断变硬变厚，最终导致刀盘大面积被泥饼糊死，盾构掘进速度降低、推力及扭矩增大、刀盘卡顿，未及时处理将造成刀具偏磨，如图 3-2-3 所示。

图 3-2-2　刀盘中心区域结泥饼情况

图 3-2-3　中心滚刀偏磨

（1）地层变化

本区间前 50 环内，主要地层为粉质黏土层，51～90 环主要为砂土状强风化花岗岩，91～116 环为上软下硬地层，上部为碎块状强风化花岗岩，下部为中风化花岗岩。取刀盘中心泥饼进行分析，发现泥饼主要成分为黏土，最外侧混有砂土状强风化碎屑。因此可以判断刀盘中心泥饼在盾构掘进前期就已出现。

（2）刀盘、启动扭矩与地层之间的矛盾

由于本区间地层变化较大，主要是以软土、软硬不均的全断面硬岩等组成的复合地层，为使盾构机能够适应本区间地层，刀盘采用了面板＋辐条式复合刀盘，刀盘开口率为 33%，中心区域开口率较小，从本区间综合的地质条件来看，刀盘的设置是合理的，然而在单纯掘削黏土时，黏性土易黏附在刀盘表面，同时盾构机刀盘支撑辐条以箱体式方形开口，不够圆滑，切削的渣土排土不畅，易挤压在箱体角落，形成堆积效应，特别是中心区域开口率低，容易造成中心区域渣土堆积进而形成泥饼。同时，盾构机以复合式刀盘满足区间的复杂地层，在初装刀具时就已经配置有掘削软土及硬岩的刮刀，滚刀等。为了综合利用刀具，满足区间地层，适应基岩以及孤石等强度较高的地层，滚刀启动扭矩设置较高，在前 50 环掘进过程中，刀具处于黏性土中，由于本身的软土特性，滚刀只是被动转动，达不到滚刀转动的初始条件。通常典型地层与刀具使用形式的关联性具体见表 3-2-1。刀具配置与地层的矛盾增大了泥饼产生的概率，刀盘配置的中心滚刀在并未正常工作的情况下就已被泥饼糊死。初装滚刀启动扭矩，详细参数见表 3-2-2。

典型地层与刀具使用形式　　　　　　　　　　表 3-2-1

地层分类	典型地层	刀具使用形式
软土层软岩	页岩、黏土、泥岩	刮刀、齿刀、楔齿滚刀
中软岩	石灰岩、砂岩、大理石火山岩、凝灰岩	盘形滚刀、楔齿滚刀
中硬岩	白云石、片麻岩、花岗岩片岩、长石	硬质合金楔齿滚刀盘形滚刀、盘形球齿滚刀

初装滚刀启动扭矩　　　　　　　　　　表 3-2-2

单刃或双刃编号	初装扭矩（N·m）	单刃或双刃编号	初装扭矩（N·m）	单刃或双刃编号	初装扭矩（N·m）
S13	22	S27	23	S41	23
S14	24	S28	24	S42	24
S15	21	S29	23	S43	24
S16	23	S30	23	S44	23
S17	23	S31	25	S45	24
S18	25	S32	23	S46A	23
S19	23	S33	25	S46B	24
S20	22	S34	24	S1、S3	20
S21	24	S35	23	S2、S4	19
S22	25	S36	25	S5、S7	23
S23	24	S37	23	S6、S8	24
S24	23	S38	24	S9、S11	20
S25	23	S39	24	S10、S12	23
S26	24	S40	23		

（3）渣土改良系统运行不畅

区间前 50 环内，主要地层为粉质黏土层，中心区域容易被黏土包裹并糊死，泡沫管路易堵塞、泡沫系统不起冲刷作用，将直接导致渣土改良不到位，掘进过程中若无法及时带走渣土，中心区域温度不断升高，过高的温度对形成的泥饼还有"烧结促成"作用。

（4）土仓长时间充填黏性土

区间施工到116环时，中途经历两次长时间停机，累计达到15d。两次停机均采取满仓保压的方式，土仓长时间充填黏性土，对刀盘严密包裹。特别是刀盘中心区域已堆积的黏土周边，在长时间停机后，又附着了大量黏性土，在土压力效应下更加明显，恢复掘进后，刀盘的旋转及挤压，加速了泥饼的形成，本区间116环开仓检查后，刀具磨损及泥饼区域，如图3-2-4所示。

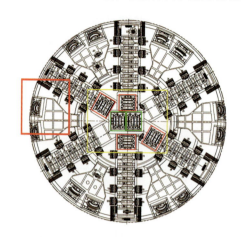

图 3-2-4　刀具磨损及结泥饼区域图

（5）掘进模式

对地质条件把握不到位，在开挖面较为稳定的粉质黏土层中采用土压平衡状态掘进，仓内渣土密度不断增大，在控制螺旋输送机提高出土压力时，进一步增大渣土的密度，从而造成憋仓。对于黏性地层，满仓掘进，导致刀盘中心区域长时间处于黏土的包裹状态，又在高土压挤压状态下掘进，中心区域温度较高，加速中心区域滞留渣土烧结作用，在高温度和高压力的情况下，刀盘中心区域结满泥饼。掘进参数见表3-2-3。

根据数据分析，盾构机推力逐渐增大，最高达到18000kN，速度逐渐降低至3mm/min，刀盘扭矩增大到超过4000kN·m，从这几组数据看出，推力逐渐增大，推进速度逐渐减小，扭矩明显增大，渣温明显升高。从数据中已经看出泥饼已经对掘进施工造成了非常大的危害，影响施工进度，效率低下，若继续发展下去，甚至可能出现刀盘母体结构变形。

掘进参数表　　　　　　　　　　　　　　表 3-2-3

环号	推力（kN）	速度（mm/min）	扭矩（kN·m）	渣温（℃）
91	13570	25	2182	25
92	14210	24	2532	25
93	13960	24	2619	25
94	14500	22	2400	26
95	14670	21	2642	26

续上表

环号	推力（kN）	速度（mm/min）	扭矩（kN·m）	渣温（℃）
96	15170	20	2880	26
97	15190	18	2836	25
98	15380	18	2842	25
99	15080	17	2971	27
100	15540	15	3078	27
101	14980	14	3026	28
102	15440	15	3152	29
103	16350	15	3384	28
104	15920	14	3290	29
105	15890	14	3280	29
106	15780	13	3305	29
107	16300	12	3284	30
108	16060	12	3356	30
109	16800	10	3405	30
110	16230	10	3321	29
111	17060	8	3620	33
112	17550	8	3527	36
113	17800	6	3448	39
114	17640	5	3563	40
115	18080	3	4000	43
116	17650	3	3676	47

掘进施工没有结合当前地层的实际情况调整合适的土压，使得土仓压力过高，导致切削下来的渣土不能及时排除，在土仓内堆积挤压，下一循环推进中又继续在刀盘旋转作用下对土仓渣土挤压，堆积在刀盘箱体里的渣土密实度越来越大，并堵塞中心泡沫孔。同时刀盘旋转后与周围土体介质摩擦生热，使土仓内温度升高，对泥饼有"烧结促成"作用，最终形成泥饼。

2）预防盾构机刀盘结泥饼措施

（1）及时掌握地层变化

在盾构掘进过程中应及时对比出土情况及地层情况与勘察报告是否相符，并根据地层变化情况及时调整掘进参数以及掘进模式。当掘进过程中地层并未发生变化，同时出现"速度降低、土压力不稳定、推力及扭矩逐渐增大、渣温升高"等现象时，可能出现结泥饼现象，此时应将适量的分散剂（或分散性泡沫）注入土仓内，分散糊在刀盘上的泥饼；减少黏性土附着在刀盘上，特别是刀盘中心区域箱体式结构，减小堆积效应，及时清除中心区域堆积的黏性土，以减少泥饼的形成。

(2) 提高渣土改良成效

施工过程中应注意保持各注入口通畅，特别是刀盘的泡沫喷口及喷水口。在掘进过程中若出现堵塞情况，必须及时进行疏通。

(3) 根据地层情况调整掘进模式

在黏土及黏粒含量较高的地层中应注意控制掘进模式，当掌子面稳定时应尽可能采用气压辅助掘进模式，气压辅助模式是指在土仓内注入压缩空气或泡沫来置换部分渣土，以气压来稳定掌子面。通过气压辅助掘进模式来减小黏土堆积的量，降低泥饼生成的可能性。

(4) 盾构掘进参数的控制

在黏性土地层中掘进，对于土压平衡盾构机土压力的设定以静止土压力理论计算的土压力为基础，合理控制土仓压力，并根据土压判断土仓渣土充填情况，尽量减少土仓的渣土量；在上软下硬地层掘进中加大渣土采样频率，准确测量渣土温度，综合分析渣样、渣温以及推进速度、推力、扭矩的匹配性，根据实际情况及时调整参数。

(5) 避免长时间停机

盾构施工中尽量避免满仓黏性土长时间的停机，如需长时间停机，宜适当加入泥浆或黏性较差的膨润土或砂土代替部分黏性土充填土仓。同时减少上软下硬地层满仓长时间掘进，应尽量以气压辅助模式半仓掘进，减少刀盘中心区域渣土的滞留堆积时间，从而减少泥饼产生的主要介质条件。

(6) 主动开仓检查

盾构施工中特别是上软下硬地层中要定期主动开仓检查，可以较准确地掌握地层的地质状况和刀具的磨损情况，如有较多渣土堆积到刀盘箱体区域应及时、彻底清理。

3.2.4 应用成效

(1) 盾构机司机及值班工程师每环掘进施工中需及时采取渣样，测量渣温，及时分析开挖面地层情况，合理调整参数，降低结泥饼的概率。

(2) 盾构机合理配置初装刀具，优化初装滚刀的启动扭矩。

(3) 当渣土排土不畅时，应合理加入一定比例膨胀率的泡沫剂或分散性泡沫，改善渣土的和易性与流塑性，掘进过程中保证中心泡沫管路的通畅，避免堵塞。

(4) 在软土及上软下硬地层中掘进，根据计算的土压力合理设定土仓压力，并以气压辅助模式半仓推进，减少刀盘中心区域渣土的滞留堆积时间。

(5) 在上软下硬地层中要定期主动进行开仓检查，及时掌握刀盘情况，提前预防及处理中心泥饼的产生。

3.3 土压平衡盾构机富水砂层掘进施工

3.3.1 工程概况

光明港站—鳌峰洲站区间（简称"光鳌区间"）线路自光明港出站后，右线以曲线半径 1000m 右偏穿过光明港路高架桥，后以曲线半径 450m 左转向正南方穿过光明港河道后沿鳌峰洲敷设，穿过鳌光路后以曲线半径 600m 右转于光明港二支河处进入鳌峰洲站。区间纵断面出光明港站后先以 270m 长 27.5‰下坡，后接 257.569m 长 5.237‰下坡到达最低点后，再以 330m 长 4‰上坡爬坡至鳌峰洲站。光明港站—鳌峰洲站区间的设计范围为：右线里程 YDK36+665.304～YDK37+621.231，含短链 1.040m，区间右线长度约 954.887m；左线里程 ZDK36+665.304～ZDK37+621.231，含短链 2.431m，区间左线长度约 953.496m。本区间于里程 YDK37+253.022、ZDK37+250.328 处设一处联络通道兼废水泵房。区间隧道洞身穿越段主要地层为 57%（含泥）中细砂、29%淤泥夹沙、14%粉质黏土。

光鳌区间两侧主要为三木花园、光明港路污水管顶管工作井、鳌港苑住宅小区、亚峰新村住宅楼、福州市亚峰中心小学、福州市第三十八中学等；区间隧道左线在 ZCK37+035.883～ZCK37+128.776（309～387 环），右线在 YCK37+40.051～YCK37+132.112（345～389 环）下穿光明港河，光明港河面宽约 90m。隧道顶埋深 17.7～18.3m，河床到隧道顶的最小距离为 12.3m（淤泥层厚度为 2.2～3.4m），隧道穿越的地层从上往下主要为杂填土、淤泥夹沙、（含泥）中细砂，如图 3-3-1 所示。

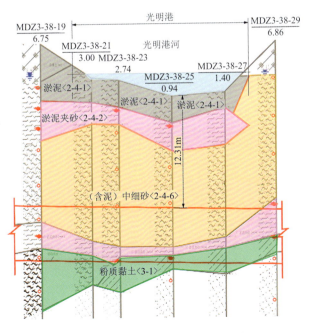

图 3-3-1 光明港河与隧道断面位置关系

3.3.2 施工难点

(1)光明港站南北两端盾构机始发端土层从上至下依次为杂填土、淤泥、粉质黏土、淤泥夹砂、(含泥)中细砂,鳌峰洲站北端盾构机接收端主要地层从上至下依次为杂填土、(含泥)中细砂、淤泥夹砂、(含泥)中细砂、淤泥夹砂地层,始发端与接收端土质较软弱,压缩模量E_s较低,力学性质差,不利于掌子面的稳定性;因此盾构机始发和接收是施工中的重点,也是较容易出现反力架失稳、地表沉降、涌水涌砂、盾构机姿态偏差、始发架(接收架)失稳、洞门密封失效等问题。

(2)区间将在里程 ZCK37+024.495~ZCK37+117.364 穿越光明港河,穿越(含泥)中细砂及淤泥夹砂,河底与隧道垂直距离最小为12m,盾构施工时易出现盾尾渗漏、螺旋输送机喷涌等风险。

3.3.3 施工关键技术

3.3.3.1 始发磨洞门

1)盾构机选型

根据本区间地质特点,盾构机需适应(含泥)中细砂、淤泥夹砂、粉质黏土、淤泥、强风化花岗岩(砂土状)地层的地质特点,选用中铁291号、中铁300号ϕ6460mm土压平衡式盾构机。

如图3-3-2所示,中铁291号/中铁300号盾构机整个刀盘采用焊接结构,有6个驱动支撑臂,刀盘总厚度为740mm,质量约75t。刀具采用镶齿滚刀、撕裂刀、刮刀的组合方式,撕裂刀高出刀盘面160mm,刮刀高出刀盘面板120mm,镶齿滚刀、撕裂刀、刮刀收集渣土进土仓,刀具高度差的设计很好地保证了刮刀的寿命。刀盘开口率约为38%,能适应本区间地质施工。刀盘面板上布置有6个泡沫注入孔,可注入添加剂,有效改良渣土。

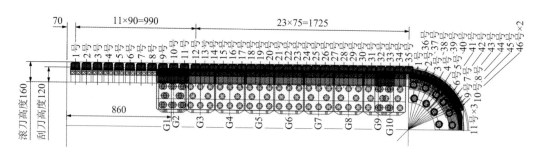

图 3-3-2 **刀盘刀具布置**(尺寸单位:mm)

如图3-3-3所示,装配的刀具包括中心双头撕裂刀6把、正面撕裂刀24把、边缘镶齿型滚刀12把(17in),同轨迹各配备1把重型撕裂刀,最边缘配2把重型撕裂刀;此外,还有边刮刀12把、刮刀45把、超挖刀1把、耐磨合金刀36把、磨损检测刀4把。因始发时需破除地下连续墙（钢筋混凝土墙，混凝土强度等级为C35），所以考虑保留了12把边缘滚刀（号37至号46A/B/C），为了减小刀盘开挖直径，最边缘安装了3把17in的滚刀，使刀盘开挖直径缩小到6460mm（与边缘刮刀相同的开挖直径），这样既能减小开挖直径，同时能保证边缘刮刀与刀盘耐磨环的高差及与前盾的高差。

2）破除洞门阶段改装刀具

区间第一台盾构机（左线）破除地下连续墙阶段，掘进速度仅为1～2mm/min，7d掘进进尺仅约35cm，项目部进行原因分析，确定为刀具破墙能力不足，停机对刀盘刀具进行改装，将边缘12把滚刀中的6把改装至正面不同轨迹位置。

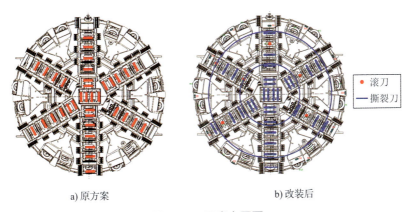

a) 原方案　　　　　　b) 改装后

图3-3-3　刀盘布置图

刀具改装完成以后磨地下连续墙速度达到15～20mm/min，盾构机顺利穿过地下连续墙，后续对右线刀具进行了相同改装。

3.3.3.2　盾构机长距离穿越富水砂层

1）风险描述

盾构机穿越地层主要为〈2-4-6〉（含泥）中细砂、〈2-4-4〉淤泥夹砂、〈3-1〉粉质黏土。隧道在水位线以下8～13.9m，渗透性高，水压力大，易造成始发端涌水涌砂风险。盾尾密封失效，将导致泥水、流砂涌入隧道，后果严重。

2）应对措施

（1）根据本区间地层，保留边缘滚刀（将原外边滚刀18in改成17in），面板为撕裂刀；加强设备维保减少设备故障，施工期间严格复核盾构机姿态，掘进时控制隧道轴线，每环姿态纠偏量小于5mm。

（2）在盾尾设置3道盾尾封钢丝刷＋1道止浆板，严格把控盾尾刷焊接质量和手涂盾尾油脂的密实性，确保盾尾密封性；采用含纤维盾尾油脂，保证盾尾油脂注入量和注入压力，盾尾油脂注入量大于40kg/环，盾尾密封压力大于20bar；拼装前清理盾尾，保证盾尾刷的完整性，降低盾尾漏水漏浆风险。

（3）建立膨化池，根据渣土取样判断渣土含泥量。对于渣土含泥量少于20%的地层，在土仓加入适量膨润土，改良渣土，保证掌子面的稳定性和气密封。掘进过程在盾壳径向孔注入适量高稠度膨润土，防止盾体位置地表沉降。

（4）电瓶车配置防溜、防滑装置，安装视频监控；每班检查加固轨道，检查水平运输设备的刹车系统。

（5）在盾构机工作面配置适量的快干水泥、木楔、回丝、海绵等堵漏材料和工具及聚氨酯等应急材料；必要时进行盾尾封堵和管片、盾体注浆封堵。

（6）根据地表沉降严格控制土仓压力，停机前土压力设置比掘进时的土压力提高 0.3～0.5bar。

（7）根据不同掘进地质调整同步浆液配合比，定期检测浆液的初凝时间和稠度，保证浆液在不堵管的情况下，进入管片壁后能及时达到初凝，及时稳固成型隧道，降低管片上浮量。注浆量为 5.5～7.0m^3，注浆压力为 2～3bar，采用注浆量和注浆压力双重控制，保证壁后注浆填充密实，避免地表沉降。

（8）掘进开始和完成后各测量一次盾尾间隙，盾尾间隙不小于45mm，液压缸行程差不大于50mm，合理选择管片点位，确保管片背部不与盾尾产生挤压。

（9）严格执行管片螺栓三次复紧制度，防止管片脱出盾尾产生错台，保证成型隧道质量。

（10）在盾构掘进过程中，在盾尾后每隔5～10环处设置止水环，避免管片背部地下水层形成汇流，造成盾尾及螺旋输送机喷涌。

3.3.3.3 盾构机小半径、大坡度掘进

1）风险描述

区间隧道出光明港站后先以 270m 长 27.5‰下坡，后接 257.569m 长 5.237‰下坡到达最低点后，再以 330m 长 4‰上坡爬坡至鳌峰洲站；区间线路的曲线半径为 450m，管片拼装质量要求高，姿态纠偏需专业能力高的操作人员，大坡度存在电瓶车溜车等风险。

2）应对措施

（1）掘进前后各量取盾尾间隙的一次，合理选择管片拼装点位，保证管片与盾构机姿态拟合。

（2）调整同步浆液配合比，降低同步浆液凝结时间，保证成型隧道的稳定性。

（3）根据线路曲线参数，通过调整主动铰接液压缸，更好地拟合线路线形。

（4）小曲线段发现管片错台或姿态不佳，在管片腰部点位通过槽钢拉结，稳定成型隧道。

（5）大坡度、小曲线段位置轨枕与管片螺栓拉结，每班应安排人员检查轨道的连接情况。

（6）每班检查电瓶车编组的软连接、道岔系统、警报系统。

（7）严格控制电瓶车行驶速度，隧道内速度控制在 5km/h 以内，进入台车后速度控制在 3km/h 以内。

3.3.4 应用成效

通过上述一系列措施，光鳌区间实现了全程安全、高效施工，区间平均月掘进超 200m，为项目部掘进富水砂层区间积累了丰富的经验，并在春节期间顺利下穿光明港河。

3.4 盾构区间上软下硬复合地层下穿房屋施工技术

3.4.1 工程概况

如图 3-4-1 所示，半洲站—建新站区间出半洲站后向北沿纵一号路，至西山西侧下穿地块转向园亭路，在园亭路设建新站接收。区间线路上部左、右侧主要为多层工业厂房。区间全长 586.671m，为全地下盾构区间。区间隧道覆土最大厚度约为 16.8m，最小厚度约为 9.7m，采用 2 台土压平衡式盾构机，右、左线先后从半洲站大里程端头始发，右线掘进至建新站小里程接收井接收吊出，左线掘进至明挖区间接收井接收吊出。

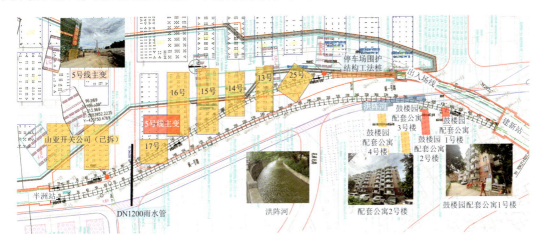

图 3-4-1 半洲站—建新站区间平面示意图

主体隧道采用盾构法施工，盾构隧道结构类型为管片结构，采用装配式钢筋混凝土管片，构成衬砌圆环构造，隧道直径为 6.2m。

3.4.2 施工难点

（1）上软下硬地层中开仓换刀

盾构机在上软下硬地层掘进过程中刀具磨损速度快，增加了换刀次数。部分拟定换刀点上部为粗中砂地层，自立性和气密性较差，在上软下硬地层中开仓，且上部为粗中砂，保压系统开启后，气压可能通过地层缝隙串至地面，引起地表和建（构）筑物沉降，带压开仓存在较大困难。

（2）盾构下穿公寓1号楼

复合地层中盾构机切削下部硬岩产生振动，易使上方的砂层流动，可能导致地表过量沉降和建（构）筑物出现开裂等。同时上软下硬地层掘进速度慢、出土量控制困难，易超排，从而使建（构）筑物产生倾斜、裂缝。上软下硬地层中掘进对盾构机刀盘磨损严重，当刀盘磨损量到达必须更换的损耗量时，易造成推进参数异常，甚至盾构机无法推进，在既有建（构）筑物下方开仓换刀风险极大。

（3）395~460环为380m小曲率半径掘进

盾构机刀盘周边滚刀（3把）高出前盾壳体25mm，随着周边滚刀的磨损，可能会出现盾壳与岩体直接接触造成壳体变形，同时盾构机角度过大后出现盾尾挤压岩面，造成盾尾变形。在上软下硬复合地层中以380m小曲率半径掘进易出现盾构机和管片姿态偏差超标。

3.4.3 施工关键技术

3.4.3.1 地层补勘

针对盾构下穿公寓1号楼区域进行地层补勘，可有效查明地层分布情况，降低上软下硬复合地层盾构下穿既有建（构）筑物施工风险。对420~435环、440~455环进行补勘情况如下：

（1）420~435环：原地勘报告425~430环孔位探测出中风化花岗岩孤石，为探明中风化花岗岩孤石的具体分布情况，需增设补勘点。

（2）440~455环：445环位置〈7-1〉砂土状强风化花岗岩的岩面近乎为竖直线，因此需进一步探测、验证该位置的地层。

地层补勘点位布置剖面图如图3-4-2所示。

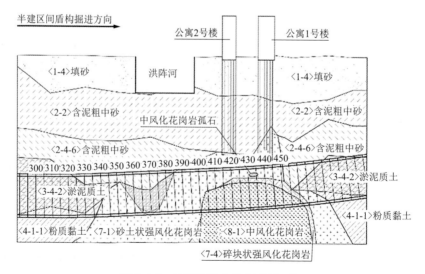

图3-4-2 地层补勘点位布置剖面图

补勘结果如图 3-4-3 所示。

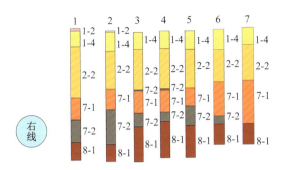

图 3-4-3　补勘结果示意

3.4.3.2　盾构机专项优化

（1）盾构机刀具优化

刀具互换性：刀盘上的滚刀、撕裂刀可以在刀盘背后进行换装，刮刀可以从刀盘侧面更换，一旦需要换刀就可以进仓及时进行更换。

1～380 环盾构机穿越土层主要为粗中砂、淤泥质土，不具备开仓条件，盾构机在 390 环第一次开仓检查刀具之前需确保盾构机能一次性通过，由于粗中砂对滚刀磨损极大，因此初装刀采用滚刀＋撕裂刀间隔布置，在盾构机进入硬岩之前将撕裂刀换成滚刀。

对滚刀加装合金齿，能降低在粗中砂地层中的磨损速度，故在盾构下穿公寓 1 号楼前将部分光面滚刀换成了带合金齿滚刀。

刀具优化布置如图 3-4-4 所示。

图 3-4-4　刀具优化布置示意图

（2）配备高分子注入系统

前盾有 12 个注入孔，中盾有 12 个注浆孔，盾尾有 4 个径向注浆孔，前盾和盾尾注入口管路为 2in 管，中盾注入口为 1in 管。在 1 号车架配备了高分子注入系统，在盾构掘进时，可通过径向注浆孔压注克泥效、膨润土和水玻璃混合液来填充和支撑土体和盾壳之间的间隙，1 号车架高分子注入系统如图 3-4-5 所示。

图 3-4-5　1 号车架高分子注入系统示意图

3.4.3.3　旋喷桩＋隔离桩地层预加固处理技术

对区间下穿建（构）筑物段采取地层预加固处理措施，能够提高地基土的物理特性，增强土体稳定性，显著降低盾构下穿对既有建（构）筑物的影响。半建区间右线盾构穿越公寓 1 号楼段地层，采用高压旋喷桩（$\phi 800mm@550mm$）＋隔离桩（$\phi 300mm$）的加固形式，加固平面布置如图 3-4-6 所示。

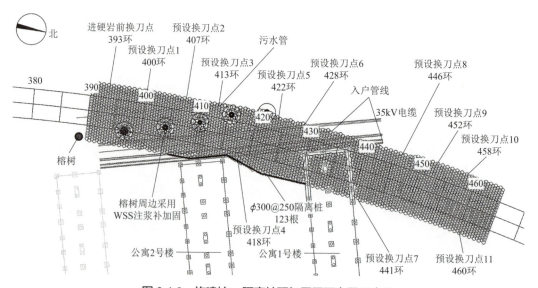

图 3-4-6　旋喷桩＋隔离桩预加固平面布置示意图

（1）加固深度。

① 穿越前（390～394 环）：加固深度为隧道范围内，隧道底以下 1m，隧道顶向上 6m。

② 穿越中(395~444环):隧道顶向上加固6m不变,下部加固至中风化花岗岩岩面以下0.5m。

③ 穿越后(445~460环):隧道顶向上加固6m不变,下部加固至中风化花岗岩岩面以下0.5m。

(2)加固宽度:隧道两侧各3m,其中隧道最外侧2排加固至地面。

加固典型剖面示意图如图3-4-7所示。

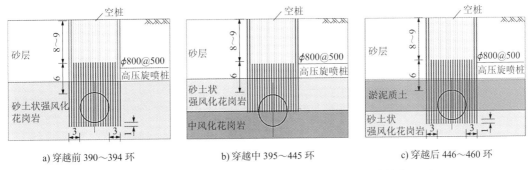

图 3-4-7　旋喷桩+隔离桩预加固剖面布置示意图(尺寸单位:m)

(3)施工顺序

如图3-4-8所示,先施工φ300mm隔离桩,后按下列顺序施工高压旋喷桩:

① 1号公寓楼外:先对两侧加固至地面的旋喷桩进行施工,再按顺序施工至另外一侧。

② 1号公寓楼内:先对推进方向右侧的旋喷桩进行施工,施工至公寓楼中心位置后再往另外三侧扩散。

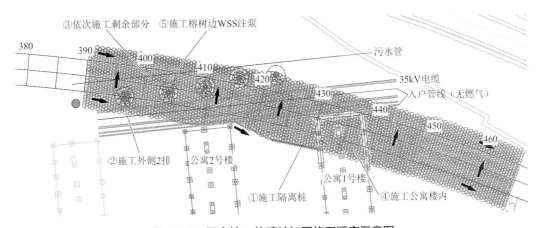

图 3-4-8　隔离桩+旋喷桩加固施工顺序示意图

(4)隔离桩施工

在旋喷桩加固前需进行隔离桩施工,范围从2号楼至1号楼,深度从地面至中风化花岗岩岩面以下0.5m,隔离桩采用树根桩,桩径0.3m,按梅花形布置,采用地质钻机成孔,成孔直径300mm,内插直径250mm、壁厚7.0mm的钢管,插入钢管桩后在钢管内注P·O 42.5级水泥净浆,如图3-4-9所示。树根桩桩身垂直度偏差应不大于1/100,桩位偏差应不大于50mm。

图 3-4-9　隔离桩（树根桩）布桩横剖图（最外侧 1 组）（尺寸单位：mm）

（5）旋喷桩施工

旋喷桩加固采用φ800mm 三重管高压旋喷桩，桩间搭接长度 200mm，桩间距 600mm。水泥掺量为 20%，成桩垂直度误差控制在 1/200 内，施工过程中严格控制浆压力 3MPa、气压力 0.7MPa、水压 25MPa，浆液喷射钻杆提升速度 10～12cm/min、浆液流量 50～60L/min，确保工程质量。

针对公寓 1 号楼屋内低净空（2m 净空限制），采用旋喷加固施工，定制短钻杆旋喷设备，钻杆长度仅 1m，顺利完成地层加固，如图 3-4-10 所示。

图 3-4-10　屋内低净空短钻杆旋喷加固施工示意图

28d 后取芯，无侧限抗压强度大于 1.0MPa，有效增强了原土体的稳定性、气密性，降低了对盾构掘进的影响。

3.4.3.4　预设主动换刀点

在盾构穿越上软下硬地层阶段，计划在 400 环、407 环、413 环、418 环、422 环、428 环、441 环、446 环、452 环、458 环进行开仓检查、更换刀具。开仓遵循原则如下：

（1）避免切口在榕树下开仓：由于榕树树冠较低，树干较粗，榕树范围内旋喷桩施工困难，再加上榕树根系发达，该位置气密性较差，增加了开仓难度。

（2）避免在公寓 1 号楼下开仓：由于开仓时容易造成地表异常沉降，考虑公寓 1 号楼的建筑荷载将增加开仓的压力，增加开仓难度。

因此在预设主动换刀点时，在盾构机切口进入公寓 1 号楼前、切口出 1 号楼后进行开仓，即428环预设换刀点6、441环预设换刀点7，优先采用常压换刀。

按以下刀具磨损标准进行开仓换刀作业：

（1）滚刀在刀圈产生偏磨、刀圈脱落、裂纹、松动、移位的情况下必须进行更换，按边缘滚刀磨损量达到12mm，正面区滚刀磨损量达到25mm，中心区滚刀磨损量达到25mm时进行更换。

（2）刮刀合金齿缺损达到50%和耐磨层磨损量50%以上进行更换。

3.4.3.5 严控推进参数

将穿越公寓1号楼（430~440环）前的395~420环设立为盾构推进试验段；通过这25环的推进的参数、沉降监测、刀具磨损情况，优化土压力、推进速度、刀盘转速、刀盘扭矩等盾构推进参数。

盾构掘进前已进行地面预加固处理，土体自稳性和气密性增加，渗透系数减小，因此盾构机在该地层段掘进时采用气压辅助模式掘进。土压力与正面水土压力一致，土压力设定为1.5bar。同时保持半仓渣土进行掘进，掘进速度控制在2~5mm/min，刀盘转速为0.8~1r/min，刀盘扭矩不大于2000kN·m。

下穿段实测推进参数见表3-4-1。

下穿段实测推进参数一览表　　　　　　　　　表3-4-1

环号	土仓压力（bar）	掘进速度（mm/min）	刀盘转速（r/min）	刀盘扭矩（kN·m）
431~433	1.4	3~5	1	1649
433~435	1.5	5	1	1087
435~436	1.5	5	1	1082
436~438	1.6	5	1	754
438~440	1.6	5	1	826
440~442	1.6	5	1	844
442~444	1.6	5	1	470
444~446	1.6	5	1	615
446~448	1.6	5	1	532
448~450	1.6	5	1	566

3.4.3.6 小曲率半径推进

395~460环按向右转弯的小曲率半径（$R=380m$）曲线推进，每环需要的楔形量理论值为19.6mm，且掘进地层为上软下硬地层，盾构机姿态控制困难，纠偏难度较大，因此盾构机进入硬岩前应保证盾构机"走内圈"，将切口水平姿态调整至+60mm，高程控制在−50mm左右，并保持上述姿态，通过管片选型来调整管片的楔形量。

若盾构机姿态控制困难，可通过调整液压缸分区油压、向盾壳的径向注浆孔内注克泥效来调整。开启前需进行铰接密封油脂压注（保证4bar以上），铰接开启行程差不得大于40mm，铰接打开以后需时刻关注铰接密封油脂压力，若低于4bar，则需适当补充油脂，并保证铰接位置不得有渣水、垃圾等。

3.4.3.7 综合注浆

管片和刀盘的间隙体积为3.5m³，同步注浆量控制在150%～180%，即5.25～6.3m³，同步注浆采用惰性浆液，并适当增加盾尾油脂压注量，惰性浆液配合比见表3-4-2。

惰性浆液配合比表　　　　　　表3-4-2

材料	砂	粉煤灰	膨润土	石灰	外掺剂	水
1m³浆液用量（kg）	1180	300	50	80	3	280

盾构穿越上软下硬地层掘进阶段，通过盾构机上自带的高分子注入系统往前盾和盾尾径向注浆孔持续压注膨润土和水玻璃的混合浆液（控制压力不超过5bar，膨润土黏度150s，膨润土∶水玻璃为4∶1），封堵壳体和土体之间的间隙，填充和支撑刀盘和壳体的间隙。

设置多注浆孔管片：340～425环、446～460环每隔1环设置多孔管片，426～445环均为多孔管片。双液浆环箍注浆每隔5环进行1次，压注8个孔，采用压力和注入量双控控制总压注量，如图3-4-11所示。

图3-4-11　环箍注浆示意图

如图3-4-12所示，对穿越房屋下方隧道管片进行二次注浆，在隧道顶部范围内对管片的注浆孔进行加密。每个邻接块和标准块增设2个加固注浆孔位（包括两个吊装孔在内，用于隧顶加固注浆的孔位共有5个），管片预制时按要求预埋管片注浆套管作为注浆预留孔。注浆加固半径为0.8～1.0m，在注浆浆液的扩散作用下，加固范围达120°。

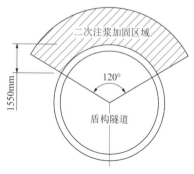

图3-4-12　二次注浆示意图

3.4.3.8 自动化监测

盾构推进时造成的土体扰动会对周围的环境产生一定的影响，其中土体缺失会导致地面建（构）筑物倾斜、开裂。除常规监测以外，在盾构穿越期间对公寓1号楼进行重点监测保护。在人工监测的基础上辅助以自动监测（静力水准仪），静力水准测量示意如图 3-4-13 所示。

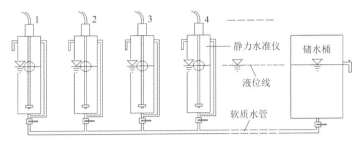

图 3-4-13　静力水准测量示意图

公寓 1 号楼布置 11 个监测点，点位布置如图 3-4-14 所示。

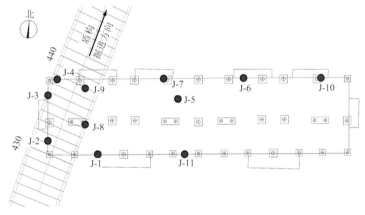

图 3-4-14　公寓 1 号楼监测点布置平面示意图

以典型点位 J-1、J-2、J-3、J-4、J-6、J-7、J-10、J-11 为例，盾构下穿公寓 1 号楼监测曲线如图 3-4-15 所示。由图可知：J-6、J-7、J-10、J-11 点位为远离区间隧道一侧的测点，其整体沉降量小于 J-01、J-02、J-03、J-04 点位。盾构下穿公寓 1 号楼期间最大沉降点为北侧角点 J-04，最大沉降值为 −2.93mm。2022 年 2 月 27 日盾构机切口穿出公寓 1 号楼后整体沉降数值趋于稳定，各点位沉降差异值在 1mm 之内，小于公寓 1 号楼累计沉降控制值 10mm，建（构）筑物整体安全可控。

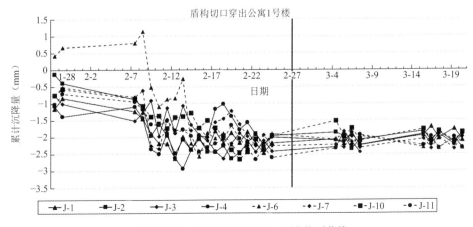

图 3-4-15　盾构下穿公寓 1 号楼监测曲线

3.4.4 应用成效

地面旋喷桩+隔离桩预处理地层加固措施有效增强了土体的稳定性，减小了土体渗透性。半洲站—建新站右线盾构机在上软下硬复合地层下穿既有建（构）筑物过程中，以气压辅助模式掘进，控制土压力在 1.5bar 左右，有效减少了对地层的扰动。下穿过程中配合同步注浆、壳体注浆、环箍注浆及二次注浆等综合注浆技术及时填充壳体与地层间隙，有效控制公寓 1 号楼工后沉降在 0.5mm 之内，确保了公寓 1 号楼始终处于安全可控状态。

3.5 盾构区间岩层交叉破碎带中下穿闽江

3.5.1 工程概况

洪塘站—金牛山站区间左线长 1192.145m，右线长 1185.420m，左右线平面曲线最小半径为 450m，线间距为 12~13m，设置 2 处联络通道，在最低点 ZDK23+206.786 设置内置式泵房；纵断面为 V 字坡，最大坡度为 28.8‰，隧道埋深为 14.20~35.00m。本区间隧道采用 2 台 φ6480mm 复合泥水平衡盾构机，由金牛山站始发，掘进至洪塘站接收后吊出。

本区间过江段里程为 ZDK22+955.776~ZDK23+400.312，总长度 444.536m，最大水深 15m，过江段隧道顶部覆土厚度为 14.2~34.8m，闽江两侧江岸坡角为 15°~25°，过江段如图 3-5-1 所示。

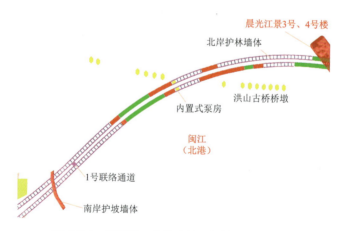

图 3-5-1 洪塘站—金牛山站区间过江段平面图

洪金区间的过江段位于北东东向的大梦山-铁坑山-登云水库压扭性断裂 f13 与北北西向的桐口-洪山桥-阳岐张扭性断裂 f22 的交汇处，其特点是断裂带影响宽度内构造带或节理密集带往往成群成束出现，并具扭性特征，扭动方向北北西向为左旋，北东东向为右旋，总体上在统一的应力场作用下表现为棋盘格式构造。沿断裂带侵入的花岗斑岩、正长斑岩、辉绿岩岩脉分布区域常产生基岩突起，形成凸出的隐伏基岩山脊。隧道围岩软硬严重不均，对隧道施工影响极大，右线受影响较左线更大。

3.5.2 施工难点

（1）长距离穿越交叉破碎带上软下硬地层

根据地质勘察资料及实际盾构掘进地层揭示，洪金区间线路位于两条地质断裂带交汇处，同时需穿越地下三座大山，该区间地层具有较为典型的特征，呈现出上软下硬、左硬右软、左软右硬的特点，地质复杂程度国内罕见，施工难度大。

洪金区间双线隧道掘进过程中，用于穿越岩石地层的管片共512环，全长为614.4m，占双线总长度的25.85%。其中右线用于上软下硬地层的管片共118环，全长为141.6m，占右线总长度的11.94%，右线用于全断面硬岩地层的管片共165环，全长198m，占右线总长度的16.70%；左线用于上软下硬地层的管片共82环，全长98.4m，占左线总长度的14.81%。

三座大山基岩突起段岩石裂隙发育、异常破碎，开挖面岩石呈现凹凸不平、犬牙交错的现象，极易产生大石块掉入泥水仓堵塞环流系统造成滞排的情况，同时刀盘刀具在此过程中易磕碰损伤，需频繁开仓处置堵塞石块及更换受损刀具，严重影响盾构机正常掘进。

（2）交叉破碎带高水压带压开仓作业

洪金区间穿越闽江段隧道中心线埋深27.8~33.8m，呈V字形，盾构机上方闽江水位随潮汐变化，一日两次高低潮，高低潮位高度差约4m。由于隧道埋深较深，且盾构机切口压力与闽江水力联系紧密，为抵消开仓作业面的水头压力，带压开仓进入泥水仓作业时，将开仓压力设定为3.0~3.6bar；带压开仓进入气泡仓作业时，将开仓压力设定为3.4~4.0bar，二者均属于高压作业，开仓风险高、难度大。

3.5.3 施工关键技术

3.5.3.1 推进技术参数优化

洪金区间双线隧道工程，涵盖27种地层类型及66种地质组合形式、设计了21种隧道断面形式，此区段是典型的上软下硬复合地层。隧道不同位置地层变化明显，需根据出渣情况判断地层的变化，及时优化调整盾构推进参数，确保正常掘进。以右线盾构推进至643环（全强风化岩地层）及推进至648环（中风化岩地层）的具体参数为例，不同地层盾构推进参数见表3-5-1，渣样图如图3-5-2所示。

不同地层盾构推进参数表　　　　　表3-5-1

环号	643环	648环
地层	全风化正长斑岩、砂土状强风化正长斑岩	砂土状强风化正长斑岩、中风化辉绿岩、中风化正长斑岩
推力（kN）	15600	15700
扭矩（kN·m）	792	620

续上表

环号	643 环	648 环
刀盘转速（r/min）	1.5	1.2
推进速度（mm/min）	14	5
顶部切口水压（bar）	3.0	3.05
进泥流量（m³/h）	14.0	14.2
泥浆黏度（s）	23	28
泥浆相对密度	1.28	1.23

a) 右线 643 环渣样

b) 右线 648 环渣样

图 3-5-2　洪金区间右线出渣渣样

3.5.3.2　盾构机设备改装

为适应异常破碎岩石地层段盾构掘进，主动改装优化盾构机设备，具体改装情况如下：

（1）优化刀盘刀具配制，将滚刀刀圈更换为耐磨合金刀圈，减少刀圈磨损情况。

（2）针对滚刀拉紧块螺栓，采用双螺帽＋止推垫片＋螺纹胶的固定方式，同时在有常压开仓条件的情况下，在滚刀拉紧块侧面焊接筋板进行加固，双螺帽侧面焊接三角筋板加强固定。

（3）常压开仓焊接加固刮刀。

刮刀加固如图 3-5-3 所示。

针对性改装气泡仓破碎机吸口格栅，将原口径 15cm×15cm 的格栅改装为 30cm×25cm 的格栅，增大吸口格栅通过粒径，减少破碎机吸口处石块堵塞频次。

（4）针对性改装分流器格栅，将原口径 12cm×12cm 的格栅改装为 12cm×18cm 的格栅，增大分流器格栅通过粒径，减少分流器石块堵塞频次。

分流器格栅改装如图 3-5-4 所示。

图 3-5-3　刮刀加固图

图 3-5-4　分流器格栅改装图

3.5.3.3 粗中砂层预注浆加固、上软下硬异常破碎地层注浆加固

（1）粗中砂层预注浆加固

为加强金牛山站—洪塘站区间盾构隧道拱顶砂层密闭性和提高整体稳定性，确保盾构掘进施工安全，对本区间过江段含砂地层进行注浆加固。

区间左线过闽江段注浆加固里程为：ZDK23+175.0～ZDK23+185.0，长度为10.0m；ZDK23+200.0～ZDK23+265.0，长度为65.0m，左线合计长度为75.0m。

区间右线过闽江段注浆加固里程为：YDK23+200.00～YDK23+210，长度约10.0m；YDK23+220.00～YDK23+280，长度约60.0m，右线合计长度为70m。

断面加固范围为隧道上半洞身两侧2m及拱顶以上3m，注浆范围内存在中风化岩层时，无须对中风化岩层注浆。钻杆距离隧道外轮廓不应小于1m。

本次砂层注浆采用袖阀管倒退式注浆工艺，根据注浆试验段得出注浆参数为：水泥采用42.5级普通硅酸盐水泥，水泥浆水灰比为1:1，水玻璃浓度为40°Bé，模数为2.2～3.4，稀释后水玻璃波美度为12°Bé，水泥浆与稀释后水玻璃体积比为1:1。浆液注入速度为7～10L/min且不应大于15L/min。注浆标准要求注浆压力控制在1.5～2.5MPa，稳定压力为1.5MPa，注浆峰值压力为2.5MPa，注浆量以实际注入浆液量为准，每延米不低于1m³，根据单孔注浆情况调整。

袖阀管注浆施工流程如图3-5-5所示。

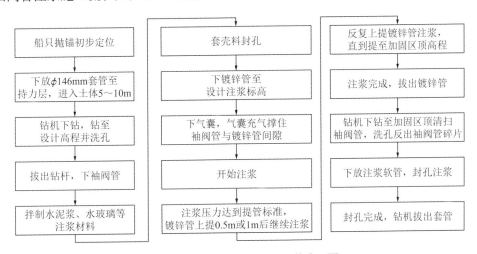

图3-5-5 袖阀管注浆加固工艺流程图

（2）上软下硬异常破碎地层注浆加固

由于上软下硬地层下方为中风化岩，上方为强风化岩及全风化岩，存在严重风化不均情况，掌子面极不稳定，易产生塌仓险情。对上软下硬破碎地层进行注浆加固可以减少推进中掌子面塌仓的概率，同时也可为开仓作业提供一个相对安全稳定的环境，是保障盾构机在上软下硬异常破碎地层正常掘进的一种有效措施。

如图3-5-6所示，洪金区间共对6段上软下硬的异常破碎地层进行8次江面预注浆加固，

其中左线 3 段 3 次，右线 3 段 5 次（第三座山进出山边坡段第一次注浆加固后再次进行二次注浆加固）。

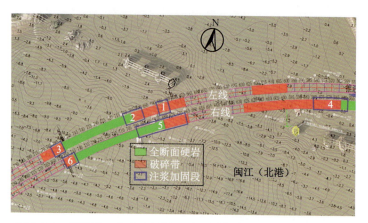

图 3-5-6　洪塘站—金牛山站区间江中段破碎地层注浆加固平面图

如图 3-5-7 所示，以右线第三座大山进山段异常破碎地层的第二次江面注浆加固为例，本次两段加固区域为右线 662～685 环、690～698 环。注浆工艺采用袖阀管倒退式注浆工艺，梅花形错位布孔，孔间距、排间距均设定为 1.5m，该间距既可保障注浆加固整体效果，又不会因为孔间距过近导致注浆窜孔。注浆材料选用水泥水玻璃双液浆，其中水泥浆水灰比为 1∶1，水玻璃波美度为 15°Bé，双液浆初凝时间约 35s，加固范围为岩面至隧道顶部以上 7m 的区域，并通过注浆压力控制注浆量，要求峰值注浆压力达到 2.5MPa。在破碎地层段，因地层裂隙发育，浆液易扩散，注浆压力上涨较慢，可适当增大注浆量，以达到良好的加固效果。

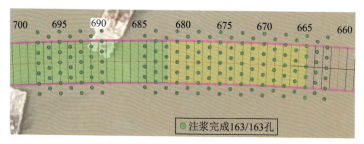

图 3-5-7　洪塘站—金牛山站区间右线第三座山进山段破碎地层第二次注浆加固平面图

3.5.3.4　江面置顶塌仓应急处置

在洪金区间右线盾构推进至江中第二座大山期间，由于地层裂隙发育异常破碎，掌子面极不稳定，造成开挖面的破碎岩块大量、持续坍塌，经长时间进入气泡仓清理塌落物，仍未能疏通环流，以此判断掌子面塌仓持续扩大，并出现江面冒泡的险情，表明泥水仓与江水之间形成了联通通道。险情发生后，项目部积极邀请国内知名盾构、地质专家，研究制定出泥水仓回填惰性砂浆，同时在停机位置盾构机切口周边进行江面注浆加固，最后再带压开仓清理回填砂浆。由于右线段地质异常复杂，开挖面频繁出现坍塌，导致在开挖中填仓、江面注浆和带压开仓处置共 6 次，分别位于右线 521、527、532、538、567、582 环，造成工期严重延长。

以右线盾构 567 环的填仓处置为例，在掌子面塌仓险情发生后，连续 13d 带压开仓进入气泡仓对塌落大石块进行清理，累计清理大石块及泥沙碎石约 25m³，但仍未能疏通。由此判断开挖面上方砂土状强风化岩层出现大量坍塌，同时，在巡视江面时，发现江面冒泡的情况，故依靠带压进气泡仓清理疏通已无望。经专家研究论证，制定了泥水仓填仓、江面注浆加固，最后带压开仓清理回填砂浆的处置措施。本次泥水仓回填惰性砂浆共 113.2m³（泥水仓体积约 40m³，掌子面塌落空洞约 73.2m³），江面注浆加固共 59 孔注浆孔布置如图 3-5-8 所示，共注磷酸水玻璃双液浆 44.9m³，水泥水玻璃双液浆 1288.5m³，带压开仓清理回填砂浆共 140 仓，清理回填砂浆约 40m³。在 567 环处停机处置 108d 后，最终顺利恢复推进。

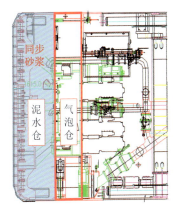 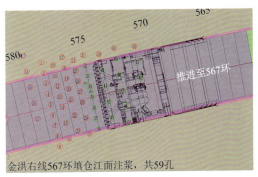

图 3-5-8　洪塘站—金牛山站区间右线 567 环填仓江面注浆布孔图

3.5.3.5　高水压带压开仓关键技术

洪金区间带压开仓分为带压进气泡仓和带压进泥水仓。

1）带压进泥水仓

带压进泥水仓分为 6 步：开仓压力设定→建泥膜→打环箍止水→保压试验→开仓作业→减压出仓。

（1）开仓压力设定

如处于上软下硬地层，开仓压力可设置为比泥水仓中部静水压力略高 0.20～0.30bar，以支撑掌子面及保泥膜；如处于全断面岩石地层，掌子面稳定，则开仓压力可适当降低，以增加作业时间，提高工作效率。

（2）建立泥膜

建立泥膜的浆液使用优质高分子膨润土材料，拌制新浆 3min 以上，通过同步注浆泵往泥水仓泵送新浆，从泥水仓顶部放出原泥水仓稀浆进行浆液置换，置换新浆时每 6m³ 浆液加入一包堵漏剂（25kg）用于封堵岩石裂隙。泥膜建立分为稀浆渗透和厚浆做泥皮两个步骤，泥水仓浆液黏度置换达标后，采用分级加压渗透的方式加压至开仓压力的 1.3 倍，可分为 4～5 级，每级保压渗透 6~8h，渗透期间及时补充新浆。

泥膜建立完成后，降低泥水仓压力至设定开仓压力，降低泥水仓液位至工作液位，以模拟施工人员进场作业的环境，保压观察 2h。如保压期间空压机加载率不超过 10%，仓内液位无明显波动，则表明泥膜建立效果良好；如加载率过大，则表明仓内出现漏气点或泥膜建立不成功，应回升液位重新建立泥膜或查找漏气点。

（3）环箍注浆止水

为阻隔后方水通道，对后方管片及盾壳与围岩缝隙进行环箍注浆止水。

① 管片开孔注浆

如图 3-5-9 所示，对脱出盾尾后的第 2~4 环管片进行环箍注浆，先对脱出盾尾后的第 1 环管片压注磷酸水玻璃双液浆，再对脱出盾尾后的第 2、3 环管片注水泥水玻璃双液浆，防止盾尾抱死，单环注浆顺序从下至上，整环注浆（封顶块除外），注浆压力控制不超过 6bar，防止管片错台，同时注意控制盾构机切口压力上涨不超过 0.3bar，注浆期间及时补压盾尾油脂，防止盾尾渗漏。

② 盾壳径向孔注浆

为阻隔后方水通道，对盾壳预留径向孔压注磷酸水玻璃，如图 3-5-10 所示。压注磷酸双液浆应整环压注，顺序从下至上，单孔压浆量不超过 1m³（根据盾壳直径与开挖直径的空隙大小决定），压注期间注意控制盾构机切口压力上升不超过 0.3bar。

图 3-5-9　管片环箍注浆图　　图 3-5-10　盾构机壳体径向孔注浆图

2）带压进气泡仓

当遇到大石块堵塞的情况，如掌子面不稳定或泥水仓保压试验不合格，无法带压进入泥水仓时，可选择带压进入气泡仓，通过前闸门清理堵塞石块。带压进入气泡仓作业的原理为气泡仓处于低液位（液位高于前闸门上沿 20cm 左右），前闸门处于打开状态，泥水仓为满仓泥水状态，使用 Samson 系统设定气泡仓压力撑住泥水仓满仓泥水，稳定气泡仓液位，人员进入气泡仓作业。

带压进入气泡仓无须进行盾尾环箍注浆止水及盾壳径向孔注浆止水,故开仓作业分为 5 步:进仓压力设定→降气泡仓液位→保压试验→进仓作业→减压出仓。

(1)进仓压力设定

根据泥水仓平衡压力设定开仓压力,假设泥水仓顶部平衡压力为 x bar,算出泥水仓顶部至气泡仓工作液位的高差为 y m,泥水仓泥水的密度为 z g/cm³,则开仓压力设定为 $(x+yz)$ bar。因江面存在潮汐变化,泥水仓顶部压力 x 也会相应变化,应根据时段设定合理压力。

(2)降低气泡仓液位

如图 3-5-11 所示,开仓作业前应通过排泥管排水降低气泡仓液位至前闸门上沿 20cm 处,此液位高度在保障进仓人员有足够的作业空间的同时,也可保障后仓液位不会因为人员作业造成液位晃动,造成气泡仓内压缩气体窜进泥水仓,导致压力波动或江面冒泡情况。

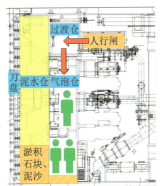

图 3-5-11 带压开仓进气泡仓清理石块示意图

3.5.4 应用成效

开挖面稳定性提高,对上软下硬段异常破碎地层进行江面预注浆加固后,掌子面稳定性提升明显。右线盾构在穿越江中第二座大山时,由于掌子面稳定性差,出现了掌子面大石块、泥沙塌落的状况,并伴有江面冒泡险情,故共进行了 6 次填仓处置。此外,小规模掌子面塌仓大石块堵塞环流次数也较多。而在右线穿越第三座大山时,经过对二次边坡段上软下硬破碎地层的注浆加固后,盾构推进期间未发生掌子面大规模塌仓的险情,也未出现江面的冒泡险情,掌子面小规模塌仓次数减少明显,表明江中预注浆加固措施起到了积极的效果。

3.6 盾构区间城中段软弱地层掘进技术

3.6.1 工程概况

(1)陆庄站—西门站区间

陆庄站—西门站区间位于福州市鼓楼区杨桥中路,起始于西二环北路与杨桥中路交叉路口的西二环站,沿杨桥中路自西向东北,止于白马北路与杨桥中路交叉路口的白马北路站,属于福州市繁华地带、地处东西向交通主干道。

区间右线里程为 YDK26＋468.736～YDK27＋22.456,长度 553.72m；左线里程为 ZDK26＋468.736～ZDK27＋22.387,长度 557.513m。本区间不设联络通道。左右线均设置 1 组平曲线,半径450m,线间距13～15m。区间纵断面呈 V 字坡,右线线路坡度依次为 −24.593‰、+20‰,左线线路坡度依次为 −24.233‰、+20‰,区间埋深为 10～15m。

（2）西门站—东街口站区间

如图 3-6-1 所示,西门站—东街口站区间位于鼓楼区东街。本区间起始于白马北路与杨桥东路交叉口的西门站,沿杨桥东路自西向东,止于杨桥东路与八一七路交叉的东街口站,与地铁 1 号线交汇。

图 3-6-1　西门站—东街口站区间工程位置示意图

左线起止里程桩号为 ZDK27＋243.418、ZDK27＋945.174,区间全长 711.125m,共 593 环；右线起止里程桩号为 YDK27＋243.418、YDK27＋945.174,区间全长 710.312m,共 592 环。区间隧道现状地形总体较平坦,地面高程为 7.51～8.70m。西门站—东街口站区间隧道埋深为 9.9～19.6m,线路纵坡设计为 V 字坡,区间最大坡度 20.0‰,区间线间距 12.9～17.60m,设 1 座联络通道兼泵站,联络通道采用矿山法施工辅助以冻结法加固。

（3）东街口站—省立医院站区间

东街口站—省立医院站区间位于福州市鼓楼区东街,从东街与五一路交叉口东侧的省立医院站始发,沿东街自东向西,于杨桥路与八一七路交叉口的东街口站接收,属于福州市繁华地带。

东街口站—省立医院站区间右线里程范围为 YDK28＋119.574～YDK28＋696.438,长度 576.86m；左线里程范围为 ZDK28＋119.574～ZDK28＋696.438,长度 576.46m,设有一个 0.4m 长的断链。本区间不设联络通道。左线平曲线半径为1500m、5000m,右线平曲线半径为1500m、2500m、5000m。盾构隧道结构为管片结构,采用装配式钢筋混凝土管片,为衬砌圆环构造,隧道直径为 6.2m。

（4）省立医院站—东门站区间

如图 3-6-2 所示,省立医院站—东门站区间位于福州市鼓楼区东大路,起始于六一北路与东大路交叉路口的东门站，沿东大路向西敷设，止于五四路与东大路交叉路口的省立医院站，属于福州市繁华地带、地处东西向交通主干道上。

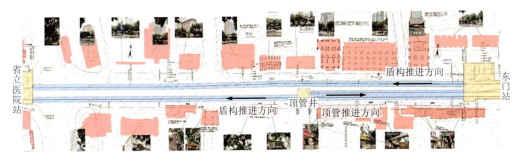

图 3-6-2　省立医院站—东门站区间平面图

区间左线里程范围为 ZDK28+890.438～ZDK29+441.705，长链 0.092m，总长度 551.359m；右线盾构里程范围为 YDK28+890.438～YDK29+233.145，长链 0.108m，长度 342.815m。区间不设联络通道及泵房。区间纵断面呈单坡：右线线路出省立医院站后以 4.484‰ 的坡度上坡至工作井，后再以 2‰ 的坡度上坡至东门站；左线线路出省立医院站后以 3.979‰ 的坡度上坡至东门站，区间隧道覆土厚度为 10.62～13.5m。

3.6.2　施工难点

陆庄站—西门站—东街口站—省立医院站—东门站（不含）区间内，盾构施工需穿越地层包括有深厚的淤泥质土层、粉质黏土层等残积性土层，施工过程中存在以下难点：

（1）盾构始发风险

盾构区间始发段土层主要为〈2-4-1〉淤泥、〈5-2〉残积砂质黏土。始发地层为相对隔水层、承压水层，盾构始发风险较大，易发生漏水、涌水淹没隧道事故或重大坍塌事故。

（2）盾构穿越塑性黏土

盾构区间软土层主要为〈1-2〉杂填土、〈1-1〉素填土、〈2-1〉粉质黏土、〈5-2〉残积砂质黏性土、〈5-1〉坡积粉质黏土、〈6-1〉全风化花岗岩、〈4-1-1〉粉质黏土、〈3-4-2〉淤泥质土、〈3-3〉含泥粗中砂。根据详勘报告及福州区域情况，上述地层中易结"泥饼"、盾构机出土不畅、因推力过大导致管片碎裂等情况。

（3）盾构穿越众多建构（筑）物

陆庄站—西门站—东街口站—省立医院站—东门站（不含）区间上方为福州市鼓楼区中心城区主干道，沿线北侧分布有福建大酒家、天嘉大厦、福建人才大厦、福建省测绘地理信息局、建闽大厦、华源大厦等中高层建筑，其中华源大厦与隧道最小水平距离约 12m；南侧主要有天马大厦、君悦大酒店、省机械工业设计院及沿街商铺等中低层建筑，其中商铺与隧道最小水平距离约 6.7m。同时在道路两侧存在众多雨水、污水、电力、煤气等地下管线。因此，区间隧道施工对地表道路、建（构）筑物及地下管线均有较大的影响。

（4）盾构接收风险

盾构区间接收段土层主要为〈2-4-1〉淤泥、〈3-1-1〉粉质黏土和〈3-3〉含泥粗中砂，含水率高，盾构接收风险较大，易发生漏水、涌水等隧道事故或重大坍塌事故。

3.6.3 施工关键技术

下面以省立医院站—东门站区间为例，介绍城中段残积性土层施工关键技术。

3.6.3.1 盾构机选型

针对区间内的〈2-4-1〉淤泥、〈3-1-1〉粉质黏土、〈3-4-2〉淤泥质土等地层，经过针对性分析并参考施工经验，选用1台CREC708复合土压平衡盾构机，盾构机长为8.588m（不含刀盘），开挖直径为6470mm，前盾直径为6440mm，中盾直径为6430mm，盾尾直径为6420mm。

复合土压平衡盾构机是利用安装在盾构机最前面带有双刃撕裂刀、撕裂刀、滚刀及刮刀等刀具的全断面切削刀盘，在粉质黏土、淤泥及淤泥质土中掘进时，选用撕裂刀、滚刀和刮刀的不同组合配置。结合既往的施工经验，在软土地层中（不影响刀盘偏重的前提下）适当减少滚刀数量、增大刀盘开口率可提高施工效率，降低在残积性土层推进过程中刀盘"结泥饼"的风险。

本次初装刀的刀具包括4把中心双刃撕裂刀、18把撕裂刀、6把周边滚刀以及43把刮刀。其余滚刀位置空置，刀盘开口率可达35%。

3.6.3.2 盾构始发关键技术

盾构区间始发段主要位于〈2-4-1〉淤泥层，始发地层为隔水层，承载力较弱，盾构始发风险较大，易发生坍塌事故。

1）盾构基座就位

盾构基座为钢结构预制成品，盾构基座位置按设计轴线准确放样，安装时按照测量放样的基线，吊入井下就位焊接。轨道的中心线必须与基座上盾构机的洞门中心对准，且与隧道设计轴线反向延长线基本一致，并对基座加设支撑加固。基座前端定位必须以实际洞口中心为准，偏差不大于20mm，基座坡度与设计坡度偏差不大于2‰。盾构机下井时必须严格控制转角，确保定位准确。本区间左、右线始发段均为直线段，始发基座安装方式按设计轴线布设。

2）盾构机就位、调试验收

在出洞区地基加固施工完成后，采用25cm厚的C30钢筋混凝土进行场地硬化。起重机进场作业时再铺设跑板。盾构机分段吊入井下后，在井下重新组装，并在盾构基座上正确就位，由专业技术人员调试验收。车架进场后，与盾构机一起吊入井下，放入车站暗埋段（右线施工时放入顶管隧道中）。由工作人员进行组装后，与盾构机一起进洞，不再进行车架转换。

3）盾构后盾支撑体系施工

（1）后盾支撑体系形式

如图 3-6-3 所示，盾构后盾支撑体系由负环管片、传力架体系及后靠体系组成，本工程盾构隧道采用 10 环全闭口管片拼装而成，在第一环负环和井壁结构之间加设钢后盾支撑，钢后盾支撑采用 2 根双榀上下八支撑的 70 号 H 型钢，与负环管片之间的空隙灌注水泥砂浆，使混凝土管片受力均匀，环面平整。70 号 H 型钢后部设 ϕ609mm 围檩斜撑在站台上（右线盾构区间始发时 ϕ609mm 围檩横撑在顶管井侧墙上）。

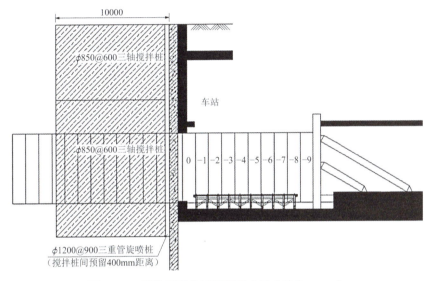

图 3-6-3 盾构后盾体系示意图（尺寸单位：mm）

（2）后盾支撑体系质量控制措施

① π形支架横梁局部加强：中间部位增加筋板及钢板覆盖，增强π形支架横梁整体刚度。

② 负环拼装控制：第 1 环负环管片拼装是控制管片拼装质量的首要步骤，管片的环面必须按轴线高程和平面放样的位置进行定位，校正到垂直于设计轴线的位置。

③ 为保证管片脱出盾尾后不产生变形，在管片外弧面加设筋板及抛撑予以固定，如图 3-6-4 所示。

图 3-6-4 负环管片加固示意图

④在盾构推进时,应注意观察后靠的变形,防止位移量过大而造成钢管片纵向错台。开始时每推进 0.5m 测量一次,待后靠变形较稳定时每环测量一次,直至后靠稳定后方可停止监测。如后靠变形过大(超过 5mm),需立即停止盾构施工并采取加固措施,待加固牢固后方可恢复推进。

⑤控制总推力,盾构机总推力不应大于 12000kN,确保钢管片纵向累积变形控制在 5mm 之内。

4)盾构始发地基加固验收

盾构始发推进前对端头井外地基的加固进行验收,当加固强度达到设计要求指标,且洞门水平样洞探孔无明显渗漏后,才能进行始发洞门凿除施工,否则应采取补加固措施。

(1)设计加固指标验收

对于搅拌桩+旋喷桩组合加固方式,加固区土体需要达到无限侧抗压强度 $q_u \geq 0.8$MPa 及抗渗系数不大于 1×10^{-7}cm/s 的标准后,方可始发施工。

(2)洞门样洞实体验收

盾构机停在离内衬墙约 0.8m 的位置,先进行洞圈内水平探孔打设,以检验盾构机始发正前方土体加固情况。然后在洞门内圈及中心按米字形开设 9 个探孔,每孔插入搅拌桩的深度均不小于 1m。

5)盾构始发段掘进

(1)混凝土洞门凿除

本区间端头井洞门幅洞门处,外排迎土面钢筋采用纤维筋,内排背土面钢筋采用普通钢筋,中间桁架筋等钢筋在下笼时已全部割除。根据加固方式及现场结构工况条件,采取粉碎性方式对洞门进行凿除,割除背土面钢筋,继续往内凿除混凝土,确保刀盘转动时不会切削到止水装置(共凿除地下连续墙 45cm)。盾构始发切削地下连续墙时,应严格控制推进速度及刀盘转速,避免因刀盘贯入度过大导致扭矩推力过大,进而引发盾体转体及后靠变形等现象。

(2)始发段管片拉紧装置安装

由于盾构始发段车站与区间隧道的连接构造(洞门环梁)未施作,为防止管片在失去后盾管片支撑或盾构推力后产生松弛,导致管片环缝张开(图3-6-5),在近洞口处 1~10 环管片上设置纵向拉紧装置,并保持到洞门井接头混凝土达到设计强度。拉紧装置采用 14 号槽钢,共设置 6 道。

图 3-6-5　始发段管片拉紧装置示意图

（3）盾构始发段100m试推进

为了更好地掌握盾构机的各类参数，结合本区间的地质情况，将左线盾构进洞后的前100m推进列为测试段，争取在短时间内掌握盾构机械设备的操作性能，及在本标段地质条件下盾构推进施工参数的设定范围，同时为后续盾构区间施工提供准确施工数据。

盾构始发段50环范围内，每10m设一断面，每个断面设9个监测点；距离大于50环且小于100环的范围内，每20m设一断面；其余地段每36m设一断面，每个断面设9个监测点，断面点间距以5~10m为宜，应先密后疏；每10m设1个轴线点，现场始发段推进参数见表3-6-1。

始发段参数控制表　　　　　　　　　　表3-6-1

项目	环号	土仓压力（bar）	掘进速度（mm/min）	刀盘转速（r/min）	刀盘扭矩（kN·m）	总顶力（kN）
参数	0~100	2.3~2.4	50~60	1	500~700	11500

注：推进过程中地表沉降平均值为-10mm，满足-30~+10mm的变形控制要求。

3.6.3.3 盾构正常段掘进关键技术

该区间软土层主要为〈2-4-1〉淤泥、〈3-1-1〉粉质黏土、〈3-4-2〉淤泥质土。根据详勘报告等资料，〈3-1-1〉粉质黏土地层中易结"泥饼"，导致盾构机出土不畅、推力过大，从而造成管片碎裂等现象。

（1）盾构机正常段掘进采取以下针对性技术措施：

① 适量增加泡沫的注入量，减小渣土的黏附性，降低泥饼产生的概率。

② 淤泥地层采取了土压平衡模式，通过合理设置土压力、控制盾构坡度等措施，避免盾构机出现"栽头"现象。硬塑黏土地层自立性较好，采取气压辅助掘进模式，避免结泥饼现象的产生。

③ 控制盾构推进的速度小于30mm/min，控制刀盘扭矩小于4500kN·m，盾尾注浆控制在120%~180%。

④ 一旦产生泥饼，可空转刀盘使泥饼在离心力的作用下脱落，或在土仓中加注适量的水及其他材料进行降温及软化。

（2）盾构机推进主要参数设定

① 土仓内土压力控制

土压力控制主要取决于刀盘前的土体压力，以刀盘中心处的土体压力为准，软土地层可依据掘进模式按下列公式计算：

$$P = k_0 \gamma h \tag{3-6-1}$$

式中：γ——土体的平均重度；

h——隧道中心埋深；

k_0——土的静止侧压力系数。

在软土地层进行盾构掘进时，采用全土压平衡的模式，将理论计算辅以地表监测数据，对土压力值进行实时调整。

② 掘进速度

掘进速度根据土质、扭矩、推力和土仓压力等因素综合确定，其受土质的影响最为显著。在软土中正常推进时，掘进速度宜控制在3～4cm/min之间；复合地层中的掘进速度由刀盘贯入度控制且保持。过建（构）筑物时根据监测数据适当放慢推进速度。

③ 刀盘转数

刀盘转速需满足转速和扭矩曲线的要求，在软土中，刀盘转速n_1控制在0.8～1.5r/min之间；复合地层中刀盘转速适当提高，转速n_2控制在1.3～2.0r/min之间。

④ 刀盘扭矩

正常掘进时，控制扭矩低于额定扭矩的70%，即4256kN·m（额定扭矩为6080kN·m）。

⑤ 总顶力

a. 确定推力时需考虑以下因素：盾构机掘进需克服的摩擦力、克服刀盘前的水土压力、掘进速度、管片的承受能力、控制掘进方向、最大扭矩。

b. 不同地层的推进控制指标

初始掘进时，$F<13000$kN；软土中正常掘进时，$F=10000$～15000kN。

现场正常段推进参数统计见表3-6-2。

正常段推进参数表 表3-6-2

项目	环号	土仓压力（bar）	掘进速度（mm/min）	刀盘转速（r/min）	刀盘扭矩（kN·m）	总推力（kN）
参数	100～450	2.5～2.6	55～60	1	600～800	11500～12000

（3）渣土改良

在黏土层、淤泥地层中进行盾构施工，通过渣土改良，可以更好地建立正面平衡压力，降低透水性，稳定开挖面；另外盾构机切削下来的渣土也具有更好的流塑性和稠度，同时可减少刀具、刀盘、螺旋输送机的磨损。

① 渣土改良部位

渣土改良部位主要是刀盘面、土仓内部以及螺旋输送机内部。

② 渣土改良剂

渣土改良剂是通过盾构机配置的专用加注装置，向刀盘面、土仓或螺旋输送机内注入改良材料，利用刀盘的旋转搅拌、土仓搅拌装置搅拌或螺旋输送机旋转搅拌，使添加剂与土渣混合。渣土改良剂主要有泡沫剂和膨润土浆液两种。

a. 泡沫剂

a）原理：发泡剂产生气体，气体很容易分散于溶液中，形成大量微细气泡。这种泡沫的液膜具有一定的黏度和弹性,能减缓液膜变薄的速度,使泡沫具有一定的稳定性和支撑力。泡沫注入土仓内或刀盘面后,其刮面膏状微细泡沫的润滑效果,能使开挖土呈现塑性流动状态;泡沫在受到强力搅拌作用下,微细气泡与开挖土均匀混合,置换出土颗粒中的孔隙水,提高其止水性。

b) 作用:泡沫剂能减少渗漏,增强工作面的密封性;在土壤中造成塑性变形,提供均匀可控的支撑压,确保工作面的稳定;降低内摩擦力,减少粉质黏土对刀盘、螺旋输送机的磨损,同时降低能耗;提高渣土的工程性能;减少土体的内摩擦力;便于出渣。

c) 特性:具有发泡性能,可稳定渣土。

d) 配合比:选取3%～5%的浓度,发泡倍率为15～35,泡沫稳定时间(半衰)需超过40min。

e) 注入率:20%～40%。

b. 膨润土浆液

a) 原理:利用膨润土拌制浆液,并添加化学添加剂,以形成稠性浆液。在风化岩中掘进时,将膨润土浆液注入土仓内或刀盘面,利用浆液的黏稠效果提高开挖渣土的流动性,以到达土体改良的目的。

b) 作用:增加渣土流动性;降低开挖面的温度;减少地层对刀盘、螺旋输送机内部的磨损;充实土仓,避免盾构超挖;提高螺旋输送机的防喷性。

c) 特性:黏稠度高,渣土和易性能强。

d) 配合比:$1m^3$碱性膨润土配合比见表3-6-3。

$1m^3$碱性膨润土配合比　　　　　　　　表3-6-3

材料	膨润土(kg)	碱(kg)	添加剂(L)	水(kg)
用量	200～500	1.5	10	500～800

③ 土体改良剂的压注措施

a. 刀盘上的压注措施

针对不同的土体改良剂,选择不同的压注措施。

a) 针对泡沫剂,考虑其发泡效果,选择通过刀盘上的注入孔进行压注。结合以往施工经验和地质情况,泡沫剂的添加量为3%～5%,应重点考虑刀盘最外周和刀盘中心的改良剂用量。

b) 针对膨润土浆液,因其具有黏稠性,故在地下水丰富的情况下进行压注。膨润土浆液的添加量为15%～40%。

b. 土仓内的压注措施

土仓内的压注土体改良剂宜选用泡沫剂和膨润土浆液。压注时,应选用土仓壁上的压注孔。土仓内的渣土较为松散,可适当添加泡沫剂,提高渣土的塑性流动,并减少渣土在螺旋输送机的磨损,泡沫剂的添加量为5%左右。

针对膨润土浆液,直接压注至土仓内,增加渣土的流动性并充实土仓,保证土仓的压力,提高螺旋输送机的防喷性,膨润土浆液的添加量为25%左右。

c. 螺旋输送机内的压注措施

土仓内的压注土体改良剂宜选用膨润土浆液。压注时，宜选用螺旋输送机上的压注孔。若正面地下水过于丰富，可提高注入螺旋输送机内的膨润土稠度，以利于螺旋输送机形成土塞效应。浆液压注量根据螺旋输送机排泥压力进行调整。

（4）同步注浆和二次补压浆

① 同步注浆

盾构推进中的同步注浆是充填土体与管片圆环间建筑间隙和减少后期变形的主要手段，也是盾构施工中的一道重要工序。浆液压注要及时、均匀、足量，确保建筑空隙得到及时和足量的充填。在盾构推进过程中，采用注浆量与注浆压力双控的标准进行控制。

注浆量的确定以盾尾建筑空隙量为基础，并结合地层、线路及推进方式等考虑适当的富余系数，以保证达到充填密实的目的。注浆率一般应为120%～180%，合理注浆率的具体数值需根据地层条件、隧道稳定性、环境保护要求和工程试验确定。

盾构切削直径为6.47m，管片外径为6.2m，经过计算，单环同步注浆量$Q = (3.86～5.80)m^3$。

注浆压力根据注浆的目的和要求确定，即充分充填建筑空隙；避免地表隆沉影响周围建（构）筑物安全；避免过大的注浆压力引起管片衬砌破坏；防止注浆损坏盾尾密封。

同步注浆压力根据盾构始发试验段施工情况确定为0.1（下限）～0.3（上限）MPa。

在盾构推进中，由专人对同步注浆进行管理，从浆液进场验收、浆液运输到浆液压注实施针对性控制措施，确保注浆施工达到预期效果。在浆液压注时，对注浆点位、注浆量、注浆压力值进行详细记录，并根据地层变形监测信息及时调整，确保压浆工序合理、施工质量良好，$1m^3$同步注浆浆液配合比见表3-6-4。

$1m^3$ 同步注浆浆液配合比 表3-6-4

材料	砂	石灰	粉煤灰	膨润土	添加剂	水
用量（kg）	1180	80	300	50	3	280

② 二次补压浆

根据地面第三方监测情况，可采取壁后二次注浆的方式进行补压浆，压浆量的控制根据变形信息确定。二次补压浆浆液可采用双液浆，具体可根据实际情况选择。压浆应指派专人负责，对压入位置、压入量、压力值做好详细记录，并根据地层变形监测信息及时进行调整，确保压浆工序合理、施工质量良好。

二次注浆 $1m^3$ 浆液配合比见表3-6-5。

二次注浆 $1m^3$ 浆液配合比 表3-6-5

浆液类型	A液		B液
材料	42.5级水泥（kg）	水（L）	水玻璃（L）
用量	1000	1000	200

3.6.3.4 盾构接收关键技术

盾构区间接收段主要位于〈3-1-1〉粉质黏土、〈3-4-2〉淤泥质土。采用基座接收，存在隧道轴线与接收洞门钢环中心、轴线发生偏差的风险；此地层为隔水地层，但承载力相对较弱，破除洞门时容易发生坍塌事故；若盾构机推力过大，基座可能发生过大的位移，导致后靠结构失稳。

1）盾构接收基座安放

省立医院站—东门站区间盾构接收位于省立医院站大里程端头，如图 3-6-6 所示，省立医院站采用三重旋喷桩和三轴搅拌桩的形式加固接收端地层，使用基座进行盾构接收。

图 3-6-6　盾构接收基座示意图

根据洞门的复测的情况，按照直线接收的方式布置基座，基座安装时进行测量放样，并吊入井下就位拼装、焊接，提高其整体稳定性。

2）洞圈止水装置安装

端头井洞圈直径与盾构外径单边存有一定间隙，为了防止土体在盾构接收推进时及施工期间从该间隙中流失，在洞圈周围安装橡胶帘布带、环板、铰链板等组成的密封装置，并设置注浆孔，作为洞口防水堵漏的预防措施。

为了防止盾构接收时漏泥沙，及时在渗漏点压注单液浆，必要时压注双液浆，在洞圈周围布设 6 个注浆球阀，如图 3-6-7 所示。为了使注浆效果更佳，注浆球阀后端连接一定长度的 1.5in 钢管，并深入至洞门外地层。另外，在盾构接收第一次封门后，注浆球阀还将起到泄压和检验洞圈注浆效果作用。

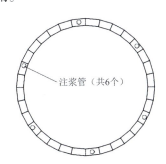 

图 3-6-7　洞圈注浆球阀

3）盾构到达掘进

（1）当盾构进入接收施工影响区段推进

如图 3-6-8 所示，当盾构机切口底部与车站结构顶部呈 45°角时，盾构机开始进入施工影响区，此时结合出土量及地面监测数据，放慢推进速度，防止对车站主体结构产生影响，同步注浆量等其他施工参数与正常掘进施工时相同。

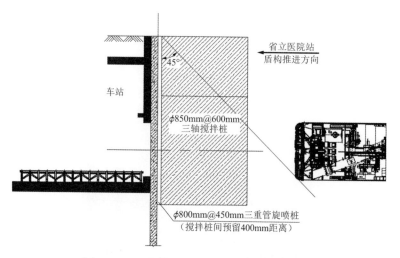

图 3-6-8　盾构接收施工影响区段推进示意图

（2）当盾构机到达加固区外 2m

如图 3-6-9 所示，当盾构机到达加固区外 2m 时，盾构机进入接收施工状态。此时接收井的接收基座安装、洞门密封装置的安装、应急抢险物资的配备等接收准备工作应当全部就绪。

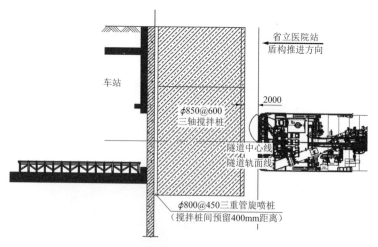

图 3-6-9　盾构机到达加固区外 2m 示意图（尺寸单位：mm）

（3）当盾构机刀盘进入加固区

如图 3-6-10 所示，此阶段应加强对刀盘正前方加固土体的改良，使加固土体以流塑状排出，避免加固土体改良不足使螺旋输送机卡死，影响接收施工。另外，此阶段应控制刀盘扭矩小于设计值的 50%，适当提高刀盘转速，以 1cm/min 的掘进速度低速掘进，出土量控制为理论出土量的 98%，总推力控制在 10000kN 以内。同步注浆量与正常掘进段相同。隧道内最后 10 环管片纵向采用特制联系条进行拉紧加固，共分 6 道，以防盾尾在脱出管片后，管节环与环之间间隙被拉大，造成渗水或漏泥。

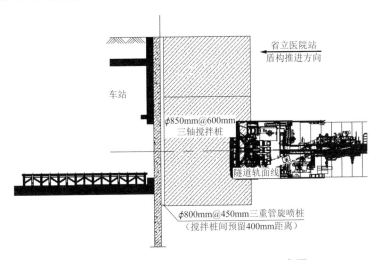

图 3-6-10　盾构机刀盘进入加固区示意图

（4）盾构机刀盘抵达地下连续墙

如图 3-6-11 所示，当盾构机切口到达地下连续墙位置，停止推进。在后续盾尾后 3 环管片环箍注浆完成并初凝后，观察土仓压力，待压力无变化后继续推进。必要时利用盾构机本体上的 8 个预开孔压注聚氨酯或平衡盾泥等止水材料。上述工作完成后，土仓后的压力若无变化，则开始破除洞门。

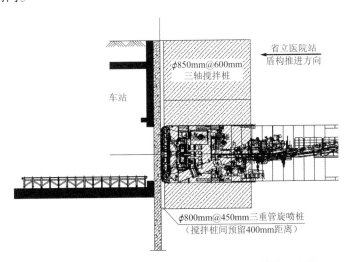

图 3-6-11　盾构机刀盘抵达地下连续墙示意图

（5）盾构机一次接收

洞门混凝土凿除 20cm 并清理干净洞圈后，盾构机应尽快推进并拼装管片，尽量缩短盾构接收时间。其中"尽快推进"是指连续推进施工，推进速度及转速应严格按设计交底进行操作。考虑到接收地下连续墙采用单侧玻璃纤维筋，洞门凿除混凝土厚度较小，推进时应严格控制推进速度及刀盘转速，确保不会因刀盘贯入度过大导致扭矩推力过大。盾构机盾尾到达围护结构中部时停止掘进，将铰链板卡环上的钢丝绳束紧，使铰链板翻板尽量压紧袜套，以防止洞门泥土及浆液漏出；并及时对第一次接收过程中脱出盾尾的管片，进行同步注浆和止水环箍注浆。在完成环箍注浆后，待浆液凝固后，须打穿后确认注浆孔处是否漏水，如有漏水，则继续注浆，如无漏水现象则完成本次注浆封堵。封堵完成后，洞门压注单液浆，完成第一次接收。盾构机盾尾抵达地下连续墙如图3-6-12所示。

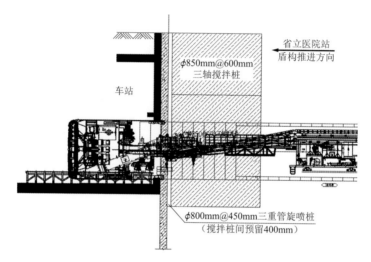

图 3-6-12　盾构机盾尾抵达地下连续墙示意图

（6）盾构机二次接收

一次接收完成后，待浆液达到一定强度后开始二次接收，直至盾构机完全坐上盾构基座。

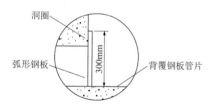

图 3-6-13　洞口封堵示意图

当盾尾脱离袜套后，立即将袜套拆除，用弧形钢板把管片外侧和洞圈封堵，封堵时分别从洞门顶部及底部向腰部逐步进行封堵，最后完成整个洞门封堵，如图3-6-13所示。封堵焊缝要求连续、无漏焊，焊缝高1cm，之后进行洞门压注。保证洞圈与管片间密实，防止水土流失。若在二次接收过程中洞圈周边出现渗漏，则停止推进，立即采取封堵措施。如遇极端情况，采取割除盾尾的措施，保证万无一失。

3.6.3.5　盾构推进施工时的地面变形控制

1）监测信息网络

为使盾构推进参数的设定更具科学性和准确性，在现场建立了监测信息交流沟通网络，旨在达到能控制地表沉降的目的。监测信息沟通网络如图3-6-14所示。

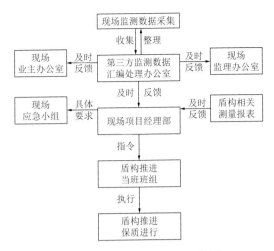

图 3-6-14　监测信息沟通网络图

2）地面变形控制技术措施

（1）正面平衡压力设定

由于地质条件、地面附加荷载等诸多因素不同，刀盘前方土压力有所差异，为此需及时调整。同时对沉降报表进行分析，及时调整并反馈给推进班组。若盾构切口前地面沉降，则需调高平衡压力设定值，反之调低。若盾尾后部地面沉降，则需增加同步注浆量，反之减少。

（2）出土量控制

根据盾构机及管片之间的建筑间隙和各土层特性合理控制出土量，其数值为开挖断面的98%~100%，并通过分析调整，寻找最合理的数值。

（3）推进速度

控制合理的推进速度，使盾构机均衡匀速施工，减少盾构机对土体的扰动，达到控制地面变形的目的。

（4）同步注浆

施工中根据地面监测数据及时进行调整，具体的比例需在实际施工中进行摸索确定。严格控制同步注浆量和浆液质量，通过同步注浆及时充填建筑空隙，减少施工过程中的土体变形。

由于盾构推进时同步注浆的浆液在填补建筑空隙时可能会存在一定间隙，且浆液的收缩变形也可能导致地表沉降，因此必要的时候需进行二次壁后注浆。浆液通过管片的注浆孔注入地层，并在施工时采取推进和注浆联动的方式，若注浆未达到要求，盾构机暂停推进，以防止土体变形。根据施工中的变形监测情况，随时调整注浆量及注浆参数，壁后二次注浆根据地面监测情况随时调整，从而使地层变形稳定。

每一次测量成果都应及时汇总至施工技术部门，以便于施工技术人员及时了解施工现状和相应区域管路变形情况,从而发出新的施工参数和注浆量等信息和指令,传递给盾构推进面,以便及时做相应调整,最后通过监测确定调整方案的效果,反复循环、验证、完善,确保隧道施工质量。

3.6.4 应用成效

陆庄站—西门站—东街口站—省立医院站—东门站(不含)城中段区间掘进过程中,针对区间淤泥质土、粉质黏土等软土地层采取严格的施工参数控制,通过盾构机针对性设计、始发及接收关键技术的实施,整体区间平均掘进工效为 5 环/d,掘进过程中将周边建(构)筑物平均累计沉降控制在 −10mm 以内,满足建(构)筑物保护要求的同时,顺利完成在软弱地层中的盾构接收,未发生洞门渗漏水等工程风险事故。

3.7 盾构区间钢套筒始发接收、平移过站施工

3.7.1 工程概况

陆庄站—西门站区间右线长度为 553.72m,左线长度为 557.515m,本区间共设 1 处联络通道兼区间泵房。区间平面线形设置:左右线均设置 1 组平曲线,半径为 450m,线间距为 13~15m。

陆庄站—西门站区间的 2 台盾构机推进至西门站后,通过钢套筒接收后平移过站,随后完成钢套筒始发掘进至东街口站。

(1)盾构接收井

左线接收井设置有吊装井口,尺寸为 9000mm×5000mm,用于钢套筒的安装及拆除、设备吊装等作业。

接收井底板结构尺寸为 22404mm×12600mm;由于隧道轴线和车站轴线不一致,左线盾构壳体与车站结构存在 915mm 的交错,右线盾构壳体与车站结构存在 889mm 的交错,需先横向平移避开交错区域后方可纵向平移过站。接收井与车站间的落差为 1600mm。

车站顶板、底板、纵剖面结构示意图分别如图 3-7-1~图 3-7-3 所示。

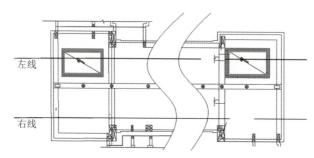

图 3-7-1　西门站顶板结构示意图

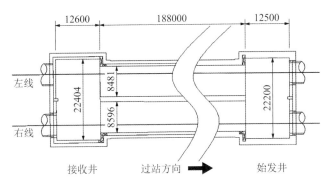

图 3-7-2　西门站底板结构示意图（尺寸单位：mm）

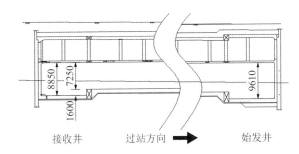

图 3-7-3　西门站纵剖面结构示意图（尺寸单位：mm）

（2）车站结构

车站内最小高度为 6700mm，最小宽度为 8481mm，车站内过站长度约 188m。

（3）盾构始发井

左线始发井设置有吊装井口，尺寸为 9000mm×5000mm，用于钢套筒的安装及拆除、设备吊装等作业。

始发井底板结构尺寸为 22200mm×12500mm，由于隧道轴线和车站轴线不一致，左线和右线盾构壳体与车站结构均存在 950mm 的交错，需先横向平移避开交错范围后方可纵向平移进始发钢套筒，始发井与车站间的落差为 1810mm。

3.7.2　施工难点

1）作业空间狭小

西门站接收井底板尺寸为 22404mm×12600mm，净高为 8850mm；盾构刀盘直径为 6500mm，钢套筒尺寸为 ϕ7040mm×11900mm，左线盾构壳体与车站结构存在 915mm 的磕碰，右线盾构壳体与车站结构存在 889mm 的磕碰，接收井与标准段落差为 1600mm。

标准段线路中心线距车站结构 2150mm，横移 1200mm 后，盾构壳体离侧墙最近仅有 100mm。如此狭小的空间，给盾构机平移施工带来很大困难。

2）预留吊装孔少

右线盾构过站时顶板已恢复市政道路，故顶板无吊装孔。钢套筒安拆无法采用机械吊装，只能通过在中板预留的吊钩,采用人工手拉葫芦的方式进行吊装。由于始发井可吊装空间及人工操作空间狭小,因此需先拼好钢套筒,再与盾体整体平移,该操作增加了施工工序和难度。

3)钢套筒接收、始发精度要求高

采用钢套筒接收、始发时,主要精度要求如下:

(1)钢套筒圆度:需要确保钢套筒圆度,避免盾构机进入钢套筒时与钢套筒的间距不均,导致盾体与钢套筒碰撞,发生钢套筒位移、变形等意外。

(2)钢套筒密封性:必须严格控制钢套筒各块橡胶垫质量,保证密封性,避免出现漏浆泄压的现象。

(3)钢套筒焊缝:必须全面检查各个部位焊缝质量,保证其整体性。

(4)钢套筒位置:需根据洞门实际中心进行测量放样,精准定位钢套筒安装位置。

本次右线盾构始发采用盾构机+钢套筒整体平移的方式,这对接收再始发的精度提出了更高要求。

3.7.3 施工关键技术

陆庄站—西门站区间内的两台盾构机推进至西门站后,通过钢套筒接收后平移过站,随后通过钢套筒始发掘进至东街口站,主要施工流程如图3-7-4所示。

a) 接收端：上半钢套筒先行吊装

b) 下半钢套筒+盾体顶升、侧向平移

c) 盾体牛腿焊接

d) 铺设轨道安装行走轮

e) 盾构机过站平移

f) 始发端：钢套筒拼装

g) 盾构机进入钢套筒

h) 盾构机+钢套筒侧向平移下放,对准洞门圈

图 3-7-4　盾构机钢套筒接收、始发平移过站流程图

3.7.3.1 盾构机钢套筒接收

钢套筒是一端开口的桶状结构，整个钢套筒总长为 11250mm，由 1 段过渡环、4 段标准筒体、1 段钢环、反力架以及左、右工字钢支撑等部分组成。标准筒体长 2.5m，总长为 10m，内径为 6800mm，每段又分为上下两半圆，单段最重不超过 140kN，钢套筒筒体如图 3-7-5 所示。

图 3-7-5　钢套筒筒体

1）钢套筒安装

安装流程：材料、设备及人员到位→底板高程确认，井口位置放样确认→后靠吊装下井、平移至右线，放置于标准段内→钢套筒端盖吊装下井，放置于端头井末端→钢套筒整段分别吊装下井，平移至右线→过渡环吊装下井，平移至右线，定位安装→过渡环连接→各环相互连接→端盖连接→后靠连接加固。

具体安装过程如下。

（1）洞门检查

钢套筒安装前需对洞门预埋环板进行检查，对侵入洞门范围的钢筋进行割除，确保盾构到达的安全、顺利。

（2）主体部分连接

①确定钢套筒的安装位置：根据测量放样，使钢套筒轴线与洞门中心轴线重合，钢套筒截面与洞门界面平行，以保证盾构机出洞时盾构机轴线与设计轴线相符。

②将整个钢环依次对接，采用螺栓连接紧固，如图 3-7-6 所示。

图 3-7-6　钢套筒连接

③后端盖的连接:安装后端盖时应在地面上把冠球盖与后盖板两部分连接好再吊下井,与钢套筒连接,如图 3-7-7 所示。

图 3-7-7　后端盖安装

④反力架及支撑安装。

反力架的安装方式与盾构始发反力架类似,反力架紧贴钢套筒后盖,冠球部分不与反力架接触。首先应在井里做好定位,然后根据井口面与洞门中心的高程进行安装。斜撑与底板预埋件应焊接牢固,检查焊缝位置,确保无夹渣、虚焊等隐患。

环梁及后端盖安装完成后,需对预加压力于环梁的千斤顶进行调整。共布置 20 个千斤顶,分四个区布置,每个千斤顶的预压力为 600kN,总计预加压力为 12000kN。预压的过程中应注意检查反力架各支撑、钢套筒连接螺栓是否松动,若出现异常应及时采用处理措施。

⑤填料。

当检查完毕后,开始向钢套筒内填料。钢套筒底部先铺砂浆基座,高度为 600mm,以防止盾构机产生"栽头"现象;然后向钢套筒内填充泥沙并适当加水,从三个填料孔分别进行填料,直至填满;之后再注入浓泥浆至完全充满钢套筒。

为了将砂浆输送至钢套筒内,需要从地面引一条输送管道至钢套筒上,采用一条 8 寸的管路,并在地面设置一个漏斗,将砂料直接从漏斗输送至钢套筒内。填料过程中如果出现砂料输送不够顺畅的情况,可以冲水将砂浆冲入钢套筒,还可以起到密实砂浆的作用。

为了将钢套筒内的填料密实均匀,填料过程中要分别在三个填料孔进行填充,保证填料分配均匀。填充过程应分阶段进行,并派人在填料孔观察,填料至一定高度时需要进行平整密实,平整后再继续填料直至完全充满整个钢套筒。

2)盾构到达掘进

(1)盾构到达前,通过实际测量计算出盾构机刀盘碰撞端头时加固地下连续墙的里程,盾构机一旦到达此里程即进入到达掘进状态。应安排专人值班,以每天两次的频率监测地面沉降情况,并根据监测数据采取补浆等措施。在到达 30 环前对盾构机姿态进行复核,并确保盾构机沿设计轴线推进。

(2)碰壁前推进设置:在盾构机碰壁以前,就必须注意盾构机掘进参数及管片类型的选择,防止纠偏过急,保证盾构机碰壁时具有良好的盾构姿态。

（3）通过地下连续墙掘进参数设置。

掘进速度应控制在 5mm/min 以内，推力应小于 8000kN，刀盘转速为 0.8r/min。推进时加入泡沫，并控制刀盘扭矩，避免过度磨损刀盘。地下连续墙处管片外弧面预埋钢板，洞门施工时与地下连续墙钢板焊接，确保洞门的质量和防水效果。

（4）进钢套筒掘进参数设置和姿态控制。

① 掘进参数设置：速度控制在 5mm/min 以内，推力应小于 8000kN；以管片拼装的模式在钢套筒内进行掘进，必要时切换掘进模式，刀盘转速控制在 0.3r/min 以内。刀盘转动前，需与外部进行联系，确认人员及设备安全、测量监测人员就位后，才能进行掘进。盾构掘进过程中，须保持与外界联系，密切观察钢套筒的情况，一旦发现变形量超量或有渗漏时，必须立即停止掘进，及时采取补救措施。

② 进套筒时姿态控制：以实际测量的钢套筒安装中心线为准，控制盾构机姿态，确保中心线偏差在 ±10mm 之内。

（5）盾构掘进至盾体上的注脂孔到达围护结构地下连续墙时，停机，从盾体内预留的注脂孔往外加注聚氨酯，聚氨酯与盾体外的地下水反应形成聚合物，填充盾体与地下连续墙之间的空隙，防止加固体外的地下水进入前方。

（6）注浆封堵。

① 在盾构机贯通至盾尾并通过洞口过程中，对脱出盾尾的 3 环管片补充双液注浆。

② 在盾尾通过洞门后，需对脱出盾尾部位的管片注双液浆。注浆过程中，应时刻检查钢套筒是否有漏浆、形变等现象，如有漏浆或者形变过大等情况发生，采取减小推速等措施。

（7）盾构机筒体推到预定位置并完成盾尾密封后，在刀盘不转情况下，清出空仓内回填物。

（8）打开钢套筒底部的排浆管，排出剩余的浆液，并检查筒体的漏浆情况。待盾尾双液浆凝固后，在情况稳定、安全的情况下，开始拆除钢套筒。

3.7.3.2 盾构平移过站施工

1）钢套筒上半部分拆除

盾构机到达钢套筒并注浆稳定后，将盾构机头车架间连接的电缆、油管、泥水管、皮带传送机等设施分离，并拆除管片拼装机，将拆除分离的部分暂时存放在隧道内，机头则留在钢套筒内。然后割除钢套筒和洞门之间的过渡环，分离钢套端盖，分离前需要先对钢套筒内进行泄压。随后拆除端盖上用于固定钢套筒的 9 根支撑，拆除钢套端盖部分的连接螺栓后将端盖分为上下两部分，利用顶板上的 2 个 10t 手拉葫芦将端盖拆除，过渡环示意图如图 3-7-8 所示。

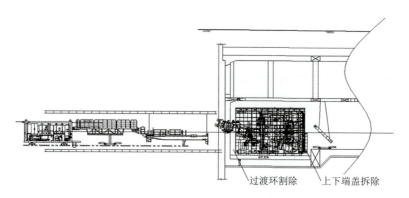

图 3-7-8 拆除钢套筒前部端盖和后部过渡环示意图

左线钢套筒端盖从吊装井口直接吊出，右线钢套筒端盖需放置在接收井内，再平移至左线吊装井口吊出。

2）盾构机+钢套筒横向平移

（1）横向平移受力分析

盾构主机外形尺寸为 $\phi 6460mm \times 10450mm$，主机重 4530kN，钢套筒尺寸为 $\phi 7040mm \times 11900mm$，总质量约 137t。平移时钢套筒和钢轨间滑动摩擦系数 μ 取 0.25，可计算出平移过程中摩擦力 f 为：

$$f = \mu mg = 0.25 \times (453000 + 137000) \times 10 = 147.5 kN$$

两只 100t 液压缸可提供的推力 F 为 200kN，$F > f$，故平移动力满足要求。

（2）平移过程

在钢套筒两外侧各安装 4 只 200t 的顶升液压缸，先将钢套筒整体顶升 250mm，在其下方的 50 号工字钢上放置 2 块平移滑板，平移滑板和 50 号工字钢采用间断焊的形式连接，以防止钢套筒平移过程中二者产生位移，如图 3-7-9 所示。每块平移滑板上安装有 4 根质量为 43kg 重轨，然后将钢套筒下放。平移滑板分别布置在钢套筒的头部和尾部，保证钢套筒重心处于 2 块平移滑板之间。在顶升及下放过程中对液压缸行程进行监测，确保钢套筒顶升及下放过程中的同步性。

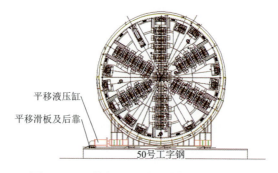

图 3-7-9 盾构机+下半钢套筒平移示意图

钢套筒与钢轨之间涂抹润滑剂，平移滑板上固定有液压缸后靠，利用 2 只 100t 的液压缸将钢套筒整体向车站轴线横移至过站轴线位置。

3）盾构机 + 钢套筒顶升

（1）顶升受力分析

盾构机质量为453t，整体顶升时，其重力作用在钢套筒外部的4个顶升牛腿上，如图3-7-10所示，根据有限元分析，得出：

① 最大平均应力约100MPa，安全系数$S = 2.3$，强度满足要求。

② 最大变形量为2.1mm，刚度满足要求。

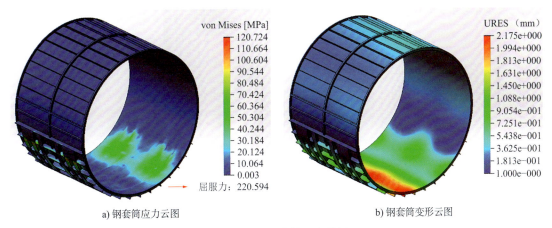

a) 钢套筒应力云图　　　　　　　　　　b) 钢套筒变形云图

图3-7-10　钢套筒受力分析

（2）顶升过程

钢套筒两侧共布置8只液压缸，逐步顶升800mm至过站初始位置：

① 第一次顶升：顶起盾构机，在钢套筒下方的50号工字钢上垫上6只高250mm的搁凳，放下盾构机，将顶升液压缸下的搁凳垫高至200mm。

② 第二次顶升：第二次顶起钢套筒，抽出下方的高250mm搁凳，换成高450mm的搁凳，放下盾构机，将顶升液压缸下的搁凳垫高至400mm。

③ 第三次顶升：第三次顶起钢套筒，抽出下方的高450mm搁凳，换成高650mm的搁凳，放下盾构机，将顶升液压缸下的搁凳垫高至600mm。

④ 第四次顶升：第四次顶起钢套筒，抽出下方的高650mm搁凳，在下方放置20只高度800mm的圆管支撑，放下盾构机，顶升液压缸布置示意图如图3-7-11所示。

4）盾构机平移过站

（1）过站受力分析

① 盾构机从钢套筒顶出后部支撑受力分析

在钢套筒内焊接后靠牛腿。用于推进液压缸的顶伸支撑由30mm钢板制成，其与推进液压缸之间

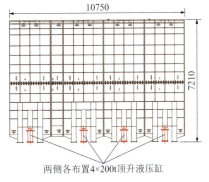

两侧各布置4×200t顶升液压缸

图3-7-11　盾构机 + 下半钢套筒顶升液压缸布置示意图（尺寸单位：mm）

采用壁厚 5mm、φ500mm 的圆管进行连接。单个圆管支撑能够承受 500kN 的压力，推进液压缸的推力通过圆管和顶伸支撑作用在隧道管片上，后部支撑示意图如图 3-7-12 所示。

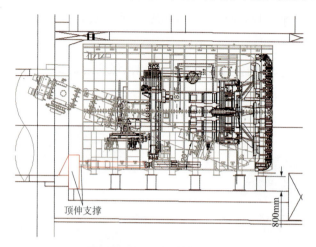

图 3-7-12　后部支撑示意图

盾构机总质量为 453t，盾构机与钢套筒的摩擦系数取 0.15，钢套筒受到的摩擦力约为 $f = 680$kN，端面圆管数量为 2 根，截面积 $S = 7775$mm²，圆管所受的挤压应力为：

$$\beta = F/S = 43.7 \text{MPa} < [\beta]$$

因此，强度和后部支撑能够满足使用要求。

② 盾构机从钢套筒顶出前端面支撑受力分析

盾构机总质量为 453t，盾构机与钢套筒的摩擦系数取 0.15，钢套筒受到的摩擦力约为 $f = 680$kN，端面圆管数量为 2 根，截面积 $S = 7775$mm²，圆管与轴线夹角约 30°，单根圆管受力 $F = f/(2 \times \cos 30°) = 393$kN，圆管所受挤压应力为：

$$\beta = F/S = 50.5 \text{MPa} < [\beta]$$

由此可见，前端面支撑的强度满足使用要求。

前端面支撑示意图如图 3-7-13 所示。

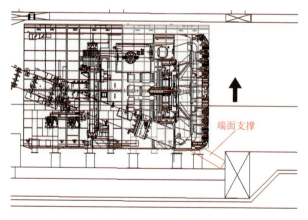

图 3-7-13　前端面支撑示意图

③ 顶进过程行走轮受力分析

行走轮受挤压力，经分析车轮轴是危险受力点，故将车轴作为受力分析对象。车轴最小直径 70mm，材质为 45 号钢（调质处理），共有车轴数量 8 根，盾构机重力 $F = 4530$kN，车轴总横截面积 $S = 8 \times 2 \times \pi \times 70 \times 70/4 = 61575$mm^2，则 $\tau = F/S = 73.6$MPa，安全系数 $S = 3.4$，行走轮的强度满足使用要求，行走车轮及牛腿结构如图 3-7-14 所示。

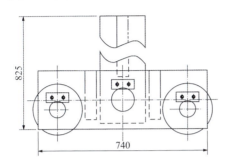

图 3-7-14　行走车轮、牛腿结构示意图（尺寸单位：mm）

经分析，牛腿与车轮焊接处（车轮连接件）受到较大弯矩且焊缝面积较小，因此选定此处作为危险受力点。盾构机重力 $F = 4530$kN，车轮的滚动摩擦系数取 0.05，摩擦力 $F = 227$kN，$L = 900$mm，共有 8 个车轮连接件，弯矩 $M = F \times L/8 = 25537$N·m，车轮连接件截面尺寸为 200mm $\times$ 200mm，厚度为 30mm，采用坡口焊进行连接，弯曲正应力 $\sigma = M/W = 4.9$MPa，弯曲切应力 $\tau = 2.7$MPa，根据第三强度理论得到最大正应力 $\sigma = 6.8$MPa，$S = 34.5$，故牛腿的强度满足使用要求。

④ 顶进过程中后靠板受力分析

后靠板通过钢轨之间的间隙安装在轨道上，在后靠板背面焊接筋板，以增强抗弯能力。盾构机重力 $F = 4530$kN，车轮的滚动摩擦系数取 0.05，摩擦力 $F = 227$kN，后靠板厚度为 30mm，宽度为 200mm，材质为 Q235B，危险截面面积 $S = 30 \times 200 = 6000$mm^2，切应力 $\tau = F/S = 37.8$MPa，安全系数 $S = 3.7$，后靠板的强度满足使用要求，装置示意图如图 3-7-15 所示。

图 3-7-15　100t 液压缸反力装置（后靠板）示意图

（2）平移过程

在机头外壳上，焊接 4 只顶升牛腿和 4 只平移走轮，前部 2 只顶升牛腿和平移走轮焊接在土仓筋板处，后部 2 只顶升牛腿和平移走轮焊接在推进液压缸环板处。

在车站内盾构机两侧各平行放置 2 块平移轨道，平移轨道采用 43kg 轨道钢制成，且在轨道钢下方铺设宽为 300mm、厚为 40mm 的钢板，轨道与钢板之间采用断续焊接的方式相连。此外，左右 2 侧的平移轨道之间用 10 号槽钢相连，槽钢间距为 2m，使其形成一个整体结构，防止平移轨道移动。在平移轨道的端头处安装有防撞块，防止本体过站时发生出轨。

在平移过程中，利用 2 台 100t 液压缸作为动力，缓慢地将盾构机向前顶动。当平移轨道行程不足时，将本体顶升，利用卷扬机将平移轨道向前移动，再将盾构机下放至平移轨道上，继续平移，以此将盾构机平移至始发井口内。

3.7.3.3 盾构始发平移

如图 3-7-16 所示，在始发井内安装始发钢套筒，并将钢套筒中心调至与站内平移的盾构中心一致。对钢套筒外周进行固定，形式与接收钢套筒一致，防止盾构主机顶推时钢套筒发生位移。接着利用 2 台 100t 的液压缸作为动力，缓慢地将盾构本体向前顶进 12m 直至进入钢套筒内。在顶进的过程中，逐步拆除本体两侧的平移走轮和顶升牛腿，并将本体顶进至钢套筒内。最后，用与接收平移相同的方式将钢套筒整体横移调整，直至达到与洞门合适的始发位置。

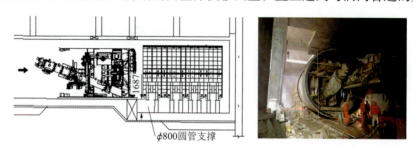

图 3-7-16　盾构始发平移就位示意图（尺寸单位：mm）

3.7.3.4 盾构钢套筒始发

钢套筒始发井下配装与接收一致，这里不再赘述，仅介绍钢套筒始发中关键技术措施。

1）钢套筒内导轨安装

如图 3-7-17 所示，在钢套筒的筒底 60°圆弧范围内平均分布安装 2 根 43kg 的钢轨，钢轨高度为 140mm，钢轨从钢套筒后端铺设至距前端 0.8m 位置，两侧钢轨通长焊接。因钢套筒内径为 6800mm，盾构机前盾外径为 6440mm，为使盾构中心与钢套筒中心保持一致，故钢轨顶面至钢套筒内壁高度应为 180mm。为确保同心，在钢轨下方加垫 2 条 4cm 厚钢板（钢板宽度为 20cm，长度与钢轨长度相同），同时为了保持盾构始发时抬头趋势，需将靠近洞门端的钢轨垫高 10mm。

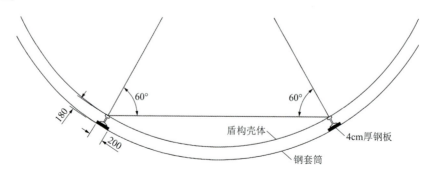

图 3-7-17　钢套筒始发导轨安装示意图（尺寸单位：mm）

2)钢套筒内第一次填砂(钢轨间铺砂、压实)

如图 3-7-18 所示,在钢套筒底部 2 根钢轨之间铺砂并压实,然后回填成弧形,回填高度略高于轨面 1cm;同时每隔 3m 用沙袋做 1 道环箍,确保盾构推进过程刀盘前方土体不后流,后面的同步注浆不向刀盘前面流,起到保前护后的作用,待盾构机放入后,进一步压实砂层,确保砂层能提供充足的防盾构机扭转摩擦反力。

图 3-7-18 钢套筒内第一次填砂

3)过渡环与洞门钢环的连接

进行盾构中心线与设计轴线偏差复测,确认定位无误后,将过渡环与洞门钢环进行焊接。由于洞门钢环在预埋的过程中可能出现变形或平面度偏差较大的情况,以及始发轴线与水平或垂直方向存在夹角的问题,导致过渡环有些地方无法与洞门钢环密贴,这时需在空隙处填充钢板并与过渡环焊接牢固,确保将空隙全部堵住。在确定洞门钢环与过渡连接板全部密贴后,将过渡连接板满焊在洞门钢环上,随后进行磁粉探伤。过渡连接板直径 6800mm,宽度 100mm,板厚 20mm,分段下料。

4)钢套筒上部支撑安装

钢套筒与洞门钢环焊接完成,经检查确认后,即可进行筒体上部和侧部支撑的安装,支撑采用 18 号工字钢。如图 3-7-19 所示,钢套筒两边共设置 8 道横向支撑,顶在侧面底板和中板梁上。

图 3-7-19 钢套筒上部支撑安装位置

5）反力架安装

盾构始发时，盾构机推力由负环管片传递至钢套筒内侧的钢环，再由内侧钢环传递至反力架，故反力架为盾构始发时提供反推力，因此反力架支撑体系必须具有足够的刚度和强度，确保盾构能够顺利始发。为满足这一要求，支撑体系主要由ϕ609mm钢支撑、钢结构框架构成，反力架构造及支撑布置图如图3-7-20所示，后靠及支撑均采用焊接形式，焊缝等级一级，焊接完成后还应进行焊缝探伤。

图3-7-20　现场反力架

6）负环管片拼装

（1）拼装准备工作

① 盾尾油脂嵌填

如图3-7-21所示，为确保盾尾的密封防水效果，在盾构调试结束后，需向盾尾钢刷之间嵌填盾尾油脂，盾尾油脂采用进口油脂，油脂嵌填要均匀、密实，确保每台盾尾油脂嵌填量不小于300kg。

图3-7-21　盾尾油脂现场嵌填

② 盾尾安装钢垫条

盾尾内径为6420mm，管片外径为6200mm，故管片外径与盾尾内径间有6cm间隙，首环管片拼装前，在盾尾下半圆圆弧范围内均布安装6根长1.5m、截面尺寸3cm×3cm的钢垫条用于定位管片，待推进5环后割除。

③洞圈底部铺设垫层

盾构机刀盘进入洞门时,为防止盾构机叩头,需在洞门钢环底部60°范围内浇筑导台垫层,导台垫层采用低标号 M5 砂浆,高度略低于钢套筒内轨道面,可有效防止盾构机出洞后刀盘下沉。

(2) 负环拼装

待一切准备就绪后,开始拼装负环,盾构机向前推进至滚刀刀刃贴近掌子面,但不进行切削。第一环负环管片封顶块位置选择在1点位置,首环负环管片拼装质量关系到后续管片拼装效果,所以必须做好落底块管片位置的定位工作及拼装质量。管片拼装顺序与正常掘进时相同。负环管片的拼装采用整环、错缝拼装,管片拼装时从下而上,然后依次左右对称安装,在整环管片拼装完成后,再进行下一环的推进。第一环负环管片在向后推进时,应注意控制推进液压缸行程,尽量保持行程保持一致,每组推进液压缸的行程差小于 10mm,同时所有负环管片的安装均需粘贴软木衬垫与止水条,并保证管片的成圆度。

盾构机刀盘切削掌子面时会产生巨大的扭矩,为了防止盾构机壳体在始发导轨上发生偏转,在套筒内每隔 3m 设置了一道沙袋环箍,在盾壳与钢套筒间密实填充的中粗砂,有效防止盾构扭转。

7) 钢套筒内第二次填砂(钢轨间铺砂、压实)

盾构机向前推进至刀盘面板贴近洞门掌子面后,停止推进。向钢套筒内进行第二次填砂,本次填砂将整个钢套筒填充满。填充的过程中适当加水,保证砂的密实。

(1) 填料过程

为了将砂料输送至钢套筒内,需要从地面引一条输送管道至钢套筒上,该管道采用一条 8in 的管路与钢套管连接,并在地面设置一个漏斗,将砂料直接从漏斗输送至钢套筒内。在填料过程中,适当冲水以促进砂料密实,注入的水分将通过下部的排水孔排出来,如图 3-7-22 所示。

图 3-7-22 砂料填充、钢套筒底部排水孔

(2) 钢套筒始发压力设置

始发端隧道中线以上土层分布为:〈1-2〉杂填土,层厚 4.2m;〈2-4-1〉淤泥,层厚 9m;

〈3-1-1〉粉质黏土，层厚7.7m；〈3-4-1〉淤泥，层厚4.8m。

经水土合算，计算出始发端土仓中部理论静止侧向土压力为1.8bar，本区间钢套筒设计压力为3bar，故满足始发要求。

（3）压力测试

通过加水孔向钢套筒内加水，至加满水后，检查压力，如果压力能够达到1.9bar。则停止加水，并维持压力稳定；如水压无法达到1.9bar，则利用空压机向钢套筒内加压，直至压力达到1.9bar为止；同时对各个连接部分进行检查，包括洞门连接板、钢套筒环向与纵向连接位置、钢套筒与反力架的连接处，确保无漏水现象。

加压检测过程中，一旦发现有漏水或焊缝脱焊情况，必须马上进行卸压，并及时处理，如上紧螺栓或重新焊接。处理完毕后再进行加压，直至压力稳定在1.9bar且未发现有漏点时，方可确认钢套筒的密封性。

（4）钢套筒位移检测

在盾构机组装过程中要安装各种测量用具，主要是测试钢套筒有无变形，以及钢套筒环向和纵向连接位置的位移等。在试水、加压测试前，应在钢套筒过渡环处安装百分表，量程在3～5mm，以控制钢套筒的变形量或位移量精度在0.5mm左右。

8）盾构穿越地下连续墙及加固区

盾构始发后，需先切削800mm厚的C35玻璃纤维筋（背土面钢筋为普通钢筋），地下连续墙及长度为3m的水泥系加固区。

（1）盾构穿越地下连续墙技术措施

① 采用慢速推进模式，推进速度控制在1cm/min以内，推力控制在8000kN以内，扭矩不超过额定扭矩的40%。

② 由于地下连续墙具有一定的强度，初装刀配置滚刀，采用低速模式掘进。

③ 盾构切削地下连续墙时，向刀盘正面及土仓内注入泡沫进行土体改良，一是降低滚刀温度，减少刀具磨损；二是增加切削产生的混凝土渣的流塑性，便于出渣。

（2）盾构穿越加固区技术措施

① 加密测点并加强监测频率。

② 严格控制土压力。

已加固的土体有一定的自立性和强度，因此土压力的设定偏低。同时还需结合刀盘扭矩、总推力情况、沉降报表和其他相关施工参数，进行分析、调整，并把结果反馈至推进班组，以确保盾构始发施工安全。

③ 严格控制出土量。

根据盾构切削范围及各土层特性合理控制出土量，实际出土量为理论出土量的98%～100%，并通过分析调整寻找最合理的数值。

④ 推进速度偏慢。

盾构推进速度宜控制在 2cm/min 以内，推力控制在 12000kN 以内，刀盘扭矩不宜太大，应控制在设计值的 50%以内，保证盾构始发安全。同时根据需要在盾构正面加入水或膨润土浆液，以改良正面的土体。

3.7.4 应用成效

在陆庄站—西门站区间内，通过钢套筒接收后，平移过站至另一端头的钢套筒始发，单线区间从进洞到二次始发用时 50d，其中标准段 188m 平移推进用时 20d。施工过程中经过不断改进，总体取得良好成效。施工中严格控制钢套筒与隧道轴线偏差，经定位、复测发现偏差均小于 10mm，这有力保证了盾构机＋钢套筒接收和二次始发过程中隧道轴线的准确性。同时，本工程施工中解决了软弱地层中盾构接收、二次始发洞门渗漏水难题，保证了工程安全。

第 4 章

Chapter 4

矿山法隧道修建关键技术

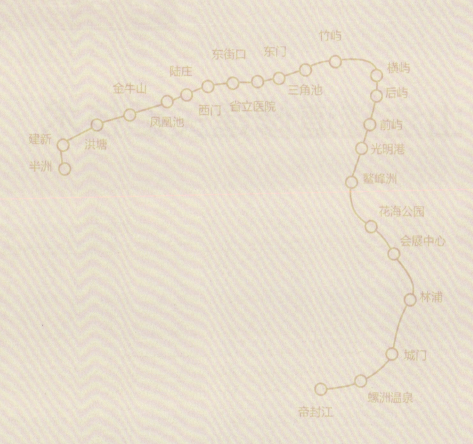

连线成环 | 福州地铁4号线建设技术创新与实践

4.1 冻结暗挖法实现"零距离"下穿既有线

4.1.1 工程概况

福州地铁 4 号线城门站位于福州市仓山区福峡路与规划螺洲路交叉路口,为地铁 1 号线与地铁 4 号线的换乘车站。地铁 4 号线城门站车站总长为 315.2m,车站为地下 3 层岛式站台车站,地铁 1 号线城门站为地下 2 层站。地铁 4 号线下穿地铁 1 号线城门站的暗挖通道为双线单洞箱形结构,采用冻结法 + 矿山法施工。两个暗挖通道长度和结构断面尺寸一致,左右线暗挖通道开挖外轮廓间距为 9.326m。单个暗挖通道开挖尺寸为 23.4m。暗挖通道结构顶板板厚为 0.6m,侧墙板厚为 0.9m,底板板厚为 0.9m。

地铁 4 号线城门站地下三层的轨行区域下穿地铁 1 号线车站底部(车站中部位置),地铁 4 号线暗挖通道结构与既有地铁 1 号线底板贴合。在地铁 1 号线城门站两侧设置地铁 4 号线城门站基坑 A、基坑 B 两个工作井,用于下穿通道施工,如图 4-1-1 所示。

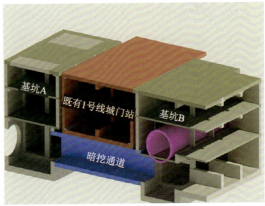

图 4-1-1 地铁 4 号线城门站下穿地铁 1 号线示意图

4.1.2 施工难点

本工程面临冻胀融沉控制、地下水隔断控制、大断面开挖掌子面稳定控制三大重点及零距离下穿、含弱承压水地层、大断面暗挖法施工三大施工难点,面临这些重难点,需采取以下相应措施。

(1)冻胀融沉控制

实时监测既有线路道床及侧墙的隆沉情况,在开挖前进行泄压排泥,如果冻胀效果明显,在 A、B 基坑两侧进行取土孔取土泄压,一旦冻胀无法控制,将取土孔开孔联排形成临空面抵抗冻胀。

（2）地下水隔断控制

在冻结作业前先进行注浆，将地层空隙进行填充隔水，冻结过程中主要靠 U 形冻结壁的冻结交圈效果进行地铁 1 号线底板与 U 形壁顶部进行封闭隔水，开挖过程中保留地铁 1 号线防水板来隔绝地铁 1 号线城门站自身接缝处的不明水源。

（3）大断面开挖掌子面稳定性控制

首先设计上采用 300mm（高）× 300mm（宽）× 10mm（腹板厚）× 15mm（翼板厚）型钢支撑，分四个小尺寸导洞开挖，开挖过程中左右洞间保持 5m 的步距，正下方的导洞必须在上导洞开挖完成后开始开挖，且在每个开挖循环的过程中，开挖面需保持纵向 80° 的倾斜角度，以保证开挖面稳定性。

4.1.3 施工关键技术

地铁 4 号线城门站下穿既有运营车站城门站采用冻结法 + 矿山法进行施工，暗挖段与地铁 1 号线城门站底板密贴，地铁 4 号线城门站的暗挖通道施工可能引起地铁 1 号线城门站车站结构变形，施工难度大。主要存在的施工难点如下：暗挖段开挖面与既有地铁 1 号线城门站底板密贴，且为运营中车站；暗挖段工程地质构造复杂，存在粉质黏土、淤泥质土、残积黏性土（可塑）、强风化熔结凝灰岩（砂土状）地层，且受基岩裂隙水等水文地质影响，在开挖构筑阶段存在较大风险；在进行左线通道开挖时，右线通道需要同时进行积极冻结作业，这容易导致地铁 1 号线底板出现变形。

1）开挖技术参数

（1）单暗挖通道开挖尺寸为 7.6m × 8.08m，分 4 个导洞开挖，导洞步距约 5m。

（2）暗挖通道开挖和初期支护完成后，可根据冻结站运转情况、开挖暴露面温度回升、地铁 1 号线车站底板变形以及通道收敛变形情况，综合判断钢架拆除方案，地铁 1 号线轨行区正下方可按隔一留一的拆除方案，其他区域可按隔三留一的拆除方案。

（3）开挖断面单侧超挖不大于 30mm；开挖中心线偏差不大于 20mm。

（4）冻结壁暴露时间不大于 12h，并要求冻结壁暴露面收敛不大于 20mm。

（5）初期支护钢架垂直度偏差不大于 10mm，高程偏差不大于 20mm，水平高差不大于 20mm。

（6）钢架间距偏差不大于 30mm，支架间拉杆焊接牢固，初期支护轴线偏差不大于 20mm。

（7）喷射混凝土强度等级为 C25，厚度不小于 370mm。

（8）支撑纵向每隔 0.6m 设置一榀，每循环开挖两榀后喷射混凝土，两榀钢支架间沿周边设纵向连接筋（ϕ20mm），环向间距为 500mm，形成纵向连接体系。为了提高上部导洞钢支架整体的稳定性，用 10 号槽钢焊接在上部导洞钢支架两腰侧。

2）导洞开挖施工流程

导洞开挖施工流程图如图4-1-2所示。

a) 开挖钢平台搭设　　b) 导洞安全门安装　　c) 探孔验证交圈　　d) 围护结构凿除

e) 分区开挖　　f) 导洞开挖及临时支撑架设　　g) 导洞初期支护施工　　h) 洞通

图 4-1-2　导洞开挖施工流程图

3）各导洞施工工效分析

左线于7月15日进行积极冻结作业，开挖起止时间为9月24日至11月23日；右线于8月25日进行积极冻结作业，开挖起止时间为10月20日至12月20日。

城门站冻结暗挖通道开挖采用Broke机器人，其具有无线遥控、电液驱动、机动灵活、动力足等优势。通过使用Broke机器人，每循环的开挖平均时间由23h缩短到18h，每个导洞则节省90h（共16个循环），同时每个导洞可减少三名风镐工，不仅提高开挖工效，也节省劳动力。

左右线开挖过程中人、材、机的投入情况见表4-1-1、表4-1-2。

冻结暗挖下穿通道设备投入情况　　　　表4-1-1

设备名称	数量	规格	设备情况
冻结机	10台	136kW	自有
盐水泵	10台	45kW	自有
清水泵	6台	30kW	自有
冷却塔	8座		自有
电子测温系统	1套		
叉车	1台	3t	自有
起重机	3台	25t	自有2台，临时租赁1台
空压机	3台	90kW、75kW、45kW	
地泵	1台	45kW	

续上表

设备名称	数量	规格	设备情况
铲车	1台		自有
隧道风机	3台	5kW	自有

冻结暗挖下穿通道人员投入情况　　　表 4-1-2

月份	开挖施工人数	冻结施工人数	模板工人数	架子工人数
6月		20		
7月		14		
8月		12		
9月	13	11		
10月	36	10		
11月	56	10	5	
12月	42	6	8	6

4）冻结效果

主要冻结技术参数为：冻结壁交圈时间为 18～22d，积极冻结时间为 50～55d，积极冻结 7d 后盐水温度降至 −18℃以下，积极冻结 15d 后盐水温度降至 −24℃以下。

左右线各个阶段去回路主干管盐水在冻结过程中的实际温度与设计温度对比见表 4-1-3。

冻结壁中土体实际温度与设计温度　　　表 4-1-3

名称	日期	冻结天数（d）	设计温度（℃）	实际温度（℃）		冻结类型
				去路	回路	
左线各阶段冻结效果	7月22日	7	<−18	−17.81	−11.75	积极冻结
	7月30日	15	<−24	−24.3	−19.6	
	9月16日	63	<−28	−31.5	−30.8	
	12月13日	151	<−26	−27.42	−25.72	维护冻结
右线各阶段冻结效果	9月1日	7	<−18	−17.8	−11.75	积极冻结
	9月9日	15	<−24	−26.31	−23.18	
	10月15日	53	<−28	−31.63	−29.93	
	12月10日	109.5	<−26	−28.69	−27.71	维护冻结

从数据上分析，左右线在积极冻结期间的前 15d，冻结温度达不到设计的技术要求，但是在 50d 后均可达到设计要求，因此在冻结前期必须做好设备调试，采用低温快速冻结技术，以快速交圈，从而隔绝外侧动水，确保符合设计技术要求。此外，应加快开挖速度，以达到缩短

整个施工周期，最大限度控制既有线路的冻胀现象。

5）监测数据分析

（1）监测情况

自 7 月 15 日开机以来，上行线道床监测点隆起 9.87～46.14mm，相比之下，下行线道床测点隆起 5.79～36.64mm，产生这一差异主要是由于 A、B 基坑两侧的冻结管搭接位置恰好位于上行线路的正下方，导致上行线道床的隆起趋势更为明显，监测数据见表 4-1-4。随着隆起速率增大反弯点出现在积极冻结的第 6 天（7 月 21 日），随着隆起速率趋缓反弯点出现在 9 月 24 日（该时间点为第 1 榀开挖时间），自第 1 榀开挖释放应力直至开挖至第 32 榀期间道床竖向位移变化量在 −1.56～2.67mm 波动，日变化量最大达 0.09mm/d，可视为变化速率稳定。根据轨行区的左线冻胀监测数据显示，一旦右线进行土体进尺开挖，右线的冻胀速率将会得到一定程度地控制，因此确认右线形成冻结壁后应立即组织右线 1 号导洞开挖以释放冻胀力，1 号轨行区内道床上布点图如图 4-1-3 所示。

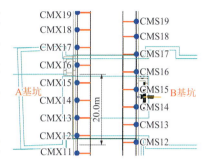

图 4-1-3　1 号轨行区内道床上布点图

1 号线轨行区内道床竖向位移自动化监测数据（单位：mm）　　表 4-1-4

监测日期 （月-日）	下行线道床测点				上行线道床测点			
	CMX15	CMX16	CMX17	CMX18	CMS15	CMS16	CMS17	CMS18
7-15	−19.86	−21.44	−22.14	−22.97	−16.82	−18.02	−19.69	−20.16
7-19	−20.03	−21.66	−22.29	−23.1	−16.75	−17.9	−19.59	−19.96
7-23	−19.02	−20.7	−21.64	−22.81	−15.36	−16.34	−18.17	−19.06
7-27	−16.97	−18.66	−20.09	−21.79	−13.53	−14.36	−16.42	−17.94
7-31	−15.08	−16.5	−18.62	−20.75	−11.41	−11.97	−14.42	−16.69
8-4	−13.81	−14.99	−17.46	−19.72	−10.1	−10.09	−12.85	−15.52
8-8	−11.75	−12.43	−14.74	−16.94	−7.59	−6.9	−9.57	−12.37
8-12	−8.89	−9.49	−12.87	−16.41	−4.68	−3.76	−6.85	−11.12
8-16	−6.7	−7.44	−11.68	−16.213	−2.14	−0.70	−3.84	−9.71
8-20	−4.88	−5.93	−10.96	−16.12	1.42	3.62	0.17	−7.35
8-24	−3.48	−4.64	−10.32	−15.92	4.19	7.12	3.21	−5.78
8-28	−2.21	−3.23	−9.57	−15.49	6.42	9.75	5.71	−4.83
9-1	−1.43	−2.76	−8.88	−15	8.79	11.82	7.54	−3.73
9-5	0.23	−1.37	−8.01	−14.39	10.88	13.4	8.92	−2.63
9-9	2.51	0.32	−7.69	−14.52	13.53	15.63	9.97	−2.09
9-13	4.62	1.63	−6.78	−14.03	15.65	16.46	10.34	−1.66

续上表

监测日期（月-日）	下行线道床测点				上行线道床测点			
	CMX15	CMX16	CMX17	CMX18	CMS15	CMS16	CMS17	CMS18
9-17	6.07	2.43	−6.06	−13.53	17.52	17.05	11.07	−0.95
9-21	7.36	3.29	−5.5	−13.06	19.72	18.37	12.17	0.15
9-25	7.67	3.36	−5.42	−13.1	19.84	18.07	11.53	−0.45
9-29	7.42	3.41	−5.11	−12.86	20.32	18.01	11.59	−0.34
10-3	6.69	3.44	−4.75	−12.43	21.16	18.56	12.26	0.47
10-7	6.78	3.61	−4.34	−12.06	21.71	18.7	12.6	0.89
10-11	7.16	3.32	−4.13	−11.89	22.66	19.3	13.23	1.31
10-15	7.08	1.97	−4.82	−11.87	22.44	19.04	13.34	1.29
10-19	7.35	1.74	−5.02	−11.65	22.39	18.72	13.81	1.57
10-22	7.6	1.8	−4.73	−11.56	22.78	18.71	14.2	2.11
累计变化量	27.46	23.24	17.41	11.41	39.6	36.73	33.89	22.27

（2）周边环境施工监测

自7月15日以来，地表竖向位移每周变化量在−0.2～0mm，A、B基坑主体竖向位移每周变化量为0.4mm，管线竖向位移每周变化量在−2.3～1.1mm，坑外水位每周变化量为−18mm。

（3）初期支护变形监测

截至12月16日，暗挖通道初期支护结构收敛累计值在−21～2mm，其中收敛最大处为右线2号导洞第16榀（本周收敛情况稳定），拱顶沉降累计值在0～8.8mm，如图4-1-4所示。

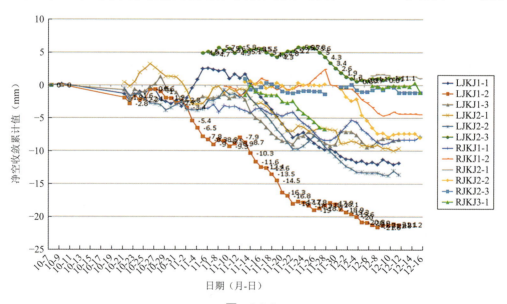

图 4-1-4

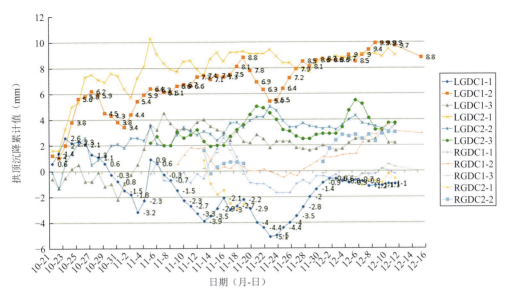

图 4-1-4 暗挖通道内初期支护变形监测曲线

（4）运营监测

运营钢轨监测结果显示，截至 10 月 19 日，上行线监测点位 CMS15～CMS18 水平偏差值在 3.6～7.2mm，其中 CMS15、CMS16 点已超过保养标准，CMS15～CMS18 纵向高低（10m 弦长）偏差值在 −1.8～5.9mm，在保养标准范围内。

下行线监测点位 CMX15～CMX18 水平偏差值在 −4.6～1.3mm，CMS15～CMS18 纵向高低（10m 弦长）偏差值在 −4.1～2.3mm，均在保养标准范围内。钢轨的水平、纵向偏差见表 4-1-5、表 4-1-6。

地铁 1 号线城门站钢轨上行线的水平、纵向偏差表　　表 4-1-5

监测点号	CMS15		CMS16		CMS17		CMS18	
对应里程（m）	20.835		20.840		20.845		20.850	
监测日期（月-日）	水平偏差（mm）	纵向偏差（mm）	水平偏差（mm）	纵向偏差（mm）	水平偏差（mm）	纵向偏差（mm）	水平偏差（mm）	纵向偏差（mm）
7-9	−3.50	−0.70	−4.70	0.50	−4.20	1.10	4.30	0.70
7-27	−1.70	−1.10	−1.70	0.80	−2.20	0.30	2.50	2.50
8-3	−0.80	−0.40	−1.40	1.20	−1.40	1.50	2.00	1.20
8-9	0.10	0.10	0.40	1.20	0.80	1.70	0.00	0.50
8-17	2.00	0.20	3.40	1.70	4.00	3.00	2.80	1.80
8-23	4.44	0.55	5.89	2.33	7.09	4.15	4.50	1.42
8-27（线路整改）	3.00		3.00		3.00		2.00	
9-1	4.64	0.89	3.57	1.33	3.35	2.79	3.80	2.55
9-7	7.30	1.30	5.10	0.50	4.90	3.90	5.00	3.70

续上表

监测点号	CMS15		CMS16		CMS17		CMS18	
对应里程（m）	20.835		20.840		20.845		20.850	
监测日期（月-日）	水平偏差（mm）	纵向偏差（mm）	水平偏差（mm）	纵向偏差（mm）	水平偏差（mm）	纵向偏差（mm）	水平偏差（mm）	纵向偏差（mm）
9-14	10.40	1.80	6.10	−0.70	5.00	3.20	5.00	2.70
9-15（线路整改）	3.80	−0.70	5.70	1.40	4.90	3.10	5.10	4.20
9-21	6.00	−0.50	6.80	1.00	5.80	3.10	5.90	4.20
9-28	7.20	0.90	7.60	0.70	6.10	2.90	6.10	3.90
10-4	7.20	1.70	7.60	0.00	6.00	2.80	6.10	4.00
10-12	7.50	2.30	7.70	−0.40	6.00	3.10	6.00	3.80
10-19	7.20	3.30	6.90	−1.80	5.60	3.60	5.90	4.60
累计变化量（mm）	18.74	4.00	14.89	−2.30	13.99	2.50	12.60	5.30
平均变化速率（mm/min）	1.34	0.29	1.06	−0.16	1.00	0.18	0.90	0.38

地铁1号线城门站钢轨下行线的水平、纵向偏差表　　　　表 4-1-6

监测点号	CMX15		CMX16		CMX17		CMX18	
对应里程（m）	20.837		20.842		20.847		20.852	
监测日期（月-日）	水平偏差（mm）	纵向偏差（mm）	水平偏差（mm）	纵向偏差（mm）	水平偏差（mm）	纵向偏差（mm）	水平偏差（mm）	纵向偏差（mm）
7-9	1.50	−1.10	1.70	0.70	1.30	−1.60	2.30	−1.30
7-27	0.30	−0.70	0.60	1.00	0.40	−1.40	1.70	−2.00
8-3	−1.10	−0.30	−0.90	1.60	−0.90	−1.40	0.70	−2.10
8-9	−2.70	0.30	−2.60	2.20	−2.40	−1.30	−0.50	−2.50
8-17	−4.00	1.10	−4.20	3.10	−3.60	−0.60	−0.90	−3.00
8-23	−5.13	0.08	−5.70	4.29	−5.24	0.51	−1.04	−3.00
8-27（线路整改）	−3.00		−3.00		−3.00		−1.00	
9-1	−4.94	0.07	−4.32	3.49	−4.02	−1.57	−1.58	−1.30
9-7	−5.10	1.20	−4.40	3.70	−3.50	−1.80	−1.40	−2.30
9-14	−6.60	2.30	−5.70	2.80	−3.00	−2.50	−1.30	−1.10
9-15（线路整改）	−5.90	5.70	−5.10	2.20	−2.00	−2.40	−0.80	−0.20
9-21	−5.80	5.10	−5.00	−0.50	−1.10	−1.70	0.00	−0.90
9-28	−4.30	−1.80	−6.00	5.10	−4.30	−2.10	−1.70	−2.40
10-4	−3.90	−3.70	−5.90	4.60	−4.40	−1.80	−1.80	−2.30
10-12	−3.90	−4.00	−5.90	3.90	−4.60	−1.40	−1.90	−2.20

续上表

监测点号	CMX15		CMX16		CMX17		CMX18	
对应里程（m）	20.837		20.842		20.847		20.852	
监测日期 （月-日）	水平偏差 （mm）	纵向偏差 （mm）	水平偏差 （mm）	纵向偏差 （mm）	水平偏差 （mm）	纵向偏差 （mm）	水平偏差 （mm）	纵向偏差 （mm）
10-19	−3.30	−4.10	−4.60	2.30	−3.70	−1.40	−1.60	−1.70
累计变化量 （mm）	−7.63	−3.00	−9.60	1.60	−8.24	0.20	−4.44	−0.40
平均变化速率 （mm/min）	−0.55	−0.21	−0.69	0.11	−0.59	0.01	−0.32	−0.03

4.1.4 应用成效

福州地铁 4 号线在穿越地铁 1 号线既有车站结构时，成功采用了冻结暗挖法进行暗挖通道施工，不仅解决既有车站运营和暗挖通道施工的安全矛盾问题，而且，该施工方法安全性高，未影响既有地铁车站运营。该施工方法取得良好的社会效益，受到福建省交通厅、省住建厅和市政府等上级单位的关注和表扬。该成果适用性强，在面对不良地质情况时，也能应用于穿越既有建筑物、沉降控制要求高的地下暗挖通道施工。

4.2 硬岩地层联络通道爆破开挖施工

4.2.1 工程概况

东门站—三角池站区间线路出东门站后沿塔头路敷设，中途下穿晋安河、东郊河，而后接入三角池站。沿线主要控制性因素包括晋安河、东郊河、隧道沿线较近建（构）筑物（山明水秀大厦等）。盾构区间左线里程范围为 ZDK29+737.244～ZDK30+714.945，总长为 972.449m（短链 5.252m）；右线里程范围为 YDK29+737.383～YDK30+714.945，总长为 977.562m。区间隧道覆土厚度为 10.86～22.6m。

盾构机由三角池站始发，在东门站接收。本区间左右线各有两段平面曲线，左线曲线半径分别为 600m 和 1200m，右线曲线半径为 900m 和 800m，线间距 11～23m；纵断面为 V 形坡，最大纵坡 21‰，最小纵坡 2‰。衬砌采用预制钢筋混凝土管片，管片内径为 5500mm；管片外径为 6200mm；管片厚度为 350mm；管片宽度为 1200mm，联络通道兼泵房处采用钢管片。

本区间设有一座联络通道兼泵房，在曲线段 YDK30+279.564（ZDK30+280.921）处，线间距为 11m，左线隧道中心高程为 −14.116m（右线隧道中心高程为 −14.121m），联络通道兼泵房所处位置地面高程左线约为 9.798m（右线约为 9.957m），联络通道兼泵房上覆土层厚度约为 22.6m；联络通道位置为全断面中风化花岗岩，采用矿山法进行施工。

4.2.2 施工难点

联络通道施工作业面狭小,大型机械无法进入,并且位于全断面硬岩地层,机械开挖方法工效较低,如何保障安全高效开挖是施工的难点。

4.2.3 施工关键技术

4.2.3.1 拆除钢管片

施工准备工作做好后,根据探孔情况,先拆除一片钢管片,观测工作面情况,确认能开挖施工后,拆除剩余钢管片。具体方法为:在拆除管片时,准备2台32t千斤顶以及5t、10t和2t手拉葫芦各一个。两台千斤顶架在被拆管片两侧,中间用一根横梁同钢管片直接相连,通过顶推横梁的方式,向外推拉钢管片。5t、10t葫芦主要用于拉拔管片,一端钩住即将被拆管片,一端套挂在对面隧道管片上,水平方向加力向外(隧道内)拉拔管片。2t葫芦悬吊在即将被拆管片上方的管片上,一端钩住即将被拆管片,以防管片拉出时突然砸落在工作平台上。

在用千斤顶及5t葫芦拉拔期间要注意观察管片外移情况,并随时注意调整2t葫芦拉紧程度和方向。当因管片锈蚀而拉出困难时,应用大锤振管片,减轻拔出应力。拆除顺序如图4-2-1所示,先拉一号,接着拉二、三、四号,待通道贯通后再拉五、六号。

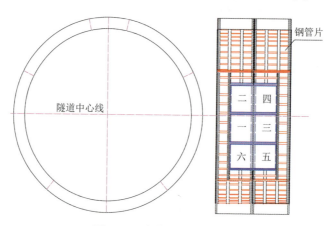

图 4-2-1 钢管片拆除顺序图

4.2.3.2 爆破施工设计

1)联络通道兼泵站附近重要建构筑物及距离

钢筋混凝土管片最近距离(指钢筋混凝土管片与潜在的爆破点或爆破影响区域之间的最小距离)为0.4m,安全距离(指在考虑爆破作业时,为保护钢筋混凝土管片而需要保持的安全间隔)为11.6m(需留保护层爆破);钢管片(板、肋结构)最近距离为0.1m,安全距离为10.8m(需留保护层爆破);DN1200铸铁给水管的垂距为21.3m;天然气管道(DN300,钢管)斜距为32.9m,具体信息见表4-2-1。

重要建（构）筑物及距离　　　　　　　　　　　　　表 4-2-1

方位	保护对象	施工现场与周围建筑物之间的距离（m）
东面	在建框架楼房	115
东面	华美整容医院	46
西面	龙洲公寓	101
南面	人防大楼	35
北面	永兴洋房	95
北面	海悦花园住宅楼（塔头路）	53
北面	真望大厦（玻璃幕墙）	107
上方	塔头路	垂距 22.6
上方	DN1200 铸铁给水管	垂距 21.3
上方	天然气管道（DN300 钢管）	斜距 32.9

2）爆破参数设计

在联络通道施工前，先在特殊衬砌环中未开口的相邻管片部位安装临时支撑，支撑设置在每环管片的中部，纵向每隔 1.2m 设置 1 榀，每侧不少于 2 榀，且依据监测结果调节支撑预加力，以控制施工过程中衬砌变形。

福州地铁 4 号线地下结构按抗震设防烈度为 7 度进行设计，按 8 度采用抗震构造措施，抗震设防类别为重点设防类（简称乙类），抗震等级为三级。依据《建筑抗震设计标准》（GB/T 50011—2010）第 3.2.2 条规定，抗震设防烈度与设计基本地震加速度的对应关系见表 4-2-2，建筑物抗震烈度与对应的地面质点振动速度关系见表 4-2-3。

抗震设防烈度与设计基本地震加速度的对应关系表　　　　　表 4-2-2

抗震设防烈度	设计基本地震加速度值	抗震设防烈度	设计基本地震加速度值
6	0.05g	8	0.20g（0.30g）
7	0.10g（0.15g）	9	0.40g

注：g 为重力加速度。

建筑物设计抗震烈度与对应的允许地面质点振动速度关系　　　　　表 4-2-3

建筑物设计抗震烈度	5	6	7
允许地面质点振动速度（cm/s）	2～3	3～5	5～8

因此隧道预制管片的安全允许振速可取 5～8cm/s。考虑到本工程联络通道爆破的特殊性，为了安全起见，应符合以下规定：

（1）钢筋混凝土普通环的爆破安全允许振动速度，设计按 $V=3$ cm/s 控制。

（2）钢管片的爆破安全允许振动速度，设计按 $V=8$ cm/s 控制。

（3）DN1200铸铁给水管、天然气管道（DN300，中压）、玻璃幕墙的爆破安全允许振动速度，按$V=2$cm/s控制。

（4）永兴洋房、在建框架楼房、龙洲公寓、华美整容医院、人防大楼、真望大厦的爆破安全允许振动速度，按$V=3$cm/s控制。

（5）爆破安全允许药量控制值。

（6）联络通道爆破开挖进尺按每循环0.5m设计，岩墙厚度按0.5m设计，炸药（乳化炸药）单耗按2.0kg/m³设计。

根据《爆破安全规程》（GB 6722—2014），爆破安全允许最大单段药量公式为：

$$Q = \left(\frac{V}{K_1 K_2}\right)^{\frac{3}{\alpha}} \cdot R^3 \quad (4\text{-}2\text{-}1)$$

式中：Q——一次起爆的最大药量；

V——控制的振动速度；

K_1——与爆破点至保护对象间的地形、地质条件有关的系数，应通过现场试验确定；

α——与爆破点至保护对象间的地形、地质条件有关的衰减指数，应通过现场试验确定；

K_2——折减系数，与装药方式、爆破类型与爆破方法有关，一般取0.25~1.0；

R——装药中心至保护目标的最近距离。

V的取值需考虑本工程爆破的特殊性和萨道夫公式在特近距离的不准确性，并结合本工程爆破安全允许速度的设计值和试验值两个关键因素。设计值是严格遵守现行规程要求的安全值（保守值）；试验值是通过试爆验证、能够确保安全、可以合理增大的实际控制值。本工程爆破介质为次坚石和普坚石，K_1值取150较合适，α值取1.7，准确值应通过试爆调整确定。本工程通过钻孔和切断，将岩体变为岩墙，岩墙两面临空，自由面条件好，爆破振动波由直接传播变为绕射传播，当炮孔药量较小且距离建（构）筑物较近（小于或等于30m）时，其衰减规律与拆除爆破振动相似，折减系数K_2可取0.25；对于距离较远（大于30m）的建（构）筑物，其运用该公式计算的药量过大，没有实际意义，具体数值应通过试爆确定。

根据要求，不同V、R取值下的Q_{max}值见表4-2-4、表4-2-5。

普通环允许值 $V=3.0$cm/s 的 Q_{max} 值 　　　　　　　　　　表4-2-4

R（m）	Q_{max}（kg）	R（m）	Q_{max}（kg）
0.4	0.001	2.5	0.181
0.8	0.006	3.0	0.313
1.2	0.020	3.2	0.380
1.6	0.047	4.0	0.742
2.0	0.093		

钢管片爆破试验值 $V=8.0$cm/s 的 Q_{max} 值 表 4-2-5

R (m)	Q_{max} (kg)	R (m)	Q_{max} (kg)
0.4	0.004	2.4	0.905
0.8	0.034	2.8	1.437
1.2	0.113	3.2	2.145
1.7	0.322	4.0	4.190
2.2	0.697		

通过对联络通道附近不同保护对象爆破安全允许振动速度计算最大单响药量，并与计算结果进行比较，取其中最小值作为该工程爆破的最大单段药量允许值。对于钢筋混凝土普通环（安全距离 1.6m），其最大炸药量 Q_{max} 为 47g；对于钢管片（安全距离 0.8m），其最大炸药量 Q_{max} 为 34g；本工程爆破设计根据被保护对象的距离远近分别取最大单段药量为 20g、40g、100g，作为爆破参数设计控制值，进行设计和试爆。根据试爆破实测数据，调整最大单段药量，确定出既可以保证盾构管片和周边重要保护对象安全，又利于保证爆破施工进度、降低施工成本的合理值。

3）爆破方案

根据该工程的特点、爆破安全要求和起爆药量控制要求，本工程选择采用预留保护层、切岩变墙以及浅孔数码微差微爆的开挖方案。具体而言，在联络通道的最终边界与爆破孔间预留一定厚度（大于 90cm）的岩体作为保护层，这层岩体在爆破过程中保持完整不被破坏，以防止爆破损坏地铁隧道盾构管片，防止保留岩体产生爆破裂隙，提高保留岩体的稳定性。保护层的岩石在爆破后采用机械开挖；对于联络通道内岩体，在爆破前通过钻孔和切割，将其分成若干个岩墙后，采用密集浅孔微量装药数码微差爆破技术，对这些岩墙进行破碎处理。

4）炮孔设计

距离钢筋混凝土普通环 1.6~2.0m 范围内的岩石孔距 $a=24$cm、排距 $b=20$cm、孔深 $L=50$cm；单孔药量为 40g（理论计算值为 38g，实际取 40g，为使能量分布更加均匀，同时降低最大单响，将总药量分成两个小药包）。

距离钢筋混凝土普通环 2.0~2.5m 范围内的岩石孔距 $a=30$cm、排距 $b=30$cm、孔深 $L=50$cm；单孔药量为 80g（理论计算值为 72g，实际取 80g，为使能量分布更加均匀，同时降低最大单响，将总药量分成两个小药包）。

距离钢筋混凝土普通环大于 2.5m 范围的岩石孔距 $a=60$cm、排距 $b=40$cm、孔深 $L=50$cm；单孔药量为 200g（理论计算值为 192g，实际取 200g，为使能量分布更加均匀，同时降低最大单响，将总药量分成两个小药包），如图 4-2-2、图 4-2-3 所示。

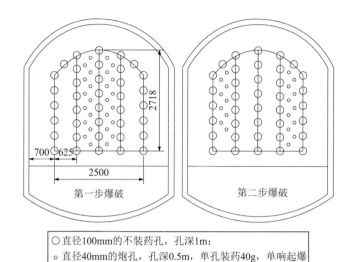

○ 直径100mm的不装药孔，孔深1m；
○ 直径40mm的炮孔，孔深0.5m，单孔装药40g，单响起爆

图 4-2-2　开口段炮孔布置图（尺寸单位：mm）

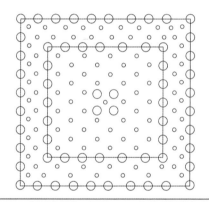

○ 直径100mm的不装药孔，孔深1.0m，为爆破提供自由面和减振作用；
○ 直径40mm的炮孔，孔深0.5m，单孔装药40g，单响起爆

图 4-2-3　泵房段炮孔布置图

注：图中直径40mm炮孔排距为150mm，孔距为200mm，与100mm空孔的距离为150mm。

根据钢筋混凝土普通环和钢管片等保护对象距离的不同、爆破安全允许振动速度及最大单段起爆药量要求，采用毫秒微差单孔单响（或一孔两响）电子雷管起爆网路，并根据削减爆破峰值、降低爆破振动影响以及安全准爆的要求合理安排炮孔起爆的顺序和起爆时差。孔间时差一般取 14～21ms，电子雷管起爆网如图 4-2-4 所示。

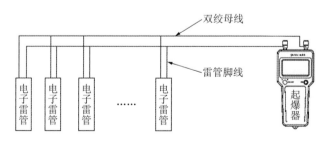

图 4-2-4　电子雷管起爆网

4.2.3.3 施工期间地表沉降实测分析

联络通道上方监测点的地表沉降曲线如图 4-2-5 所示，由于地层岩石强度较高，同时在爆破过程中使用的炸药量也较为合理，因此最大地表沉降量未超过 3mm。

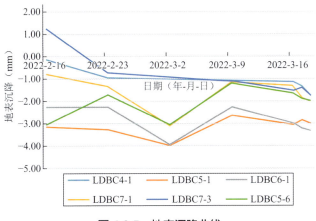

图 4-2-5 地表沉降曲线

4.2.4 应用成效

硬岩地层联络通道的施工虽然安全性较高，但工效却会随着岩石强度的增大而降低。目前，硬岩地层联络通道的施工尚未形成一套系统且高效的开挖方案，考虑到管片可能受到的扰动，常规的爆破法施工难以在地铁成型隧道中应用，因此，本工程采用了特定的控制技术，确保了爆破过程中开口近区的管片无损坏，爆破效果良好，其施工工效相较于常规开挖方式显著提升。以东三区间硬岩地层联络通道为例，采用硬岩爆破技术相较于三竹区间钻孔开挖，节约工期约 2 个月，且地面建筑及管线均保持正常状态。具体控制措施如下：

（1）预留保护层，增大爆破开挖的安全距离，为降低爆破振动、保护隧道盾构管片和保持周边岩土的稳定创造了安全条件。

（2）将岩体变为岩墙，增加了爆破的临空面。通过打孔和切割，将岩体分割成若干个岩墙。

（3）采用浅孔微分爆破技术，该技术实现爆破能量从集中释放向微量分散释放的转变。遵循等能微分原理，在岩墙上用手风钻钻凿密集小孔，将一次爆破的药量小而均匀地布置在岩体内，通过大量微小药包共同作用，实现对岩石的有效破碎。

（4）采用缓冲爆破技术，通过采用低威力、低爆速炸药，或采用小直径不耦合装药方式，降低爆炸瞬间产生过大的冲击；减小爆炸冲击，降低爆破振动。

（5）采用数码微差起爆技术，能够减小爆破振动。起爆网路采用数码雷管，实现对每个微小药包起爆时间的精准控制，避免振动叠加，降低振动峰值。

4.3 车站出入口冻结法施工

4.3.1 工程概况

东门站 2 号出入口采用顶管施工，其顶管段为矩形断面，截面尺寸为 7m×5m，斜跨东水路接入水利厅地块，顶管底高程为 −3.43m；现在 2 号出入口顶管通道内新增应急管理通道，用于连通省交通厅的地下室，通道长 8~10m，净宽约 2.5m，高差约 4m，如图 4-3-1 所示。

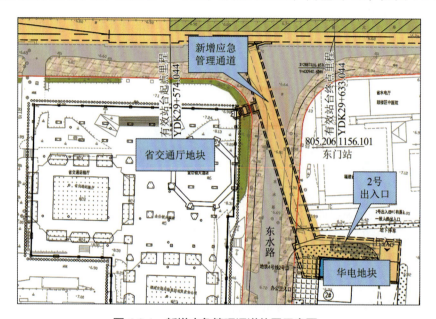

图 4-3-1　新增应急管理通道位置示意图

由于应急管理通道上部管线众多，地面无施工空间，故先从 2 号出入口内部开始，向交通厅全断面实施深孔注浆以改良地层，然后分别从 2 号出入口和交通厅地下室内部进行冻结孔施工，对应急管理通道四周地层进行冻结处理，最后在冻结壁的保护下进行暗挖施工与主体结构施工。

4.3.2 施工难点

（1）冻结站设置在 2 号出入口地面一侧，需占用 20m（长）×6m（宽）和 10m（长）×6m（宽）两个区域，施工工期紧，且施工期间需占用车站安装场地。

（2）冻结方案需在交通厅地下室侧墙进行打孔，冻胀会影响地下室侧壁，存在开裂、渗漏风险。

（3）上方管线存在温泉管、电力管、电信管，冻结壁顶部距离温泉管约 1.1m，距离电力管约 1.2m，距离电信管约 2.1m，管线保护是施工的难点。

（4）在冻结过程中冻胀对车站主体结构可能会造成影响，不同土层交界处的冻结管易断裂；如盐水漏失将影响冻结效果；如遇到临时停电，将危及冻结安全是施工的难点。

（5）融沉注浆时如何避免地表沉降是施工的难点。

4.3.3 施工关键技术

4.3.3.1 地层注浆设计

为降低地层冻胀和融沉量，确保从2号出入口侧从下向上开挖施工安全，对应急管理通道开挖区域和冻结加固区域进行地层改良注浆，注浆范围大于冻结加固区域。鉴于地下室不宜进行过多钻孔施工，从2号出入口侧进行地层改良注浆钻孔施工。注浆管布置剖面图如图4-3-2所示。

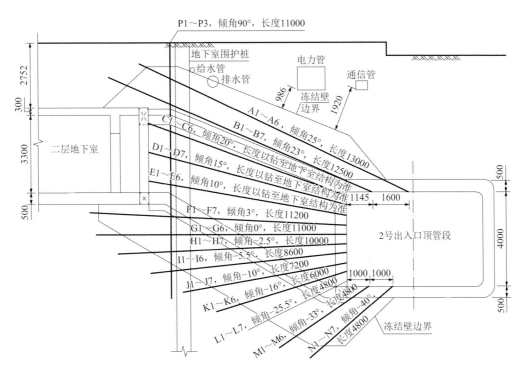

图 4-3-2　注浆管布置剖面图（尺寸单位：mm）

地层改良注浆设计参数如下。

（1）注浆采用$\phi 50mm \times 3mm$注浆管分段后退式的注浆工艺，隔孔交替注浆，严禁同时进行多孔注浆，注浆应一次到位。注浆施工必须坚持先试后做的原则，以便调整选择最佳注浆参数；且试验过程中密切关注地面、周边管廊、管路及周边建（构）筑物监测情况，如有异常，立即停止注浆，调整注浆方案。

（2）浆液采用水泥浆液；浆液扩散半径为0.9m；孔口注浆压力为初压0.2～0.6MPa，稳压为0.6～1.0MPa；浆液材料采用42.5R级普通硅酸盐水泥，水灰比为1∶0.6～1∶1，各参数最终以现场试验确定。注浆结束标准为随着注浆过程的进行，注浆压力逐渐上升，直至达到设计终压，并在此压力下继续注浆30min左右。

（3）加固体指标：无侧限抗压强度不小于0.5MPa。

（4）加固范围：冻结壁及开挖断面范围内土体。

（5）注浆期间应密切关注地表、周边管廊、管路及周边建（构）筑物监测情况，地面隆起达到3mm/d或累计达到报警值时应暂停注浆，调整注浆方案。

（6）若部分水平注浆孔钻进至围护桩时遭遇进尺困难，可不穿透围护桩；地面注浆孔应结合水平注浆孔的成孔情况及现场钻孔验证的地层情况来确定是否增加数量。

4.3.3.2 冻结帷幕

（1）应急管理通道冻结壁厚度应符合相关规定，即顶部、两侧及底部的冻结壁厚度均为1.8m，冻土平均温度不大于$-10℃$，冻结壁与结构墙交界面处温度不大于$-5℃$。

（2）当进行积极冻结时，在冻结区附近200m范围内不宜采取降水措施。在积极冻结前对冻结区附近200m范围内区域进行排查，如有降水施工，应上报监理、业主单位并进行协调，及时采取相应措施。在冻结区域内的土层中不得存在集中水流；且由于埋深较浅，冻结壁上方应搭设雨棚，防止阳光直射，并要时刻注意不应有积水，做好防汛、防晒措施。

（3）在冻结帷幕附近的主体结构内侧敷设保温层，敷设范围至设计冻结壁边界1m处。保温层采用阻燃（或难燃）的软质塑料泡沫保温材料，厚度为40mm。导热系数不大于$0.04W/(m·K)$；塑料软板与主体结构之间用万能胶黏贴密实。

（4）应急管理通道的设计积极冻结时间为42d，并可根据实际冻结效果调整冻结时间。冻结孔单孔流量不应小于$5m^3/h$，积极冻结7d后盐水温度应降至$-18℃$以下，积极冻结15d后盐水温度应降至$-24℃$以下，去、回路盐水温差不应大于$2℃$，开挖时盐水温度应降至$-28℃$以下。如盐水温度和盐水流量达不到设计要求，应延长积极冻结时间。每米冻结管的设计散热量不应小于300kcal/h。

（5）当施工中地层及环境条件与原设计依据资料有重大变化时，应及时修改冻结帷幕设计。

4.3.3.3 冻结孔

应急管理通道共设53个冻结孔（地下室侧布置22个冻结孔，2号出入口侧布置31个冻结孔），具体要求如下。

（1）冻结孔开孔位置误差不大于100mm。

（2）冻结孔最大允许偏斜150mm（冻结孔成孔轨迹与设计轨迹之间的距离），当冻结孔小于10m时，其最大允许偏斜不大于150mm；当冻结孔大于10m时，其最大允许偏斜不大于

200mm。

（3）冻结孔有效深度不小于冻结孔设计深度。

冻结管采用由 20 号（Q235B）钢材制成的 ϕ89mm×8mm 低碳无缝钢管，透孔采用 ϕ108mm×8mm 的低碳无缝钢管。冻结管耐压不低于 0.8MPa，并且不低于冻结工作面盐水压力的 1.5 倍。

（4）冻结管采用丝扣连接后再进行焊接，接头抗压强度不低于母管的 75%。

（5）施工冻结孔时的土体流失量不得大于冻结孔体积，否则应及时进行注浆来控制地层沉降。

（6）打孔之前应复核开孔位置。若两侧中心相对位置误差大于 100mm，则应按保证冻结壁设计厚度的原则对冻结孔布置进行调整。

4.3.3.4 测温孔及泄压孔

应急管理通道设 11 个测温孔，其中地下室侧布置 5 个，2 号出入口侧布置 6 个。地下室侧和 2 号出入口侧各布置 2 个泄压孔，共布置 4 个泄压孔。

4.3.3.5 冻结主要设计参数

冻结主要设计参数见表 4-3-1。

冻结主要设计参数表　　　　　　表 4-3-1

序号	参数名称	单位	数值	备注
1	冻土墙设计厚度	m	1.8	
2	冻土墙平均温度	℃	≤−10	
3	冻土帷幕交圈时间	d	23～28	
4	积极冻结时间	d	42	可根据实际冻结效果调整
5	冻结孔个数	个	53	
6	冻结孔成孔控制间距	m	通道两侧墙部位 1.100，顶、底板部位 1.000	
7	冻结孔允许偏斜	mm	冻结孔小于 10m 时，150；冻结孔大于 10m 时，200	
8	设计最低盐水温度	℃	−30～−28	冻结 7d 盐水温度达到 −18℃以下
9	单孔盐水流量	m³/h	5～8	
10	冻结管规格	mm	ϕ89×8	低碳钢无缝钢管，丝扣连接
11	测温孔	个	11	低碳钢无缝钢管，丝扣连接
12	泄压孔个数	个	4	兼作冻胀孔
13	冻结管总长度	m	487.286	
14	测温管总长度	m	56.8	管材同冻结管，ϕ45mm×3mm

续上表

序号	参数名称	单位	数值	备注
15	泄压管总长度	m	10	材质同冻结管，$\phi 89mm \times 8mm$
16	冻结总需冷量	$\times 10^4$kcal/h	5.2	工况条件
17	JYSLGF300型冻结机	台	2	1台备用
18	施工工期	d	136	注浆、打钻、冻结、掘砌

4.3.3.6 制冷系统设计

根据施工现场条件，冻结站设在2号出入口内偏向车站方向，从2号出入口一侧钻透孔，以便向地下室一侧循环输送低温盐水，用于地下室一侧冻结。清水系统安装在2号出入口地面一侧。

1）冻结机的选择

冻结需冷量计算公式为：

$$Q = 1.3 \cdot \pi \cdot d \cdot H \cdot K \tag{4-3-1}$$

式中：H——冻结总长度；

d——冻结管直径；

K——冻结管散热系数。

经计算，应急管理通道需冷量$Q_1 = 5.188 \times 10^4$kcal/h。

根据计算，选用JYSLGF300型螺杆机组1台即可满足冻结需冷量要求，为确保施工过程的连续性，配备2台JYSLGF300型螺杆机组，其中1台备用。

2）冻结系统辅助设备

（1）2台盐水泵IS150-400A型，流量为240m³/h，电机功率为30kW，1用1备。

（2）2台冷却水循环选用IS150-315A型清水泵，流量为160m³/h，电机功率为15kW，1用1备。

（3）1台冷却塔选用DLT-100型。

（4）冻结管尺寸选用$\phi 89mm \times 8mm$，采用丝扣连接。

（5）测温管、泄压管尺寸选用$\phi 89mm \times 8mm$的20号低碳无缝钢管。

（6）供液管选用$\phi 45mm \times 3mm$的20号低碳无缝钢管。

（7）盐水干管和集配液管选用$\phi 165mm \times 5.5mm$的有缝钢管。

3）其他

（1）应急管理通道用电负荷：用电负荷约250kW/h。

（2）冻结机油选用N46号。

（3）冷剂选用氟立昂R-22，冷媒剂选用氯化钙。

4.3.3.7 注浆施工

注浆施工主要工序如下:

(1)施工平台架设:根据注浆孔的分布和施工所需空间,用架子管搭设施工平台,用于近水平钻孔和注浆施工。架体根据注浆孔分布,分层架设。

(2)布孔:根据注浆孔设计图,在2号出入口的应急通道施工区域,画出注浆孔的孔位,并标上孔号。

(3)钻机安装找正:根据设计注浆孔的水平角和仰俯角,调整钻机的钻进方向,并对钻机进行加固。

(4)开孔、安装密封装置:在钻杆上安装ϕ60mm取芯钻头,用于管片取芯,深度达20cm,然后安装短节、阀门和孔口密封装置。

(5)钻孔:在钻杆上安装ϕ42mm的不取芯钻头,用于穿透管片,接着向地层内部钻进至设计深度。

(6)配浆:采用42.5R级普通硅酸盐水泥,水灰比为1:0.6～1:1,各参数最终以现场试验确定。

(7)注浆:

① 注浆压力:初压为0.2～0.6MPa;稳压为0.6～1.0MPa,以现场试验确定。

② 浆液扩散半径R暂为0.9m,以现场试验确定。

③ 注浆结束标准:随着注浆过程的持续进行,注浆压力逐渐上升,直至达到设计终压,并在此压力下继续注浆30min左右。

④ 预留管拆除:待孔口位置浆液凝固后,拆除预留管,用双快水泥把孔口封堵密实。

4.3.3.8 冻结孔施工

1)施工工艺

冻结施工工艺流程如图4-3-3所示。

(1)定位开孔及孔口管安装。根据设计坐标,在2号出入口及地下室内用全站仪定好各孔位置。根据孔位在主体结构上定位开孔,步骤为:使用配备金刚石钻头的开孔器,按设计角度开孔,开孔直径为130mm,当钻进深度达到280mm时停止取芯钻进,随后安装孔口管,孔口管的安装方法为:首先将孔口处凿平,安好四个膨胀螺丝,然后在孔口管的鱼鳞扣处缠上麻丝或棉丝等密封物,将孔口管砸进去,并用膨胀螺丝上紧,完成紧固后,再去掉螺母,装上DN125闸阀,再将闸阀打开,用开孔器从闸阀内进行二次开孔,开孔直径为108mm,直至穿透整个地下连

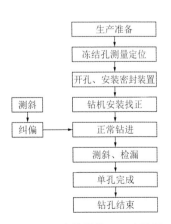

图4-3-3 冻结孔施工工序流程

续墙结构。在开孔过程中，一旦出现涌砂就及时关闭闸门。

（2）孔口装置安装：用螺丝将孔口装置固定在闸阀上，注意加装密封垫片。防喷装置安装、孔口装置安装分别如图4-3-4、图4-3-5所示。

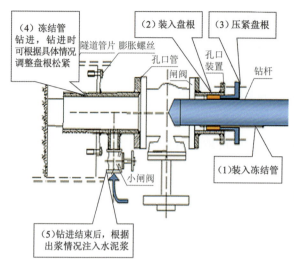 

图 4-3-4　防喷装置安装示意图　　　　　图 4-3-5　孔口装置安装

（3）钻孔：按设计要求调整好钻机位置，并固定好，将钻头装入孔口装置内，在孔口装置上连接阀门，并将盘根轻压在盘根盒内，首先采用干式钻进，当钻进困难、不进尺时，从钻机上进行注水，然后继续钻进作业，同时打开小阀门，观察出水、出砂情况，利用阀门的开启度控制出浆量，保证地表安全，不出现沉降。钻机选用 MD-120 型锚杆钻机，钻机扭矩为 2700N·m，推力为 26kN。

（4）封闭孔底部：用丝堵封闭好孔底部，具体操作时，利用接长杆将丝堵放至孔的底部，利用反扣的方式，在卸扣的同时将丝堵上紧。

（5）打压试验：封闭好孔口后，用手压泵打向孔内注水，直至压力达到 0.8MPa（并且不低于冻结工作面盐水压力的 2 倍）时，停止打压，并关好阀门，观测压力的变化，试验合格的标准为：在最初的 30min 内，孔内压力下降不超过 0.05MPa，并且在接下来的 15min 内，压力保持稳定，不再发生显著变化。

2）钻孔偏斜

（1）正常冻结孔开孔位置误差不大于 50mm。

（2）冻结孔最大允许偏差为 150mm（冻结孔成孔轨迹与设计轨迹之间的距离）。

3）冻结孔钻进与冻结管设置

（1）考虑通道所在地层富含水淤泥质土，冻结管钻进采用跟管法钻进技术，既减少了地层流出物的数量，也有利于控制地表沉降。

（2）在钻孔前，根据冻结孔孔位和各冻结孔在不同地层中的深度，采用多种长度的冻结管组合，确保各冻结管的接头不在地层交界面附近。

（3）利用冻结管作钻杆，冻结管采用丝扣连接，并辅以焊接，确保其同心度和焊接强度，冻结管到达设计深度后密封头部。

（4）钻进过程中严格监测冻结孔偏斜情况，发现偏斜要及时纠偏。布设完成冻结管后，进行冻结管长度的复测，然后再用经纬仪进行测斜并绘制钻孔偏斜图，经相关单位确认无误后方可开机冻结。

（5）冻结管安装完毕后，用堵漏材料来密封冻结管与主体结构之间的间隙。

（6）在冻结管内安装供液管，焊接冻结管的端盖和去、回路羊角。

（7）施工冻结孔时，土体流失量不得大于冻结孔体积，否则应及时进行注浆控制地层沉降。

4.3.3.9 施工总体布置

1）冻结站布置与设备安装

在 2 号出入口偏向车站方向建一座冻结站，冻结站占地面积约 175m²，站内设备主要包括冻结机、盐水箱、盐水泵、清水泵和冷却塔。其中清水箱和冷却塔安装在地面 2 号出入口一侧。设备安装根据设备使用说明书的要求进行。冻结站现场布置如图 4-3-6 所示。

为确保盐水管路的施工质量，选用技术过硬的焊工进行关键工序的焊接施工，同时设置焊接监督员，焊工在焊接作业时要求有另外一名焊工在一旁监督，防止焊接瑕疵。

2）安装完成后冻结机组试运行流程

冻结站全部安装完成后，对清水循环系统和盐水循环系统进行试运行。

图 4-3-6 冻结站现场布置

首先把清水箱和盐水箱加满清水，然后开启清水泵，待清水管路循环正常后，缓慢加压到设计值，期间需安排专门人员负责巡视清水管路、设备及各连接法兰的软连接，如有异常立即停泵。清水系统稳定运行约 0.5h 后，开启盐水泵，待盐水系统全部充液后，调节管路压力计流量到设计值，运行稳定后试开冻结机，冻结机开机正常则表明冻结站满足开机要求，可以化盐开机冻结。

3）溶解氯化钙和机组充氟加油

盐水（氯化钙溶液）相对密度在 1.25~1.27 之间，将系统管道内充满清水，同时盐水箱也填充一半清水，在盐水箱内（加过滤装置）溶解氯化钙，开启盐水泵后，边循环边溶解氯化钙，直至盐水浓度达到设计要求。

机组充氟和冻结机加油按照设备使用说明书的要求进行。首先进行制冷系统的检漏和氮气冲洗，在确保系统无渗漏后，再抽真空，并充氟加油。

4）积极冻结

盐水降温按涉及降温曲线进行，严禁直接把盐水降到低温进行循环。设计积极冻结时间暂定为42d。要求冻结孔单孔流量为5~8m³/h；积极冻结7d后盐水温度降至−18℃以下；积极冻结15d后盐水温度降至−24℃以下，去、回路盐水温差不大于2℃；开挖时盐水温度降至−28℃。如盐水温度和盐水流量达不到设计要求，应延长积极冻结时间。设计盐水降温曲线如图4-3-7所示。

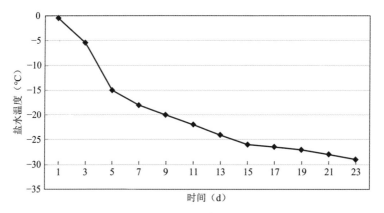

图4-3-7 设计盐水降温曲线

积极冻结时，冻结区附近200m范围内的区域不得采取降水措施，冻结区内土层中不得存在集中水流，以防影响冻结效果。

在积极冻结过程中，要根据实测温度数据判断冻土帷幕能否交圈和达到设计厚度，通过测温判断冻土帷幕交圈并达到设计厚度后打探孔，以及冻土帷幕内土层基本无压力后，再进行正式开挖施工。

5）管路连接、保温与测试仪表

在盐水管路和冷却水循环管路上设置伸缩接头、阀门和测温仪、压力表、流量计等测试元件。盐水管路经试漏、清洗后用橡塑材料保温，保温厚度为40mm，保温层的外面用塑料薄膜包扎。集配液管与冻结管采用高压胶管进行连接，每组冻结管的进出口各一个装阀门，以便控制流量。冻结管盐水循环允许串联，但累计串联深度不超过50m，分别接入集配液管。

考虑两侧结构墙的散热对冻结效果的影响，在冻结壁附近的主体结构内侧敷设保温层，敷设范围至设计冻结壁边界外1m处。保温层采用橡塑保温材料，导热系数不大于0.04W/(m·k)。保温板采用专用胶水密贴在二次衬砌结构，确保上不留空隙，板材之间搭接宽度不小于150mm。

6）维护冻结

从开挖到结构层施工完成之前，盐水温度要保持不高于−25℃，去回路温差不大于2℃。维护冻结过程中，要加强冻结施工监测，确保冻结系统运转正常，及时分析冻土帷幕的温度变化。

7）冻结施工监测

（1）冻结系统监测

监测内容包括：冻结器去回路盐水温度、冷却循环水进出水温度、冻结机吸排气温度、盐水泵工作压力、冻结机吸排气压力、制冷系统冷凝压力、制冷系统汽化压力。

（2）冻结壁监测

监测内容包括：冻结帷幕内外侧测温孔温度、冻结帷幕断面内泄压孔内温度变化、开挖后冻结帷幕温度、冻胀压力监测、冻土的发展速度及冻结帷幕的平均温度、冻土向内、外扩展范围。

（3）冻结孔监测

冻结孔偏斜的监测使用水准仪、经纬仪进行。冻结器密封性能的监测采用管内注水，手动试压泵加压的方法试漏，试漏程序及指标符合冻结管设计要求，每孔监测一次。

（4）温度监测

① 测温孔布设：为了及时掌握冻结帷幕的发展状况，在应急管理通道冻结帷幕的内部和周围布置 11 个测温孔，用于测量冻结温度场。在每个测温孔内，按照每间隔 1~2m 布置 1 个测点。冻结孔孔位根据实际测斜情况，在现场施工时可进行适当调整。测温传感器采用 2mm×0.5mm 的铜-康铜（铜镍合金）双绞线，型号为 CWR-2 型。

② 其他温度测点布设：盐水系统使用电脑测温仪进行测量。在去、回路盐水干管上安装热电偶传感器测量去、回路盐水的温度。在关键冻结管的头部焊接测温插座，安装热电偶温度传感器来测量盐水回路温度。冻结系统总流量在开冻时测量，其他温度与流量监测为 1 次/d。

（5）测试系统

制冷系统和冷却水循环以及冻结帷幕温度采用点温仪，并结合精密水银温度计进行监测，监测频率为 1 次/d。

冻结孔和冻结孔头部温度监测使用电脑自动监测系统。硬件由计算机、调制解调器、光电隔离器、数据采集器、传感器及打印机等组成。

（6）压力监测

压力监测内容为冻土帷幕内冻胀压力和冻结帷幕断面内泄压孔压力的变化，在泄压孔一侧安装压力表，从开机冻结起进行监测，至开挖之前停止，每天测 1 次；在冻胀上涨期间，每天测 2 次。积极冻结时，如果孔内水压增加到地层水土压力的 1.5 倍时，打开孔口阀门进行泄压。

制冷系统和盐水系统的工作压力分别采用制冷专用压力表和通用压力表测量，监测频率为 1 次/d。

（7）说明

对于冻结系统及冻结壁的温度等指数的监测，从冻结运转开始，直至冻结停冻。对于测温孔的温度监测，确保冻结开机后每天监测一次。

8）冻胀、融沉控制措施

为减小地层冻胀和融沉，根据研究有关资料和工程经验，结合本工程的施工条件，提出以下冻胀和融沉防治措施：

（1）在冻结钻孔施工前，对地层进行水平深孔注浆来改良地层，减小地层的含水量，可有效控制在冻结过程中的冻胀量。

（2）在冻结帷幕上方设置8孔热盐水循环孔，控制上面冻土过度扩展。

（3）在管线下方设置取土孔，根据管线和地表隆起量，及时取土泄压，防止冻胀对管线造成破坏。

（4）在冻土帷幕内部的未冻土区均设4个泄压孔，通过泄压来消散作用在结构的冻结附加力。泄压孔采用$\phi 89mm \times 8mm$的无缝钢管作滤水管，滤管不包纱网，在冻胀引起地层压缩时，从泄压孔排除部分土体。积极冻结时，如果孔内水压增加到地层水土压力的1.5倍时，打开孔口阀门泄压。

（5）在维护冻结期间，通过适当提高盐水温度和控制盐水流量的方法来减少冻胀。

（6）通过监测冻结过程中主体结构的变形，预计冻结施工对地面管线和结构的最终影响，为调整、确定冻结施工参数提供可靠依据。通过调整盐水流量和盐水温度，确保冻土帷幕厚度保持在设计值附近。

（7）冻土帷幕解冻时存在少量收缩，从而使地层产生融沉。为了消除地层融沉对出入口产生的不良影响，在结构衬砌上预留注浆管注浆，在冻土帷幕化冻过程中进行注浆以补偿冻土帷幕融沉。

（8）停止冻结后，根据监测数据采取不沉不注浆，下沉马上进行针对性注浆的策略，以控制融沉。

4.3.3.10　开挖和构筑

通过对测温孔和泄压孔实测数据进行分析，判定冻结帷幕达到设计的强度和厚度后，进行开挖条件验收，验收合格后正式开挖，开挖条件验收标准见表4-3-2。

开挖条件验收标准　　　　　　　　　　　表4-3-2

序号	检测项目		设计要求和标准	试验、检验方法
1	冻结设备	冻结机	备用冻结机1台	现场检查备用设备是否接入系统，试运转正常
		盐水泵	备用水泵1台	
		冷却水泵	备用水泵1台	
		供电保证	双回路供电系统正常	
2	冻结运转	系统运行	在1个月内未发生停机24h以上的故障	检查冻结运转记录
		盐水管路	未发现冻结管盐水漏失	检查冻结运转记录

续上表

序号	检测项目			设计要求和标准	试验、检验方法
2	冻结运转	盐水相对密度		盐水相对密度为1.26～1.27之间	检查冻结运转记录
		盐水干管去回路温差		开挖前一周内盐水干管去回路温差不大于2℃	检查监测报表
		最低盐水温度		保持在-28℃以下	检查监测报表
		积极冻结时间		累计达到设计要求	检查冻结运转记录
3	交圈判定	交圈判定		根据测温资料判定	
		泄压孔		打开泄压孔，无泥水流出	现场观察连续12h
		水平探孔		破除地下连续墙前一天在防护门内未冻区施打探孔，孔内未冻土稳定	孔内12h无泥水流出
4	冻土帷幕厚度和平均温度			不小于设计值	按现有测温孔测温结果分析计算，可疑薄弱面打探孔测温
5	应急预案	防护门	防护门安装	防护门按设计安装完毕	在不停空压机时试验气压应能保持0.131MPa，防护门耐压设计值为0.17MPa，打压试验值不得超过0.17MPa
		应急设备	空压机		试运转正常
			潜水泵		现场检查，状态完好
			其他设备	千斤顶，电锯，电焊机冲击钻等	现场检查，状态完好
		应急材料	水泥	现场准备袋装水泥	堆放于通道口两侧
			黄沙	现场准备袋装黄沙	堆放于通道口两侧
			黏土	现场准备袋装黏土	堆放于通道口两侧
			水玻璃	现场准备水玻璃	检查现场库房
			木材	松木板材和200mm×200mm方木	检查现场库房
			其他材料	聚氨酯	
6	测量放样			定出开挖控制基准线，基准点误差应小于5mm	通过监理复核
7	开挖指令			通过专家会议评估，最后由业主、监理和施工会签同意	通过上级审批

4.3.3.11 融沉注浆施工

应急管理通道采用"水平冻结加固土体＋暗挖法构筑"的施工方案，在通道结构施工完成后，冻土靠自然解冻恢复到自然状态，在自然解冻的过程中，为了控制土层冻融引起的地层变形，需要在冻结加固区融冻过程中进行跟踪注浆。

通道内融沉注浆主要包括自然解冻、充填及融沉注浆、注浆孔封堵等施工工序。

充填注浆主要填充初期支护层和冻土帷幕之间的空隙，以及拱顶部的支护层与结构层之间空隙。待停止冻结并完成冻结孔封孔工序后，应进行衬砌后充填注浆和地层融沉补偿注浆；衬砌后充填注浆应在停止冻结后3～5d内进行。

充填注浆结束后根据地层监测情况进行冻结壁融沉补偿注浆。融沉补偿注浆应遵循"少量、多点、多次、均匀"的原则。融沉注浆的结束是以地表沉降变形稳定为依据。

融沉注浆采用单液浆为主，双液注浆为辅。地层沉降大于 0.5mm/d 或累计地层沉降大于 3mm 时，应进行融沉补偿注浆；地层隆起达到 3mm 时应暂停注浆。

冻结壁已全部融化，且实测地表沉降速率连续 2 次小于 0.5mm/15d 时，可停止融沉补偿注浆。

4.3.4 应用成效

采用冻结法施工具有不占用地面空间、无须对地下管线进行迁改、无须对地面绿化进行移植和恢复、施工安全性高等优点。东门站应急通道冻结法施工实践证明，冻结法所形成的冻土帷幕封水效果良好、安全可靠，尤其适用于一些不具备成洞条件的流沙地层等特殊地段的加固施工。东门站应急通道的施工经验进一步推动了冻结法在地铁工程中的应用。

Chapter 5

第 5 章

顶管法施工关键技术

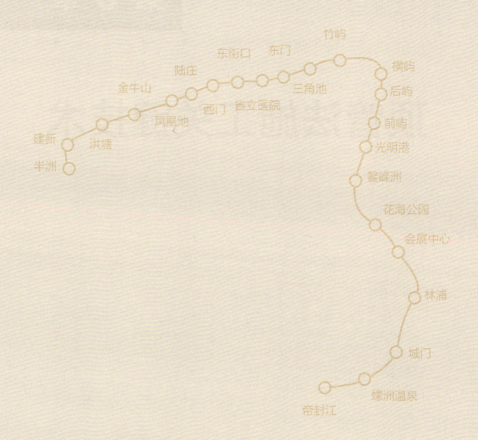

连线成环 | 福州地铁4号线建设技术创新与实践

5.1 车站出入口矩形顶管施工

5.1.1 工程概况

东门站 2 号出入口顶管段斜跨东水路，始发井位于东水路东侧的已拆迁城投地块中；顶管段东侧为省水利厅；顶管段西侧邻近省交通厅，并在该侧设置出入口连接省交通厅，如图 5-1-1 所示。由于车站主体已施工完成，目前正处于土方回填阶段，顶管接收端未预留顶管机吊出的场地，故本次顶管采用弃壳法施工。

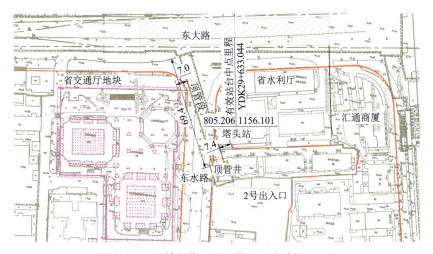

图 5-1-1　顶管段施工平面图（尺寸单位：m）

1）顶管隧道概况

东门站 2 号出入口顶管通道长度为 70.1m，最小覆土深度 4.98m，纵坡为 0.02%（上坡），此出入口顶管底部处于淤泥地层中。为避免顶管机下沉和后期运营管节下沉，减摩注浆要足量、及时，在顶管施工完成后需对隧底 3m 范围内的软弱地层进行二次置换注水泥浆，通过管节预留的减摩注浆孔进行注浆加固。

2）工作井概况

始发井位于东水路东侧已拆迁城投地块中，顶管段东侧为省水利厅，顶管段西侧为省交通厅，并在该侧设置出入口接入省交通厅。工作井基坑呈不规则形状，长 9.5~10.5m，宽 10.5~11.4m，工作井净空 7.03m，顶管吊装孔尺寸为 8.2m×9.2m，如图 5-1-2 所示。采用明挖法施工，结构形式为复合结构，基坑选用"ϕ800mm@1000mm 钻孔灌注桩 + 外设 ϕ850mm@600mm 三轴搅拌桩止水（搅拌桩深度同围护桩）+ 内支撑"结构形式。内支撑体系主要采用"1 道混凝土支撑（700mm×800mm）+ 2 道钢支撑（ϕ800mm，t=16mm）+ 1 道钢换撑（ϕ800mm，t=16mm）的内支撑"的结构形式。为满足顶管施工条件，始发井底板以下 3m 采用 ϕ850mm@600mm 三轴搅拌桩进行加固。

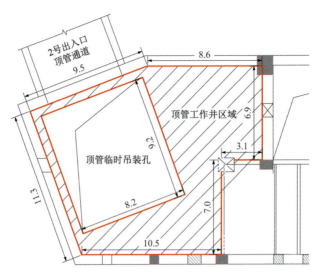

图 5-1-2　东门站 2 号出入口顶管工作井平面图（尺寸单位：m）

5.1.2　施工难点

（1）路面沉降控制

矩形顶管施工由于其截面大，顶进过程中对地下土体的扰动较大，对路面及周边建（构）筑物的沉降控制是施工过程中的难点之一。

（2）顶管机的出洞和进洞

矩形截面顶管进出洞是矩形顶管法施工地下通道的关键工序，该工序施工技术的应用直接影响到建成后地下通道的轴线质量、附近道路、构建筑物安全以及工程施工的成败。

（3）周边管线保护

矩形顶管施工对周边公用管线的保护是矩形顶管施工成败的关键之一。由于矩形顶管施工截面较大，壳体和管节之间不可避免地存在着一定的理论间隙。因此，施工期间对管线和建（构）筑物的保护显得尤为重要。

（4）顶管弃壳接收

顶管弃壳接收时顶管机机头需停留在洞口进行顶管内部机械结构拆卸，停留时间较长，将增加顶管机沉降风险；且顶管机内部机械拆卸完成后还需进行内衬结构施工，其顶板处浇筑混凝土难度大。

5.1.3　施工关键技术

5.1.3.1　施工工艺流程

矩形顶管施工工艺流程如图 5-1-3 所示。

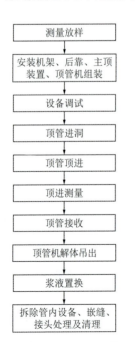

图 5-1-3　矩形顶管施工工艺流程图

5.1.3.2 施工方法

1）井下准备工作

由于洞口与管节间存在 10cm 的建筑空隙，在顶管始发及正常顶进过程中极易发生外部土体及触变泥浆涌入始发井内的严重安全事故。为防止此类事故发生，施工前须在洞口上安装预埋钢板止水装置，如图 5-1-4 所示。止水装置主要由"1 道密封压板＋1 道翻板＋1 道帘布橡胶板"组成，压板的螺栓孔采用长圆孔形式，以利于顶进过程中可随管节位置的变动而随时调节，保证帘布橡胶板的密封性能。

图 5-1-4 洞门止水装置

2）施工测量

（1）施工测量流程

施工测量流程如图 5-1-5 所示。

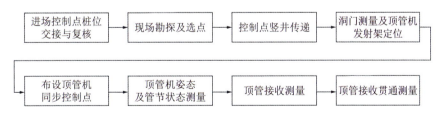

图 5-1-5 施工测量流程图

（2）顶管机和管节的跟踪测量

为实现在顶管机进洞前对机头进行跟踪测量，在顶管机背面仪表盘处及后靠背上均安装激光全站仪，随着机头的顶进，实时进行跟踪测量；根据测量结果，对顶管机的左右上下位移进行随偏随纠。测量时每天做好测量原始记录，并观察已顶进完成的管节沉降情况。

3）基座及顶进后靠、机架的安装

始发井结构施工时，先在井底板预埋 30cm×30cm 钢板，基座下井后与预埋钢板实施焊接，由此确保基座在顶进过程中能承受各种负载而不产生位移、变形及沉降。洞门段的延伸轨道在工作井轨道铺设完成以后跟进铺设。轨道采用规格 43kg/m 的重轨，长度约为 1.5m。轨道铺设完成后，可以稍微抬高，以防止顶管机进洞后出现"栽头"现象。将顶管机放置在始发托架上，始发托架及钢后靠连成一个整体。同样在接收井内也需安装一个接收架。随着顶进的持续进行，轨道沿顶进方向延伸，机架及钢后靠便滞留在工作井内，如图 5-1-6 所示。

图 5-1-6　基座安装

钢后靠自身的垂直度，以及钢后靠与顶进轴线的垂直度对顶进至关重要。为保证力的均匀传递，钢后靠根据实际顶进轴线放样安装时，在钢后靠与始发井内衬墙间预留一定的空隙（10cm 左右），并用现浇素混凝土填充此空隙。其目的是保证钢后靠与墙壁充分接触。这样，顶管顶进中产生的反顶力能均匀分布在内衬墙上或加固土中。钢后靠的安装高程偏差不超过 5mm，水平偏差不超过 7mm。

由于 2 号出入口工作井为不规则多边形，故在后靠背位置采用 C30 混凝土浇筑一个高 6m 的混凝土墩，作为后靠背系统的受力面。混凝土墩受力面采用 ϕ14mm 双层双向钢筋网进行浇筑，以确保受力面不会由于剪切力作用而出现裂缝或掉块现象。

在混凝土墩受力面再铺设一块 6m×7m×20cm 厚的铁件，以增加其承载面积，如图 5-1-7 所示。

液压缸架由 H 型钢作为主龙骨，两侧翼缘上各焊接一块 600mm×1200mm×20mm 钢板，钢板四周设置螺栓孔，主龙骨与后靠 20cm 厚铁件采用连墙件形成有效固定。后靠水泥墩强度达到 100% 后，在液压缸架前端安装千斤顶，竖直方向左右龙骨各安装 9 台 2000kN 千斤顶。油压千斤顶参数详见表 5-1-1，2 号出入口顶管液压缸架、顶管后靠背与机头位置关系分别如图 5-1-8、图 5-1-9 所示。

油压千斤顶参数表　　　　　　　　　　　　　　表 5-1-1

项目	型号	总长（mm）	额定推力（kN）	行程（mm）	额定压力（MPa）	容积（L）	质量（kg）
参数	STG-H280×2000	1540	1960	2000	31.5	154	1162

图 5-1-7　2 号出入口顶管后靠背铁件

图 5-1-8　2 号出入口顶管液压缸架

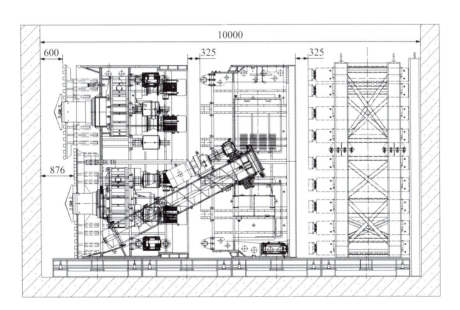

图 5-1-9　2 号出入口顶管后靠背与机头位置关系图（尺寸单位：mm）

4）顶进系统安装

（1）顶进系统安装工艺流程

顶进系统安装工艺流程为：工作井基架安装焊接→顶管机限位装置焊接→后靠拼装→前后壳体拼装→首节管下井→止退装置焊接→动力系统安装→操作台安装→联机调试。

顶管始发井内平面布置如图 5-1-10 所示，顶管顶进剖面布置如图 5-1-11 所示，顶管始发井内剖面布置如图 5-1-12 所示。

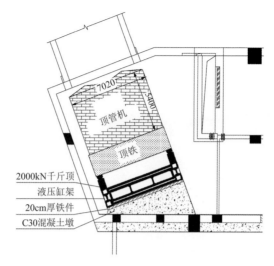

图 5-1-10 顶管始发井内平面布置图（尺寸单位：mm）

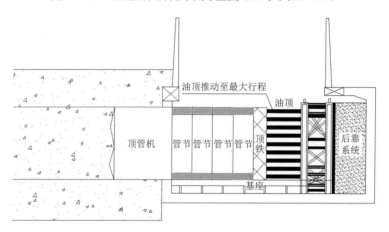

图 5-1-11 顶管顶进剖面布置示意图

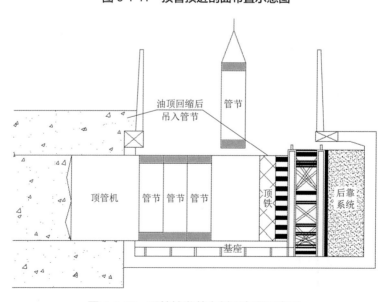

图 5-1-12 顶管始发井内剖面布置示意图

（2）顶进系统工作流程

① 借助主顶液压缸的推力，将力作用于顶铁上，顶铁推动管节与顶管机向前推进。

② 主顶液压缸推至最大行程2m处时，主顶液压缸回缩，同时启动止退装置，防止顶管机与管片向后回退。

③ 主顶液压缸回缩后，将下一段管节吊入基座轨道上。

顶管始发顶进现场如图5-1-13所示。

图 5-1-13　顶管始发顶进现场

5）顶管机下井组装

顶管机下井组装工艺流程为：前壳体→后壳体→螺旋输送机→刀盘。

6）壳体及刀盘安装

（1）矩形顶管机壳体分前后两块，首先起吊前壳体吊放至基坑导轨基座中间位置并对准隧道轴线；接着依次起吊前后壳体；最后用螺栓连接固定。

（2）螺旋输送机下井组装、前后壳体连接。单个螺旋输送机下井后缓慢吊至前后壳体腔内，用手拉葫芦倒挂螺旋输送机中下端吊点，人工协助缓慢将螺旋输送机送至泥水仓预留孔洞内，并与隔仓板螺栓连接，螺栓紧固后用扁钢将螺旋输送机与前上壳体连接，起到支撑作用。前后壳体连接完毕即可进行刀盘安装。

（3）进行螺旋输送机连接和刀盘安装，如图5-1-14、图5-1-15所示。

图 5-1-14　螺旋输送机连接　　　　图 5-1-15　刀盘安装

7）设备调试

顶管机整机在出厂前需安装调试好。为了便于运输,将顶管机拆分成几大部件运输到施工现场。为了检验运输和吊装过程中机器有无异常,在顶管机吊入工作井内安装完成后必须再次调试。

8）顶管始发进洞段施工

（1）洞门凿除

① 在洞门处采用水钻钻 9 个观察孔,以观察洞外土体加固状况,如图 5-1-16 所示。观察孔按上中下三排进行全断面控制;每排布置 3 个观察孔,共 9 个观察孔。观察孔直径 42mm、长度不小于 6m,具体布置如图 5-1-17 所示。汇水总量不得超过 20L/h。若达不到设计要求,需及时采取注浆等方式补强。待确认汇水量不超过设计要求后,方可进行洞门围护桩凿除。

图 5-1-16　洞门凿除

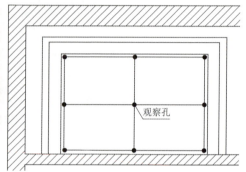

图 5-1-17　洞口处观察孔布置图

② 在洞口内搭设钢管脚手架,铺设 5cm 厚木板作为走道板,以提供作业人员作业位置。在初步洞门凿除时,脚手架可为落地式脚手架,以方便凿除施工,脚手架要稳固可靠。当最后将混凝土分块割除时,脚手架应为倒挂脚手架,保证人员工作高度在割除混凝土块之上。

③ 测量放线确定始发门凿除范围。顶管外轮廓尺寸为 5020mm×7020mm,洞门止水圈预留约 100mm 的建筑间隙,以方便洞门止水圈施工及顶管进口,故凿除尺寸应不小于 5200mm×7200mm。凿除清桩顺序为从上往下、由外向内。如图 5-1-18 所示,按图中 1、2、3…顺序凿除、清除钻孔桩;次凿除厚度为 1/2 桩径,约为 400mm;每次凿除前,先用水锯进行钻孔取样。当发现桩后软弱或存在涌水、塌陷及其他不良地质时,要及时与设计方联系,地质未经加固处理前不得凿除洞门。两侧边桩桩身凿除 1/2 厚度后,观测基坑围护变形情况,未发现异常后,再凿除其他边桩体;边凿除钻孔桩混凝土,边切除外漏桩基钢筋。其余部分重复上述步骤。每一层凿除完毕清理干净后才可以凿除下一层。

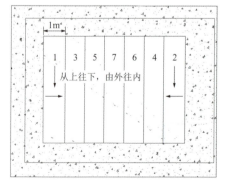

图 5-1-18　洞口凿除顺序

④ 洞门凿除过程应急措施

发现有异常情况后,迅速用木板和钢管撑住进行封堵,防止背后土体从凿开处坍塌涌入井内,并尽快从围护墙外进行深孔注浆加固。

若土体压力较大,迅速用预制好的钢筋网片与围护结构钢筋焊接进行防护。然后,采取木板和钢管支撑稳定,并立即在围护结构外以及洞门处进行注浆加固。

(2)顶进施工

在洞口内的墙壁结构全部破除后,应立即开始顶进机头,在预留洞内接长顶进导轨,并做好限位块。将顶管机顶入止水带内,在测量监控下顶管机继续顶进,至主顶行程停止。在顶管机尾部烧焊限位块,防止主顶千斤顶缩回时,顶管机在正面土体作用下退回。缩回主顶千斤顶,吊放管节,管节外部用涂抹黄油,以增加润滑性。千斤顶就位后割除限位块,继续顶进。始发后,顶管机和其后的过渡管节用钢板连在一起,形成一个整体。顶管机和过渡管节连在一起后增加了稳定性,防止顶管机头始发后因机头前端过重而栽头,对始发后的一个阶段的顶进施工十分有利,同时也便于在以后的顶进施工中对顶管机进行控制。

顶管机彻底进入洞门后,需检查洞口止水装置是否有损坏,如有损坏应立即整修,确保泥水、浆液的不外漏。

9)顶管正常掘进施工

顶管正常掘进施工流程如图 5-1-19 所示。

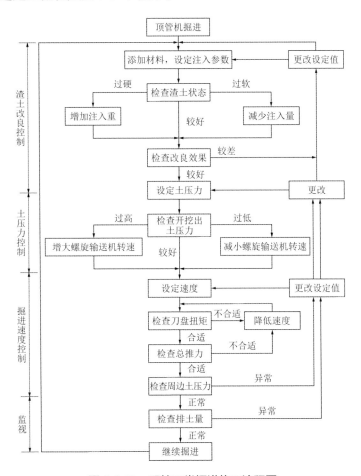

图 5-1-19　顶管正常掘进施工流程图

（1）顶进轴线控制

顶管在正常顶进施工中，必须加强顶进轴线的控制。在每节管节顶进结束后，必须进行机头的姿态测量，并做到随偏随纠，且纠偏量不宜过大，以免土体出现较大扰动及管节间出现张角。由于是矩形顶管，因此对管道的横向水平要求较高，所以在顶进过程中对机头的转角要密切注意，机头一旦出现微小转角，应立即采取刀盘反转、加压铁等措施回纠。顶进轴线偏差控制要求为：高程偏差 ±50mm，水平偏差 ±50mm。

（2）地面沉降控制

在顶进过程中，应合理控制顶进速度，保证连续均衡施工，避免出现长时间搁置情况。不断根据反馈数据进行土压力设定值调整，使之达到最佳状态。严格控制出土量，防止欠挖或超挖。为了能够控制顶进速率，经项目部及设计方及顶管作业队讨论，决定将顶管洞口外 20m 区间作为试验段，以确定顶进速率，避免地面及周边建筑物出现沉降。

（3）管节减摩

为减小土体与管壁间的摩阻力，提高工程质量和施工进度，在顶管顶进的同时，向管道外壁压注一定量的润滑泥浆，变固摩擦为固液摩擦，以达到减小总顶力的效果。对泥浆原材料进行验收，保证其质量。确定合理的泥浆配合比，保证润滑泥浆的稳定性；经常对拌和好的泥浆进行测试，确保润滑泥浆的质量。制定合理的压浆工艺，严格按压浆操作规程进行。为使顶进时形成的建筑间隙及时能用润滑泥浆填补形成泥浆套以达到减少摩阻力及地面沉降目的，压浆时必须坚持"随顶随压、逐孔压浆、全线补浆、浆量均匀"的原则，注浆压力应根据实际情况逐步加压至 0.3MPa，注浆过程中注意观察注浆量。加强压浆管理，保证压浆工作的正确落实。

（4）出土量及渣土外运

严格控制出土量，防止超挖或欠挖，正常情况下出土量应控制在理论出土量的 98%~100%，一节管节的理论出土量为 $52.5m^3$。出土采用吊斗吊送至地面的集土坑内。考虑加入润滑泥浆因素，实际一节管节出土量在 $59m^3$ 左右，按照 1.25 倍的松散系数计算，每环需出土约 $73.75m^3$。按照每环管节的出土量在渣土坑划定一个区域对比出土前后的容积，核算每环管节顶进完成后是否符合要求。顶管采用腹部出渣的方式进行，2 台螺旋输送机同时出渣。螺旋输送机内径为 520mm，功率 30kW（变频），转速 0~15.3r/min，2 台螺旋输送机最大出渣能力为 $70m^3/h×2$。顶进过程中通过控制室里的电磁阀控制螺旋输送机转速，进而控制出渣速度。

出渣斗容积计算：因为顶管施工段长度 70.1m，预计出渣斗运输一个流程需要 3min，故 1h 内出渣斗可来回运输 20 趟，$70×2÷20=7m^3$。

出渣斗选择 2 个 3280mm×2100mm×1280mm（含吊耳高度）的渣斗车，出土量为 $4m^3$ 的容积基本满足渣土外运效率。

渣土外运：顶管施工准备阶段时，在施工场地内设置临时渣土存放场地，用于顶管渣土堆放，且至少满足 4 节管节的渣土方量。

顶管施工过程中，渣土垂直运输按以下步骤进行。

步骤1：螺旋输送机将刀盘剥下的渣土输送至运渣斗车上。

步骤2：运渣斗车将渣土从开挖面运输至工作井，运渣斗车采用电动平板车，内置轨道。轨道为43kg/m的重轨铺设而成，轨道焊接于管片接缝处钢板上，轨道尺寸如图5-1-20所示，轨道安装现场如图5-1-21所示。

图 5-1-20　轨道尺寸平面图（尺寸单位：m）　　　图 5-1-21　轨道安装

步骤3：由履带式起重机将运渣斗车吊出工作井，将渣土倒入临时渣土存放场，最后集中弃土外运消纳。

步骤4：将清空后的运渣斗车吊回井内，运渣斗车行驶至螺旋运输机出土口后即可吊入下一道管节进行安装。

渣土垂直运输示意图如图5-1-22所示。

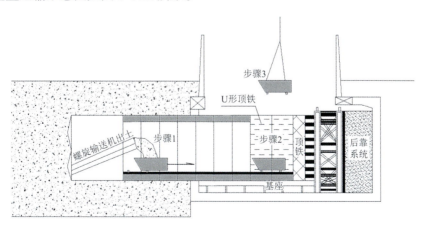

图 5-1-22　渣土垂直运输示意图

（5）管节安装

每节管节安装前，需先黏贴止水圈及丁腈软木衬垫，管节与管节的接口部分按设计要求进行嵌填，同时，尽量保证管节与机体处于同心同轴状态。管节相连后，应在同一轴线上，不应有夹角、偏转，受力面应均匀。

管节承口钢套环采用厚18mm、长350mm的钢板制成，管节插口混凝土结构外侧密贴两道楔形橡胶密封圈，施工时插入承口钢套环内，在插入过程中，橡胶密封圈被压缩，密贴钢套环，形成良好的防水体系。在承口处钢套环内侧黏贴遇水膨胀橡胶止水条，管节混凝土与承口钢套环间设置嵌缝槽，采用双组分聚硫密封胶嵌注。

在管节承口端管壁中上部位置开槽，嵌入多孔型三元乙丙橡胶弹性密封垫。弹性密封垫应与多层胶合板具有相协调的压缩能力，保证拼装后的防水效果。

在管节与管节接口处设置嵌缝槽，待浆液置换完成后采用双组分聚硫密封胶填缝。

（6）土体改良

顶管机在顶进过程中如遇到不良地层，则必须通过设在顶管机刀盘及胸板中心轴上的注浆孔向土仓内注入改良土体用的黏土等作泥材料制成的浆液。土体中注入作泥材料浆液后，不仅改善流动性和塑性，而且改善止水性能。当具有良好土水性的土体充满螺旋输送机的壳体内时，可以有效防止地下水喷发。

本工程穿越地层主要为淤泥软弱土层，为确保出土顺利安全，顶进施工过程中根据具体情况加入作泥材料制成的浆液，改善泥土仓内土体流动性和塑性，进而改善土体止水性能。当具有良好止水性的土体充满螺旋输送机的壳体内时，可确保地下水不产生喷发，保证施工安全。

同时顶管机刀杆后焊有多根搅拌棒，加泥以后只有通过搅拌棒的不断搅拌，才能使浆液与挖掘下来的渣土充分混合均匀，使改良后的土体变得具有良好的塑性、流动性和止水性。目前使用的改良剂材料主要分为四类：矿物类材料，高吸水性树脂材料，纤维类、多糖类及负离子材料，表面活性、硅溶胶类材料。

10）顶进测量姿态控制

推进过程中，时刻注意顶管机姿态的变化，及时纠偏。纠偏过程中，一次纠偏量不能太大，避免因纠偏量太大导致相邻两段形成很大的夹角，从而造成顶管机走"蛇"形。管节安装完毕后，应测出相对位置、高程，并做好记录。顶管在正常顶进施工中，必须密切注意顶进轴线的水平及高程偏差控制。在每节管节顶进结束后，必须进行机头的姿态测量，并做到随偏随纠，且纠偏量不宜过大，以免使土体出现较大扰动及管节间出现张角。

11）顶管接收施工

由于东门站二号出入口接收洞门为车站南侧墙，位于盖板下方，不满足直接吊出条件，采用顶管机弃壳方案。具体实施方案如下：

顶管推进进入弃壳段（即顶管的接收端头处 9m 处）时，降低顶进推力，充分利用刀盘切削掌子面上土体向前推进，顶管弃壳段需缓慢、匀速、连续推进施工。当顶管机刀盘切口进入加固区距离围护结构 0.3m 时，顶管停止顶进，并开始凿除洞门；洞门完全打开后，顶管迅速、连续顶进，尽快缩短顶管机进洞时间。机壳前端进入洞口计算范围后停止顶进，立即用钢板将机壳与洞口焊成一个整体，并用水硬性浆液填充管节和洞口的间隙，减少水土流失。

12）弃壳段顶进施工

顶管弃壳段位于顶管的接收端头，在通道顶管前，已经对接收井前方的接收端头进行土体加固（地面管线密集，采用在车站内加固方案），土体加固采用"管棚＋无收缩（WSS）钻注一体机"形式。

（1）具体施工流程及要求

① 首先进行顶管接收端洞口顶、底及两侧小管棚超前支护辅助施工。顶管接收端上部采用双排小管棚，水平向间距为 0.2m，排间距 100mm，呈梅花形布置，向上侧斜打，倾斜度约5°。

② 顶管接收端两侧采用单列小管棚，竖向间距0.2m，向外侧斜打，倾斜度约5°。

③ 顶管接收端下部洞口内一排采用单排小管棚，水平间距1.0m，向下斜打，倾斜度约30°。顶管接收端下部洞口外一排采用单排小管棚，水平间距1.0m，向上斜打，倾斜约5°。

（2）洞口处断面注浆加固

① 待小管棚作超前支护辅助施工完成后进行洞口处断面注浆加固（洞前加固），注浆加固设备采用ϕ50mm WSS钻注一体机，注浆孔采用排间距1000mm的梅花形布置。

② 加固范围为洞口处 4m×6m，加固区从上至下共设置 8 排注浆孔。第 1 排注浆孔 4 个角度，从上至下分别为 16°、0°、-16°、-29°，加固深度为洞前1m；第 2 排注浆孔有 3 个角度，从上至下分别为 29°、40°、43°，加固范围为洞前 1m 及接收端洞口下 3m 范围；第3～8排注浆孔角度均为 2 个角度，斜向下加固，加固范围均为接收端洞口下 3m，深度 6m。

③ 管棚注浆浆液为 1∶1 水玻璃＋水泥双液浆，浆液材料为 42.5 级普通硅酸盐水泥，水灰比 0.8∶1～1∶1，水玻璃浓度35°Bé，模数 2.6。注浆初压为 0.5～1.0MPa，终压为 2.0MPa。加固后的土体具有良好的均匀性、自立性、密封性，加固体无侧限抗压强度需大于 0.8MPa，渗透系数需小于1×10^{-7}cm/s。同时，布设超前探孔，探孔按上下左右 4 排进行全断面控制；上下两排布置 3 孔，中间两排布置 2 孔，共 10 孔，如图 5-1-23 所示。上排及左右两列探孔直径为 42mm、深度为 9000mm；下排探孔直径为 42mm，深度为 6000mm。此外，汇水总量不得超过 20L/h。若达不到设计要求，需及时采取注浆或复喷等方式补强。

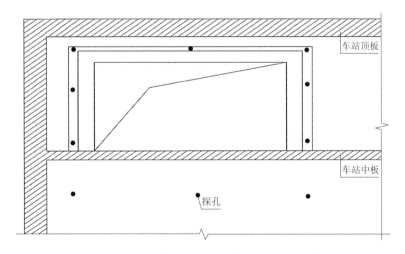

图 5-1-23　顶管接收端洞口顶部、底部及两侧探孔布置图

WSS钻注一体机浆液为1∶1水玻璃与水泥双液浆，浆液材料为42.5级普通硅酸盐水泥，水灰比为0.8∶1～1∶1，水玻璃浓度35°Bé，模数2.6，注浆压力控制在0.5～1.0MPa之间。加固后的土体具有良好的均匀性、自立性、密封性，加固体无侧限抗压强度需大于0.8MPa，渗透系数需小于1×10^{-7}cm/s。布设超前探孔，探孔按上、中、下三排进行全断面控制；每排布置3孔，共9孔，如图5-1-24所示。探孔直径为42mm，深度为2000mm，汇水总量不得超过20L/h。若达不到设计要求，需及时采取注浆或复喷等方式补强。

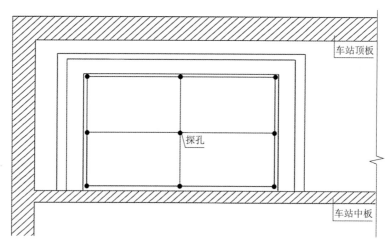

图 5-1-24　洞口处断面注浆加固（洞前加固）探孔布置图

固化剂应采用强度等级为42.5级的普通硅酸盐水泥，为改善水泥浆液性能，根据水泥土特点，通过室内配合比试验或现场试验，可加入适量的外加剂和掺合料，一般不小于450kg/m³。

④断面注浆加固完成后在周边施打一圈带止逆阀门的钢管（管上开孔），以便通过钢管开孔进行周边注浆加固。

⑤负二层小管棚施工时，因需在结构侧墙上开孔，故应做好工前工后防水止泥措施。顶管施工完成后，对结构侧墙上的孔采用提高一个强度等级的微膨胀混凝土进行灌实封堵；若微膨胀混凝土施工完成后，仍存在渗漏，则应根据堵漏专项方案，采用环氧树脂等材料进行封堵。

2号出入口顶管接收加固注浆图如图5-1-25所示，2号出入口顶管接收管棚加固图如图5-1-26所示。

⑥注浆完成后，需对注浆加固效果进行检查，加固后的土体应具备良好的均匀性，自立性和密封性，加固体无侧限抗压强度需大于0.8MPa，渗透系数需小于1×10^{-7}cm/s。布设超前探孔，探孔全断面布置9孔，且汇水总量不得超过20L/h。若达不到设计要求，需及时采取注浆或复喷等方式补强。注浆加固的质量结合本工程特点，主要检查施工过程记录，以及评估是

否满足为顶管接收提供安全保障，降低施工安全风险的要求。

⑦ 当顶管机刀盘逐渐靠近接收井时，应加强顶管顶进掌子面的轴线和高程测量的频率和精度，做到随偏随纠，减少轴线和高程的偏差，以确保顶管机机壳能够顺利进入顶管接收井洞门。

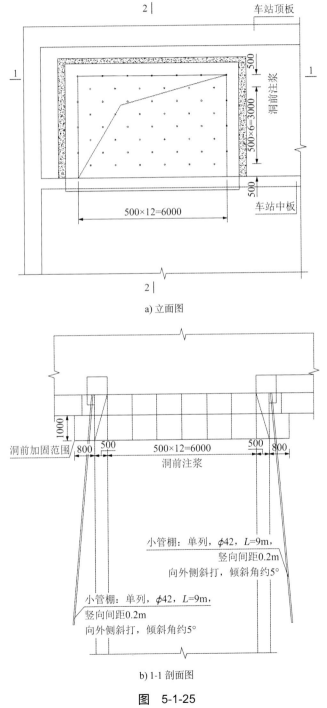

图 5-1-25

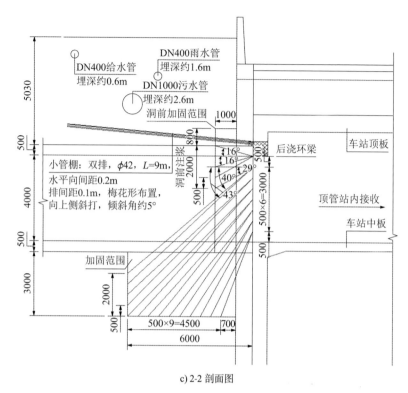

c) 2-2 剖面图

图 5-1-25　2号出入口顶管接收加固注浆图（尺寸单位：mm）

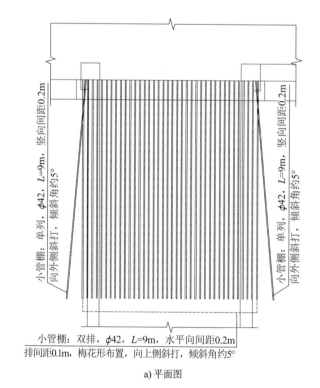

a) 平面图

图 5-1-26

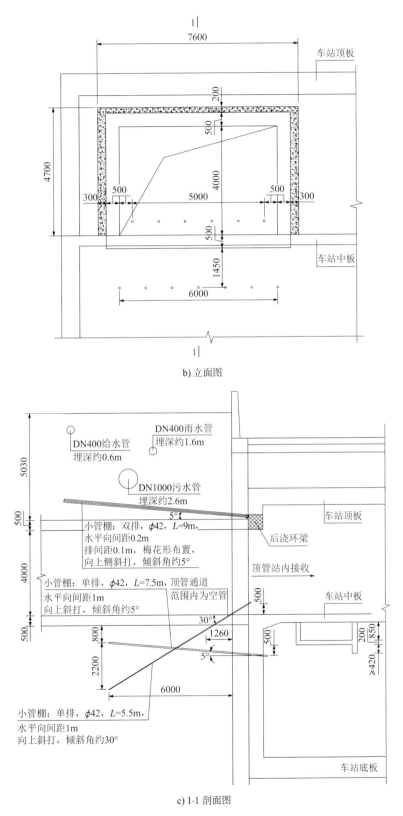

b) 立面图

c) 1-1 剖面图

图 5-1-26　2 号出入口顶管接收管棚加固图（尺寸单位：mm）

⑧ 当顶管机刀盘切口进入加固区距离围护结构 0.3m 时，顶管停止顶进，如图 5-1-27 所示。

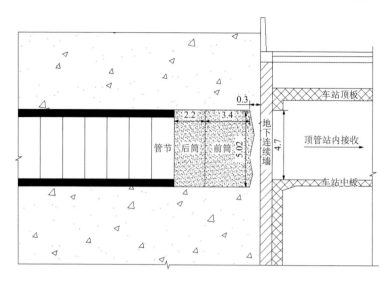

图 5-1-27　弃壳段顶进施工示意图（一）（尺寸单位：m）

⑨ 由车站接收端内部对洞门处地下连续墙进行凿除，凿除至地下连续墙迎土面钢筋停止，如图 5-1-28 所示。

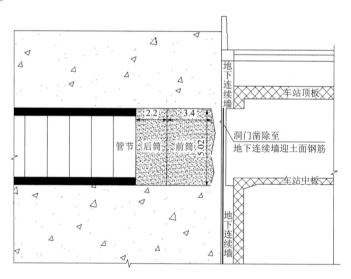

图 5-1-28　弃壳段顶进施工示意图（二）（尺寸单位：m）

待洞口处地下连续墙凿除到位后，顶管机立即向前顶进出洞，当顶管机的机壳与洞门处地下连续墙搭接 40cm 后停止顶管推进，如图 5-1-29 所示。

⑩ 割除顶管机机壳最前方的刀齿，迅速采用 3cm 厚、10cm 宽的钢板焊接封堵顶管机壳与洞门地下连续墙间的空隙，通过洞门上预埋的注浆孔向顶管机壳前方外侧压注水泥 + 水玻璃双液浆，以填充顶管机壳周边的空隙，固结顶管机壳位置，如图 5-1-30 所示；顶管出洞如图 5-1-31 所示。

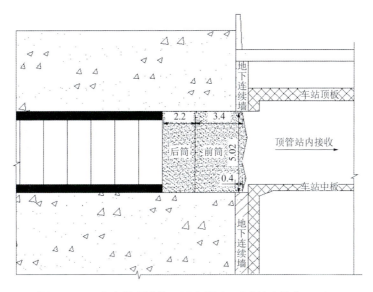

图 5-1-29　弃壳段顶进施工示意图（三）（尺寸单位：m）

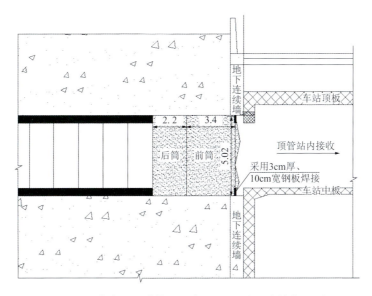

图 5-1-30　弃壳段顶进施工示意图（四）（尺寸单位：m）

图 5-1-31　顶管出洞

（3）顶管机机壳内部拆除施工

顶管机机壳内部拆除按照 a1→a2→b1→b2→c3→c4→d3→d4 的顺序进行，如图 5-1-32 所示。

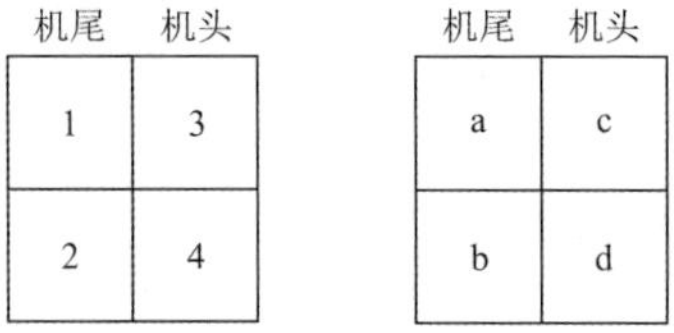

a）顶管机剖面示意图　　b）顶管机平面示意图

图 5-1-32　顶管机机壳内部拆除顺序示意图

将顶管机机头掘进至轴线预设位置，确保纠偏液压缸行程不在 0 位而是有一定的伸出量，以保证后续拆卸方便；同时，前置刀盘推至下方高出台阶 400mm 的位置。当停止推进后立即对顶管机机壳外部土体进行加固固化处理，确保土体稳定，如图 5-1-33 所示。

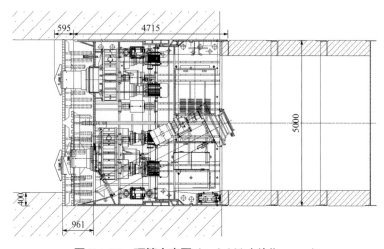

图 5-1-33　顶管弃壳图（一）（尺寸单位：mm）

首先将螺旋输送机及拉杆拆除，再使用方管或加强筋将前筒和后筒连接固定，拆除一侧纠偏液压缸座后启动纠偏泵站将纠偏液压缸缩回，方便液压缸拆卸取下，如图 5-1-34 所示。

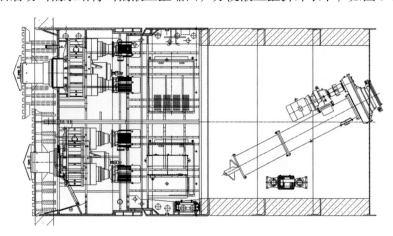

图 5-1-34　顶管弃壳图（二）

拆除完螺旋输送机和纠偏液压缸后，接着拆除机内电控系统、纠偏泵站、脱管液压缸及压块和连接的接线盒与控制阀组，还有润滑泵系统、管路、压力表控件、盘面、电控球阀、电缆、胶管、管路等机内其他小部件系统，如图 5-1-35 所示。

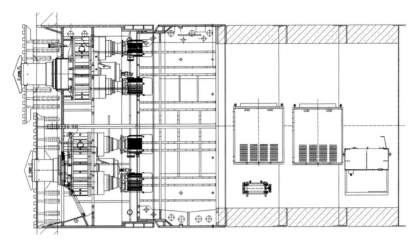

图 5-1-35　顶管弃壳图（三）

拆除机内仅剩动力系统和刀盘时，先在接收巷道内把上部的刀盘拆除，并把拆除后的刀盘及中心刀放在接收巷道等待打通后转运，其次采用吊绳葫芦及辅助千斤顶将动力系统拔出，拆除刀盘时，待上部刀盘拆除后，下部被台阶挡住的刀盘，应先拆中心刀，再拆动力系统，接着将刀盘往上提升 400mm 后拆除，如图 5-1-36 所示。

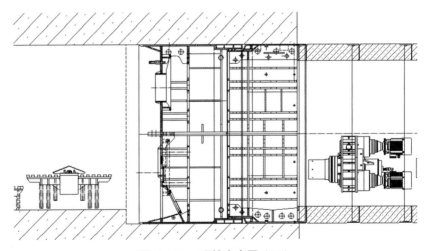

图 5-1-36　顶管弃壳图（四）

将机内拆除完成后，为防止隔仓板切割后，壳体发生变形，应在壳体的前部，后部增设均匀的Ⅰ40b 工字钢立柱，将内部支撑起来，如图 5-1-37 所示。

支撑立柱完成后，将隔仓板从上至下分小块割除，完成顶管机弃壳拆解步骤。

（4）内衬结构施工

机壳内的内衬结构在机壳作为初期支护的作用下，采用现浇施工钢筋混凝土结构，具体为侧墙采用胶合木模板，顶板采用钢模板，侧墙及顶板的内支撑体系采用满堂碗扣脚手架。

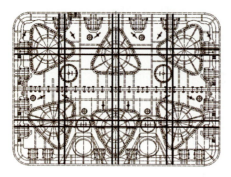 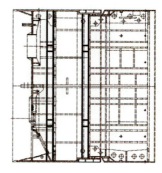

图 5-1-37　顶管弃壳图（五）

5.1.4　应用成效

顶管施工作为一种不用开挖就可敷设地下管道的施工技术，在城市基础设施建设的不停发展中应用日益广泛，特别是在部分建筑设施埋深较大、需要横穿下埋管线的交通主干道及离建筑物较近的状况下，可完美体现出顶管技术的优越性。顶管机不仅能在可塑至坚硬状态的黏土、不饱和的砂土等稳定土层中顶进，还可在饱和疏松的粉细砂与粉土、淤泥、淤泥质土、干燥的松砂土等不稳定土层中顶进。

东门站 2 号出入口工程积累了在繁忙城区使用矩形顶管工法建造出入口的经验，整个施工过程安全、平稳、高效，对周边环境影响较小，且成功完成洞内弃壳施工，可为后续类似工程提供借鉴。

5.2　复杂工况下顶管过街通道施工

5.2.1　工程概况

1）金牛山站顶管过街通道简介

金牛山站位于鼓楼区杨桥西路与江滨西大道交叉口北侧，跨西洪路设置。杨桥西路规划宽度为 40m，现状路面宽为 28m，为双向八车道 + 两侧人非混合车道，车流量较大；江滨西大道规划宽度为 50m，现状路面宽度为 44m，为双向八车道 + 两侧人非混合车道，车流量也大；西洪路规划宽度为 18m，现状路面宽度为 8m，为双向三车道 + 两侧人非混合车道，交通繁忙。

金牛山站 2 号、3 号出入口均位于杨桥西路南侧、分别位于江滨西大道东西两侧。由于杨桥西路交通繁忙、其下方管线众多，因此，2 号、3 号出入口与主体结构之间的过街通道采用顶管法施工。2 号、3 号出入口顶管长度分别为 49.442m、57.822m，顶管通道尺寸 6.9m×4.9m。单向纵坡均为 2.0%（上坡），顶管区间隧道覆土厚度分别为 6.17～5.23m、6.37～5.19m。

顶管过街通道平面示意图如图 5-2-1 所示。

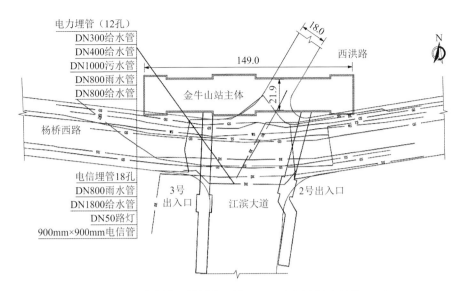

图 5-2-1　金牛山站顶管过街通道平面示意图（尺寸单位：m）

2）凤凰池站顶管过街通道简介

凤凰池站位于杨桥西路、工业路交叉口以西，沿杨桥西路东西向路边布置，为地下两层岛式站台车站。杨桥西路规划宽 40m，现状道路宽 30m。车站共设置 3 个出入口、2 组风亭、1 个紧急疏散口。

4 号出入口位于杨桥西路北侧，接收端位于杨桥西路主体结构内负一层，4 号出入口与主体结构之间的直线段通道采用顶管法施工，长度 22.58m，顶管通道尺寸 6.9m×4.9m。单向纵坡为 -0.44%（下坡），顶管区间隧道覆土厚度 4.87～4.97m。

顶管机从始发井顶进至车站接收端后，在车站内分块拆解，运输至始发井，再吊装出井，顶管过街通道平面示意图如图 5-2-2 所示。

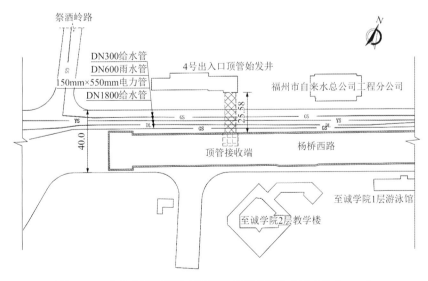

图 5-2-2　凤凰池站顶管过街通道平面示意图（尺寸单位：m）

5.2.2 施工难点

(1) 顶管主要穿越的土层为坡积粉质黏土、残积砂质黏性土、全风化花岗岩。金牛山站 3 号顶管通道穿越土层上软下硬，金牛山站 2 号、凤凰池站 4 号顶管通道穿越土层为淤泥、粉质黏土，对顶管机姿态控制要求较高。土层含有部分砂性土层、砾砂、砾石、石英砾粒、极软岩，顶进中必须加强土体改良。

(2) 金牛山站 2 号顶管通道轴线与车站侧墙夹角为 75°，顶管洞门钢圈与主体结构面平行，即顶管轴线与钢洞门圈夹角也为 75°，接收过程中所处地层为坡积粉质黏土层、残积砂质黏性土层、全风化花岗岩层，且地层埋藏有孔隙潜水或微承压水，含水率较高，孔隙比较大，易产生流变。故斜进洞过程中可能会产生管涌、地表开裂等工程风险。

(3) 金牛山站 2 号、3 号及凤凰池站 4 号顶管过街通道接收端均位于已完成车站主体结构负一层位置，顶管接收均在车站站内中板进行。顶管机及接收架的自重可能导致中板荷载过大而引起结构破坏。同时由于接收场地面积狭小，也导致了接收施工难度大。

(4) 凤凰池站 4 号顶管通道实施时主体结构已施工完成，考虑到城市主干道交通压力大、路幅有限，为了减少预留接收端顶管吊装孔对市政道路的影响，顶管接收过程中不预留接收端吊装孔，而是采用顶管接收后直接在车站内拆卸分块并从顶管通道内回拖至始发井吊装的技术。如何在站内空间狭小场地顺利完成顶管机的拆卸及回拖工作成为施工中的重难点。

5.2.3 施工关键技术

5.2.3.1 顶管始发施工

金牛山站 2 号、3 号及凤凰池站 4 号顶管通道共有 3 次始发，始发井所处地层为坡积粉质黏土层、残积砂质黏性土层、全风化花岗岩层，并且地层埋藏有孔隙潜水或微承压水，含水率较高，孔隙比较大，易产生流变。故可能会产生管涌的风险。

1) 洞门止水装置

始发前，在洞口安装帘布橡胶板。帘布橡胶板的作用：一是防止顶管机始发时正面水土涌入工作井内；二是防止顶进施工时压入的减阻泥浆流失，以保证能够形成完整有效的泥浆套。顶管始发东门止水装置结构如图 5-2-3 所示。

2) 始发洞口加固措施

始发洞口加固采用 $\phi 850mm@600mm$ 三轴搅拌桩或 $\phi 800mm@600mm$ 高压旋喷桩，始发洞口钢环需比顶管机大 100mm 左右。当顶管机的胸板靠上加固土体后，通过顶管机上设置的注浆孔，往洞圈内填充厚泥浆，以补充顶管机与洞口钢环之间的间隙。

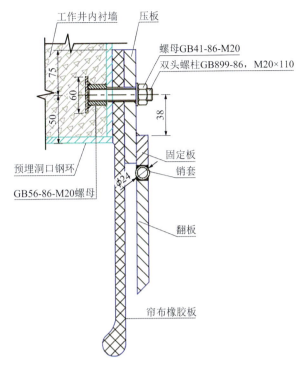

图 5-2-3 顶管始发东门止水装置结构示意图（尺寸单位：mm）

3）加固区土体改良措施

顶管机刀盘上共设置 42 个注入孔，其中中心刀位置有 6 个注入孔，辐条上有 36 个 1 英寸注入孔。顶管机在加固区推进时，根据刀盘电流大小，及时向顶管机 6 个刀盘前方注入膨润土浆液，对土体进行加固改良。同时利用刀盘后面的搅拌棒对泥土仓内的土体进行充分搅拌，使土体具有流塑性、保水性，便于螺旋输送机输送土体。

膨润土浆液配合比见表 5-2-1。

膨润土浆液配合比表   表 5-2-1

材料	膨润土（kg/m³）	水（kg/m³）	纯碱（kg/m³）	羧甲基纤维素（CMC）（kg/m³）	黏度（Pa·s）
参数	400	850	6	2.5	12~14

注浆时，注浆压力控制在 0.07~0.13MPa。在注浆泵上设置流量表及压力表，以便控制压浆量。

5.2.3.2 顶管穿越复杂地层

金牛山站 2 号顶管穿越的土层为〈3-1-1〉粉质黏土层、〈5-1〉坡积粉质黏土层、〈5-2〉残积砂质黏性土层，根据勘察报告，其地基承载力特征值 f_{ak} 分别为 0.16MPa、0.22MPa、0.24MPa。顶管穿越的土层较硬，且土层中含有一定量的砾砂或砾石，因此，顶进中需配置足够的顶力、加强注浆减摩及土体改良。

金牛山站 3 号顶管穿越的土层为〈5-2〉残积砂质黏性土层、〈6-1〉全风化花岗岩层，根据勘察报告，其地基承载力特征值 f_{ak} 分别为 0.24MPa、0.30MPa。顶管穿越的土层较硬且上软下硬，土层中含石英颗粒，因此，顶进中需配置足够的顶力、加强注浆减摩、加强土体改良及姿态控制。

凤凰池站 4 号顶管穿越的土层为〈2-4-1〉淤泥层、〈3-1-1〉粉质黏土层，根据勘察报告，其地基承载力特征值 f_{ak} 分别为 0.045MPa、0.16MPa。顶管穿越的土层上软下硬，因此，顶进中需加强顶管机姿态控制。

为保证顶管顺利穿越复杂地层，需采取下列措施。

1）顶力配置

顶力的设计及控制关系到整个顶管工程的成败及成本。顶力的大小决定了后靠加固、顶进液压缸的数量、管节及结构件的设计。

通过理论计算结合现场工程经验，顶力配置如下：

（1）金牛山站 2 号、3 号顶管通道的总顶力分别为 14700kN、16660kN。现配置 18 根 2000kN 的液压缸，总推力为 36000kN，均匀布置在液压缸架的两侧及底部；液压缸行程为 3000mm。

（2）凤凰池站 4 号顶管通道的总顶力为 856.80kN。根据施工经验，考虑加固区顶进施工，配置了 18 根 2000kN 的液压缸，总推力为 36000kN，均匀布置在液压缸架的两侧及底部；液压缸行程为 3000mm。

2）减阻措施

（1）注浆减阻

在顶进施工中，为减小土体与管节间的摩阻力，通过从管节内部的注浆孔向外压注减摩泥浆，使管节四周形成可靠的泥浆套以达到减摩效果，并对周围受扰动土体起到一定的充实效果。在施工期间要求注入的泥浆不失水、不沉淀、不固结，因此，顶管施工中采用稀浆和厚浆相结合的注入方式。其中，稀浆起润滑减阻作用，较易形成完整的泥浆套；厚浆起到支撑作用，压注厚浆可减小顶管施工中的地面沉降。稀浆配合比按表 5-2-1 采用，厚浆坍落度为 14～18cm。配合比为复合膨润土：水＝1∶1，实际施工时，还需根据现场情况调整。在厚浆压浆时，压力控制在 0.15～0.20MPa。

（2）管节表面涂蜡

管节表面采用喷灯烘烤、涂蜡，能在混凝土表面形成隔离层，避免土体黏结其上，能有效地减小淤泥层中的背土效应，同时还能减少粉质黏土层中的摩阻力。管节表面涂蜡施工如图 5-2-4 所示。

图 5-2-4　管节表面涂蜡施工

5.2.3.3　车站结构中板加固

金牛山站 2 号、3 号及凤凰池站 4 号顶管通道接收场地均位于车站结构中板。因此车站中板结构加固采用盘扣式脚手架，使用的盘扣架为标准型，立杆钢管外径 60mm、壁厚 3.2mm，立杆横纵距为 600mm，横杆步距为 500mm，如图 5-2-5 所示。

实测接收过程中，车站结构中板变形值小于 0.3mm，车站整体结构安全可控。

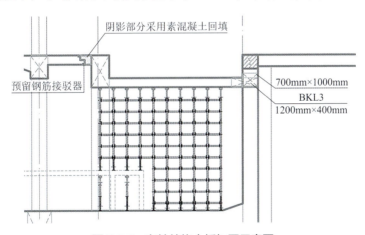

图 5-2-5　车站结构中板加固示意图

5.2.3.4　金牛站 2 号顶管斜交接收技术

金牛山站 2 号顶管通道顶进轴线与接收洞口夹角为 75°，需采用特殊措施接收，具体措施如下。

1）隔离桩设置

在接收加固区内平行于顶管轴线方向右侧设置 9 根，左侧设置 3 根拉森钢板桩，与顶管通道外壁净间距 0.4m，桩长 13m（不贯穿接收加固区）。施工顺序为先施工钢板桩、后进行接收加固，如图 5-2-6 所示。当接收洞门打开后，隔离桩可有效防止外侧加固土体破碎坍塌。

图 5-2-6　金牛山站 2 号顶管接收洞口隔离桩设置示意图（尺寸单位：mm）

2）接收洞口加固

根据顶管通道的设计轴线，接收加固采用高压旋喷桩，考虑现有管线，接收加固范围如图 5-2-7 所示。

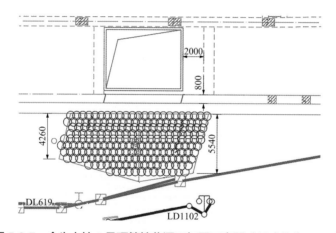

图 5-2-7　金牛山站 2 号顶管接收洞口加固示意图（尺寸单位：mm）

3）结构调整

金牛山站 2 号出入口接收端凿除部分永久中板，并将临时下降 1.0m 的中板向东侧扩大 2.0m 的范围，如图 5-2-8 所示。接收中板下方设置盘扣式脚手架进行加固，经计算，接收范围内下降中板承受的最大总荷载约为 3000kN，满足接收要求。

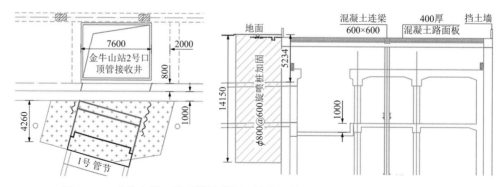

图 5-2-8　金牛山站 2 号顶管接收洞口结构调整后示意图（尺寸单位：mm）

4）接收洞圈

接收洞口钢环需进行特殊加工,其内翻边应与顶管轴线平行,同时还与西侧、东侧外翻边分别存在 75°、105°夹角,如图 5-2-9 所示。

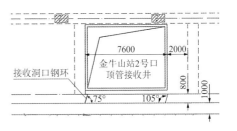

图 5-2-9 金牛山站 2 号顶管接收洞口钢环调整(尺寸单位:mm)

5）管棚施工

管棚支护施工对接收井顶板下方 20cm 处进行加固,管棚间距为 500mm,为方便施工,管棚长度最长为 4000mm。采用水钻的方式进行钻孔,钻孔方向向上略微倾斜,同时严格控制其上抬量和角度,防止管棚支护影响顶管顶进。在其内部插入 DN50 注浆钢花管,并对内衬墙面进行封堵,接着用水泥单液浆注浆填充,管棚加固示意图如图 5-2-10 所示。

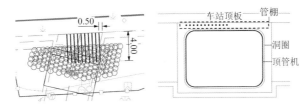

图 5-2-10 金牛山站 2 号顶管接收洞口管棚加固施工示意图(尺寸单位:m)

6）接收过程施工控制

(1)顶管机左侧切口靠上车站围护结构后(顶进里程 45.702m),利用顶管机及前两节管节四周的直径 50mm 孔向外压注惰性厚浆,形成临时止水环箍。注浆压力控制在 0.15～0.20MPa,压浆量为 0.7～1.1m³/节。

随后,凿除洞门背土侧及两层钢筋中部的混凝土。接着,在洞口钢环内安装临时止水装置(两道钢板+吸水海绵)。最后,割除迎土侧钢筋,凿除洞门内剩余混凝土,并迅速破除兼清理三角区内加固土,如图 5-2-11 所示。

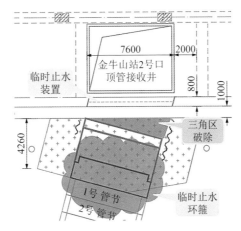

图 5-2-11 金牛山站 2 号顶管洞门凿除并清理三角区加固示意图(尺寸单位:mm)

（2）顶管机继续顶进直至首节管节左侧进入接收井内 475mm，当右侧进入围护墙内 489mm 时，顶进总里程达 49.442m，即顶进到位，如图 5-2-12 所示。

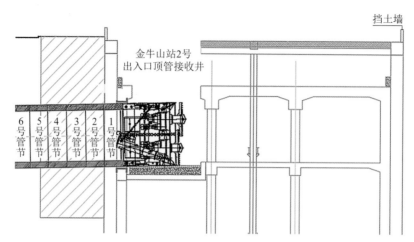

图 5-2-12　金牛山站 2 号顶管顶进到位纵断面示意图

（3）管节连接加固。最后 5 节管节用钢板连接，以防顶管机在脱出管节后，管节之间的间隙被拉大，造成渗水或漏浆。

（4）首节管节凿除。顶管机后段壳体上下分体并吊出后，先凿除部分首节管节，然后清理接收洞圈，接着将凿除后的首节背覆钢板重新与接收洞圈焊接封堵。管节左侧凿除宽度为 880mm，长度为 3500mm，同时管节端面凿至于洞门钢圈中心位置齐平，以便于后期洞门封堵及环梁制作，如图 5-2-13 所示。

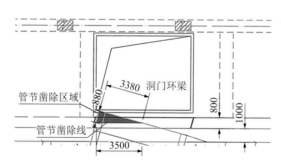

图 5-2-13　金牛山站 2 号顶管首节管节凿除范围平面示意图（尺寸单位：mm）

（5）洞门封堵。凿除部分首节管节后立即清理接收洞圈，此时管节左侧位置已在洞门圈中心位置，用 5mm 厚钢板将凿除后的首节管节的背覆钢板重新与接收洞圈中心位置焊接封堵，右侧由于管节有 1/3 未进入洞门圈内，故首节管节的背覆钢板呈异形形式，如图 5-2-14 所示。

（6）施工井接头。洞门接头构造为异形井接头混凝土保护圈，其中井接头混凝土强度等级为 C35，钢筋为 HRB400 级钢，钢筋焊接成型，混凝土保护层厚度为 50mm，抗渗等级为 P8，接头设置示意图如图 5-2-15 所示。

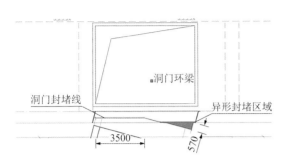 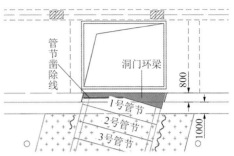

图 5-2-14　金牛山站 2 号顶管洞门异形封堵示意图（尺寸单位：mm）

图 5-2-15　金牛山站 2 号顶管异形井接头设置示意图（尺寸单位：mm）

5.2.3.5　凤凰池站 4 号顶管通道站内拆机技术

1）站内场地布置

凤凰池站 4 号顶管通道采用的顶管机尺寸为 6.92m×4.95m×4.92m，而接收端结构的净尺寸为 8.0m×7.15m×6m，接收端距车站中立柱距离为 2.8m。为了前壳体、后壳体和刀盘的合理摆放以适应接收端场地的大小，现将刀盘分散摆放至四周，顶升顶管机，待接收中板内浇筑完混凝土后，将前壳体前推至结构中柱处，为后壳体旋转提供场地，顶管机站内主要部件摆放位置示意图如图 5-2-16 所示。

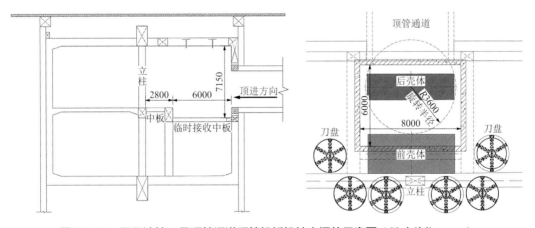

图 5-2-16　凤凰池站 4 号顶管通道顶管机拆机站内摆放示意图（尺寸单位：mm）

2）刀盘拆卸

顶管机顺利到达接收架上后，先在前后壳体连接处用型钢进行加固，保证顶管机顶升时具备足够的刚度，然后再进行刀盘的拆卸。顶管机共有 6 个刀盘，每个刀盘重 30kN。首先进行吊装架的焊接，制作 3 个相同的吊装架，将制作好的吊装架固定到前吊体的上部，每一个吊架负责吊装竖向对应的 2 个刀盘。利用吊装架和手拉葫芦先进行 3 个前置刀盘的拆卸及下放,再进行 3 个后置刀盘的拆卸及下放,将拆卸好的刀盘分散放置在接收中板梁的外侧以减轻中板的荷载,然后进行螺旋输送机及控制柜的拆除。刀盘拆卸平面图及侧视图如图 5-2-17 所示。

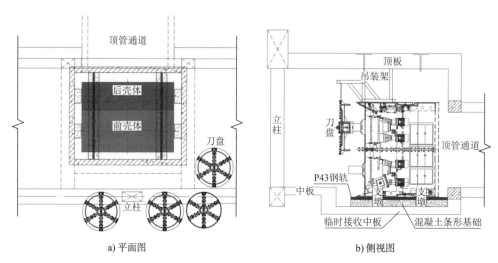

图 5-2-17 刀盘拆卸平面图及侧视图

3)顶管机顶升

在顶管机前后壳体两侧焊接用于顶升的型钢牛腿,利用预制好的混凝土支墩及型钢支架,配合 4 台 500kN 的千斤顶同步顶升,将顶管机底面顶升至高出中板面 24cm 位置处,然后在接收中板内浇筑 C30 混凝土,直至混凝土面与中板面平齐,如图 5-2-18 所示。

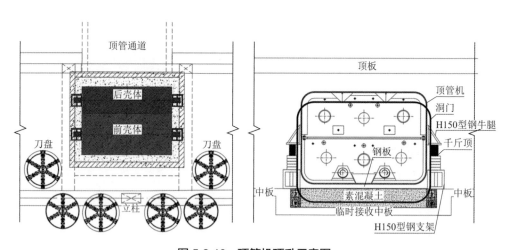

图 5-2-18 顶管机顶升示意图

4)后壳体的拆卸及回拖

待接收中板内混凝土强度满足要求后,在接收中板处及顶管通道内铺满钢板,用于减小阻力和保护顶管通道。然后,4 台千斤顶同时泄压,将顶管机逐步下落至满铺钢板上,接着拆除前后壳体上的加固连接，用千斤顶将前后壳体分离，前壳体前移到驱动轴顶住车站立柱，保证后壳体旋转有足够的空间，后壳体前移至顶板预埋的吊环正下方，用 6 根倒链挂住后壳体上部，拆除上下壳体连接螺栓后，抬升上壳体 15cm；利用千斤顶配合倒链，移动后壳体下部至满足其旋转需求后，旋转其至下部的中心线与顶管通道中心线平行，再利用千斤顶配合倒链推进壳体往始发井移动，最后将壳体移动到始发井钢平台上进行吊装。

准备 4 辆承重 2000kN 的平板车，将后壳体上部下放至平板车上，配合 30kN 的卷扬机完成壳体的旋转及回拖，然后利用平板车将 6 个刀盘运输至始发井并吊出。顶管机后壳体拆卸平面图及侧视图如图 5-2-19 所示。

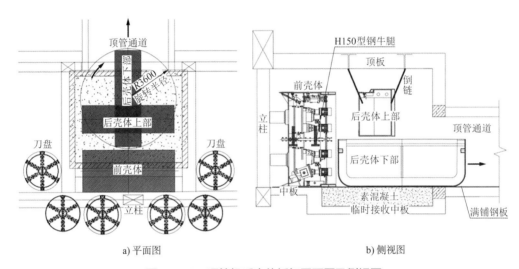

图 5-2-19　顶管机后壳体拆卸平面图及侧视图

5）前壳体的拆卸及回拖

前壳体利用千斤顶回退约 3m，在前壳体上部的外壳两侧各焊接 2 个用于顶升的牛腿；然后安装顶升系统，拆除上下壳体间的连接螺栓，将前壳体上部顶升 10cm，加固顶升支架。利用千斤顶配合倒链将前壳体下部缓慢前移，同步在上壳体下部放入临时型钢支架，待前壳体下部移出后，前壳体上部液压缸收油，将前壳体上部全部重量放在临时支架上，降低液压缸支架，使液压缸在最长状态下顶起壳体，然后降低临时支架，液压缸收油，将前壳体上部放在降低后的临时支架上，重复以上动作，直到前壳体上部下降至地面设置好的平板车上；前壳体上部利用千斤顶和倒链转向，再利用 30kN 卷扬机回拖至始发井吊装。

首先在前壳体下部两侧各焊接两个用于顶升的牛腿，用千斤顶将前壳体下部顶升 20cm，在前壳体下部四角各放置 1 台平板车，拆除顶升系统，然后用千斤顶配合倒链对前壳体下部进行旋转，最后利用 30kN 卷扬机将其回拖至始发井吊装。顶管机前壳体拆卸平面图及侧视图如图 5-2-20 所示。

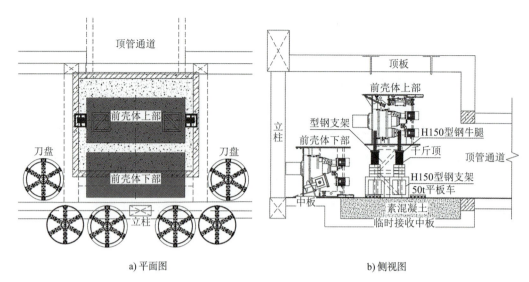

a) 平面图　　　　　　　　　　　　b) 侧视图

图 5-2-20　顶管机前壳体拆卸平面图及侧视图

5.2.4　应用成效

金牛山站 2 号、3 号及凤凰池站 4 号顶管过街通道，在面对复杂工况时，采取顶管始发、复杂地层穿越施工及顶管异常接收的针对性技术措施，以减少对周边建（构）筑的影响，保证既有车站结构的安全可控。

以凤凰池站 4 号顶管过街通道施工过程为例，管线最大变形速率为 0.12mm/d，约为报警值的 4%。最大累计沉降为 3.51mm，约为报警值的 11.7%。地表沉降最大速率为 0.13mm/d，约为报警值的 4%，最大累计沉降为 3.68mm，约为报警值的 12.2%。本工程成功应用顶管法解决了城市中心区域轨道交通建设对地面交通、市政管线影响大的问题，可为同类工程提供借鉴。

5.3　超大断面顶管隧道施工技术

5.3.1　工程概况

福州地铁 4 号线省立医院站—东门站区间位于东大路，沿线主要经过水产大厦、福建人才大厦、省直东湖大院、闽房大厦及沿街商铺等中低层建筑。由于此处设有交叉渡线且周边环境复杂，因此采用超大断面顶管进行施工。左线为单线单洞盾构施工，右线采用"盾构法+顶管法"施工，其中顶管段与商铺最小水平距离约 8.5m，与左线盾构净间距为 3.4~5.3m。为了隔离两部分施工区域，在二者之间设置 $\phi 800\mathrm{mm}@900\mathrm{mm}$ 的钻孔灌注桩作为隔离桩，在右线盾构和顶管段间设置顶管井，顶管井为地下一层箱形框架结构，其基坑围护结构形式选用"1000mm 厚地下连续墙+2 道混凝土支撑+2 道钢支撑"，工程平面示意图如图 5-3-1 所示。

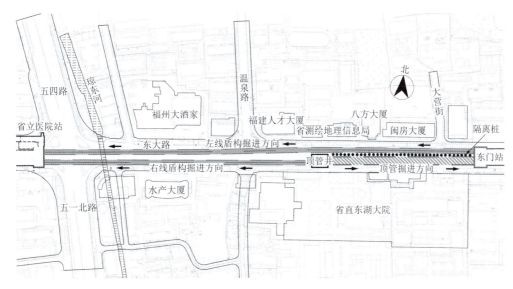

图 5-3-1　省立医院站—东门站顶管工程平面示意图

省立医院站—东门站区间采用土压平衡盾构机，先由东门站始发，然后在省立医院站接收。同时采用一台顶管机从顶管井吊入始发，待顶管掘进至东门站后平移吊出，再将左线盾构机调至顶管井始发，并在省立医院站接收。此顶管区间长度 190.4m。隧道断面尺寸为 10.8m×7.5m，是目前全球运用于地铁区间中最大跨度的超大断面顶管隧道。

管节截面形式为类矩形，顶板、底板呈微拱形，管节外轮廓尺寸为 10.8m×7.5m，壁厚 700mm，标准管节长度为 1.5m，其中：

（1）里程 YDK29+251.345～YDK29+310.646 范围内管节无中隔墙。

（2）里程 YDK29+310.646～YDK29+441.768 范围内管节设有 400mm 厚竖向中隔墙。

（3）管节总数为 126 节。

隧道顶管管节结构采用 C50、P10 混凝土进行浇筑。管节接口采用 F 型承插式，接缝防水装置则采用"2 道楔形止水圈+1 道遇水膨胀橡胶条"的组合方式。管节四周还设置了 8 个 ϕ150mm 的圆形吊装孔，上下左右各 2 个；此外，管节两外侧各设置 1 个 180mm×180mm 的方形吊装孔。

管节四周预埋 20 根 DN25 减摩注浆管，上下各 6 根，左右各 4 根；18 根 DN50 注浆管，上下各 5 根，左右各 4 根，并在其外侧预留 50mm 厚度的保护层。

对于设置中隔墙的管节，为方便左右两侧的注浆施工，在中隔墙的上部预埋 DN50 聚氯乙烯管（PVC 管）、下部预埋 DN100 PVC 管。

管节情况见表 5-3-1，管节布置示意图、断面示意图分别如图 5-3-2、图 5-3-3 所示。

管节情况一览表　　表 5-3-1

管节类别		里程	长度（m）	数量（节）	质量（t）
无中隔墙管节		YDK29+251.345～YDK29+310.646	59.30	39	82
有中隔墙管节	预制中隔墙	YDK29+310.646～YDK29+426.768	116.12	77	93
	现浇中隔墙	YDK29+426.768～YDK29+441.768	15	10	82

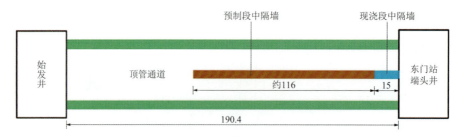

图 5-3-2 管节布置示意图（尺寸单位：m）

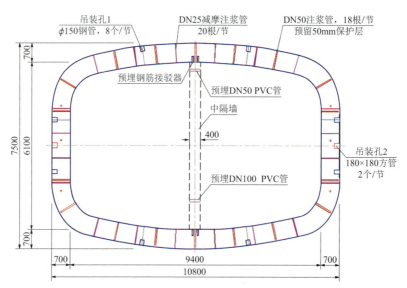

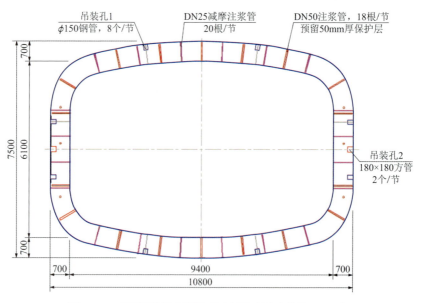

图 5-3-3 两种类型管节断面示意图（尺寸单位：mm）

5.3.2 施工难点

（1）超大断面顶管机的设计及制造。本工程需采用超大断面矩形顶管机，断面尺寸为

10.82m×7.52m，装备设计及制造难度较大。

（2）软弱地层中顶管始发、接收难度大。顶管施工需穿越淤泥层，该层土质较软且夹少量粉细砂，易发生管涌，并在始发、接收阶段易产生"栽头"现象。

（3）淤泥层中掘进周边建（构）筑物保护困难。本工程顶管段下穿东大路，这一区域不仅顶管断面大，顶进距离长，而且周边环境较为复杂。需要保护的构建筑物较多，并且还需穿越软弱地层，其中〈2-4-1〉层深厚淤泥埋深近10m，强度非常低，扰动后极易发生变形。此外，顶管迎面土压力大，对周边建（构）筑物保护也极其不利。

5.3.3 施工关键技术

5.3.3.1 顶管机针对性设计

1）顶管选型

针对本工程 10.8m×7.5m 超大断面的特点，以及地质条件、施工环境等因素，经多次技术讨论分析，确定采用土压平衡式六刀盘矩形顶管机设计方案，包括1个ϕ4700mm 刀盘、3个ϕ4200mm 刀盘、2个ϕ4000mm 刀盘，如图 5-3-4 所示。为了尽量减小地面沉降，在设计顶管机时，最大限度地加大刀盘切削和搅拌的范围，以使切削、搅拌面积最大化。同时大刀盘能够平衡顶管机顶进时产生的偏转扭矩，当顶管机受偏转扭矩时，可以通过各个大刀盘的正转或反转来提供相反力矩，以控制顶管机不会发生侧向翻转。

图 5-3-4 矩形顶管机

2）刀盘切削系统

顶管段穿越的地层为〈2-4-1〉淤泥，该地层较为软弱、持力性能较差，受扰动后极易发生变形。本工程顶管始发前，始发及接收的三轴搅拌加固已完成约1年，加固后的土体整体强度较高。考虑到顶管机选型时需增大刀盘切削率，因此本工程顶管机采用"1个ϕ4700mm 刀盘 + 3个ϕ4200mm 刀盘 + 2个ϕ4000mm 刀盘"的多刀盘组合形式。这种组合对正面土体具有较好的支撑能力，在减少大面积挤压的同时能够有效减少顶管机角部盲区面积，使得整个刀盘组的断面切削率达到 93%，有利于降低切削土体带来的扰动，减小土体变形沉降。刀盘切削系统示意图如图 5-3-5 所示。

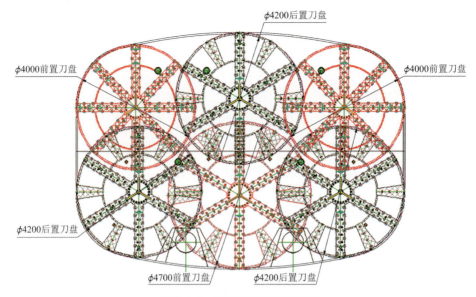

图 5-3-5 刀盘切削系统示意图

前置刀盘共配置 3 个，其中 1 个较大刀盘（ϕ4700mm）位于切削断面中间偏下，另外 2 个较小刀盘（ϕ4000mm）处于顶管机的前端。后置刀盘共配置 3 个，均为中等刀盘（ϕ4200mm），处于顶管机的后端。

切削刀具从内向外，依次是中心刀、贝壳先行刀、主切削刀、双刃先行刀、周边切削刀和保径刀，如图 5-3-6 所示。

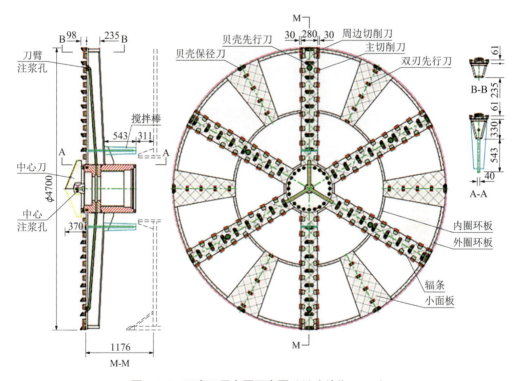

图 5-3-6 刀盘刀具布置示意图（尺寸单位：mm）

刀盘刀具设计充分考虑了本工程长距离顶进的特点,以及穿越始发、接收加固区的要求,为此配置了数量较多的、对土体切削能力强的贝壳先行刀,如图 5-3-7 所示。

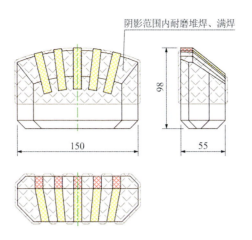

图 5-3-7 贝壳先行刀示意图(尺寸单位:mm)

6 个刀盘中,1 个较大的刀盘额定转速为 0～1.1r/min,额定扭矩为 2500kN·m,刀盘最大切削直径 4700mm。5 个较小的刀盘额定转速为 0～0.94r/min,额定扭矩为 1560kN·m,刀盘最大切削直径为 4200mm。

5.3.3.2 顶管施工前期准备

1) 顶管施工场地布置

依据现场施工条件,将管节堆放、制作等场地布置在始发井西侧,集土坑布置在始发井东侧。

(1) 集土坑

在始发井东侧布置集土坑,净尺寸为 13m(长)×7m(宽)×3.1m(深)= 282m³,每节顶管的理论出土量为 116m³,可容纳 2.4 节管节的出土量。因此,为保证顶管施工顺利进行,顶管施工中必须保证渣土外运顺畅,如图 5-3-8 所示。

图 5-3-8 集土坑布置

(2) 管节堆场

管节堆场布置在始发井西侧,共能堆放 3～4 节管节。

（3）120t 门式起重机

始发井上方布置 1 台 120t 门式起重机，走向为东西向，用于井下至地面的垂直运输，包括顶管机及管节吊运、材料卸车等。

（4）材料堆场

轨道、轨枕、走道板等堆场以及涂料和材料仓库根据场地情况布置。同时根据场地情况还需布置用电、用水、排水管线。

2）顶管井下后靠墙设置

始发井纵向长度较长，为 19.8m，顶管施工之前，为确保施工安全，在顶管始发井内设置"4 道纵向后靠墙+1 道横向后靠墙"，纵向后靠墙的厚度为 600mm 及 800mm，长度为 4.8m 及 5.6m，高度均为 8.2m；横向后靠墙的厚度为 600mm，宽度为 13.8m，高度为 8.2m。混凝土浇筑采用 C35 混凝土，后靠墙平面及剖面图如图 5-3-9 所示。

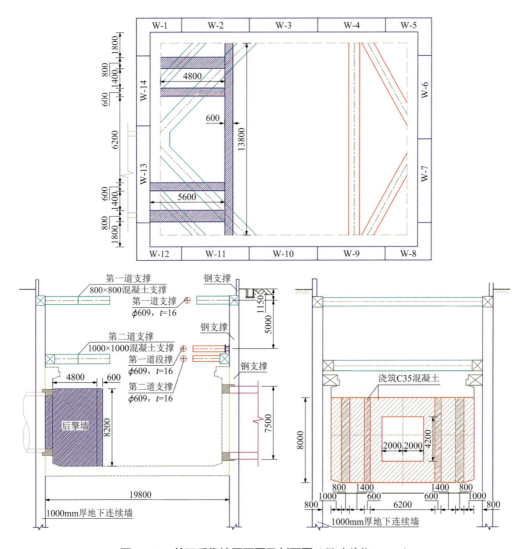

图 5-3-9　井下后靠墙平面图及剖面图（尺寸单位：mm）

3）顶管导向装置设置

洞圈范围内的顶管导向装置用于支撑顶管机始发时的本体重量，并起到导向作用，从而防止顶管机出现"栽头"现象。材料采用钢结构，宽度25cm，长度约80cm。

在洞圈范围内，底部设置4个顶管导向装置，左右各设置1个，共设置6个导向装置，如图5-3-10所示。

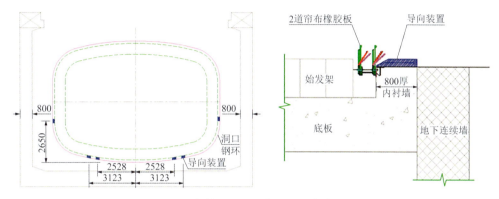

图 5-3-10　导向装置设置示意图（尺寸单位：mm）

5.3.3.3　顶管始发施工

本工程共有1次始发，始发井所处地层为淤泥层及粉质黏土层，这些地层中赋存有孔隙潜水，含水率高，孔隙比大，易产生流变，具有产生管涌的风险。

针对顶管始发的风险，采用如下技术措施：

（1）洞口止水装置安装

始发前，在洞口安装两道帘布橡胶板。帘布橡胶板的作用：一是防止顶管机始发时正面水土涌入工作井内；二是防止顶进施工时压入的减阻泥浆流失，保证能够形成完整有效的泥浆套。

（2）始发洞口加固措施

始发井洞口加固采用ϕ850mm@600mm三轴搅拌桩，在三轴搅拌桩和地下连续墙之间均采用ϕ1200mm@900mm三重管高压旋喷桩进行加固，加固长度为10m，加固宽度为整个工作井的宽度，如图5-3-11所示。顶管洞口加固向上延伸至3m，向下延伸至4m。三轴搅拌桩的强加固区，水泥掺量为20%；弱加固区，即自洞圈上部3m至地面的水泥掺量为7%。三重管旋喷高压水射流的压力为25MPa左右，注浆采用42.5普通硅酸盐水泥，水泥浆液的水灰比为1.0~1.5。加固后的土体有良好的均匀性，自立性，密封性，加固体无侧限抗压强度大于0.8MPa（弱加固区为0.3MPa），渗透系数小于1×10^{-7}cm/s。

（3）洞口设置降水井

在始发井洞门两侧各设置1口降水井，井深为22m，顶管机接收前需将水位降至洞门底以下0.5m。

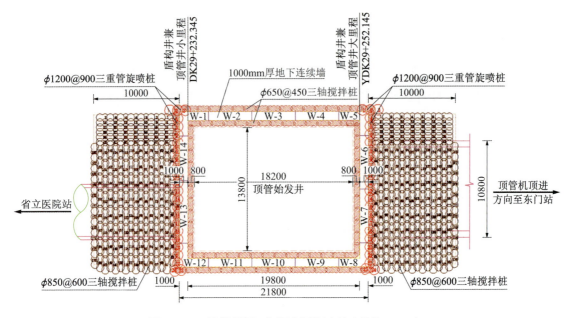

图 5-3-11 始发井洞口加固布置图（尺寸单位：mm）

（4）洞圈填充措施

始发井洞口钢环直径比顶管机直径大 150mm，当顶管机的刀盘靠上加固土体后，通过顶管机上设置的注浆孔，往洞圈内填充厚泥浆，以补充顶管机与洞口钢环之间的间隙。

（5）建立正面土压措施

在顶管机胸板上设置 2 个喷水装置及 11 个注浆孔，孔径均为 2 in。当顶管机后置刀盘靠上加固土体后及时通过胸板上的 2 in 注浆孔向土仓内注入厚浆，建立正前方平衡压力，确保刀盘面有效支护正前方的土体，避免支护面不足导致切口前方产生沉降。

（6）加固区土体改良措施

顶管机刀盘上共设置 18 个注入孔，其中中心刀位置共有 6 个注入孔，辐条上共有 12 个 1 in 注入孔。当顶管机在加固区推进时，根据刀盘的电流大小，及时向刀盘前方注入高分子水或膨润土浆液，对加固土体进行改良。同时利用刀盘后面的搅拌棒对泥土仓内的土体进行充分搅拌，使土体具有流塑性、保水性，以便于螺旋输送机输送土体。

5.3.3.4 顶管长距离顶进施工

1）推进参数设置

（1）底部土压力

顶管段采用土压平衡式顶管机，是利用土压力来平衡开挖面的土体，从而达到支护开挖面土体和控制地表沉降的目的，因此平衡土压力的选定是沉降控制的关键。

土压力采用朗肯土压力公式进行计算：

$$P = K_0 \gamma Z \tag{5-3-1}$$

式中：P——顶管隧道侧向土压力；

K_0——软黏土的侧向系数；

γ——土的重度；

Z——顶管机覆土厚度。

根据上述公式进行理论计算，正面土压力设定值见表 5-3-2。

正面土压力设定值　　　　　　表 5-3-2

参数	覆土厚度（m）	$P_上$（MPa）	$P_下$（MPa）
数值	10	0.119	0.209

顶管段下部土压力设定值与实际值如图 5-3-12 所示。下部土压力理论设定值为 0.209MPa，实际推进下部土压力平均值为 0.219MPa，略高于设定值，且实际值与设定值差异率在 5%左右。

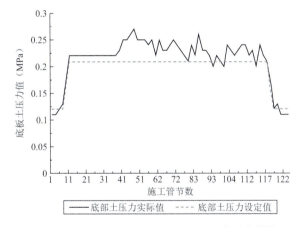

图 5-3-12　底部土压力设定值与实际值对比曲线

（2）总顶力

封闭式顶管机的顶力是由顶管机前端的迎面阻力 N 和注入触变泥浆后的管壁外周摩阻力 F 估算出来的，顶管推进施工主顶力 F_0 计算公式为：

$$F_0 = SP_t + fLl \tag{5-3-2}$$

式中：S——顶管机机头截面积；

P_t——机头底部以上 1/3 高度处的土压力；

f——采用注浆工艺的摩阻系数；

L——机头或管节周长；

l——顶进长度。

根据上述公式进行计算，计算结果见表 5-3-3。

计算结果　　　　　　　　　　　　　　　　　　　表 5-3-3

参数	长度（m）	覆土厚度（m）	迎面阻力（kN）	周边摩阻力（kN）	总顶力（kN）
数值	190.423	10	13135	42495	55630

设计最大顶力为 55630kN，顶管机共配置 32 根主顶液压缸，单根液压缸最大顶推力为 4000kN，顶力总储备为 128000kN，总顶力设定值与实际值对比曲线如图 5-3-13 所示。

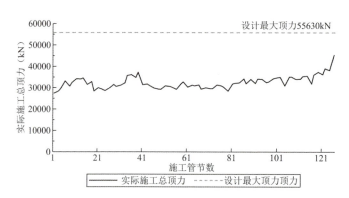

图 5-3-13　总顶力设定值与实际值对比曲线

由图 5-3-13 可知，中间段推进时实际顶力随着施工管节数的增加保持在 33500kN 附近，后续总顶力随着顶进距离的增加而平稳缓慢的增加；当最后 10 节推进时，总顶力迅速增长至 45000kN。非线性的实际曲线表明，采取减摩措施可以有效地降低随着施工管节数增长而增加的周边摩阻力 F，并保持实际顶力在最大设计顶力值的 60% 左右。

（3）刀盘扭矩

顶管刀盘扭矩设计值计算公式为：

$$T = kd^3 \tag{5-3-3}$$

式中：T——顶管机刀盘扭矩；

k——经验系数；

d——刀盘直径。

根据上述公式进行理论计算，刀盘扭矩设计值见表 5-3-4。

刀盘扭矩设计值　　　　　　　　　　　　　　　表 5-3-4

刀盘直径（mm）	经验系数	扭矩设计值（kN·m）
4000	10～20	640～1280
4200		740～1480
4700		1040～2080

φ4700mm 刀盘实际施工扭矩平均值为 1080kN·m，为扭矩设计最大值的 52%。刀盘扭矩设定值与实际值对比曲线如图 5-3-14 所示。

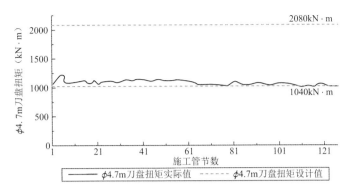

图 5-3-14　φ4.7m 刀盘扭矩设定值与实际值对比曲线

由图 5-3-14 可知，刀盘扭矩最小值为 1010kN·m，最大值为 1220kN·m。相较于设计最小扭矩 1040kN，整体变化幅度为 −3%～17%，刀盘扭矩平稳可控，有效降低刀盘磨损率，进一步减小了地表沉降。

（4）刀盘转速、顶进速度

设计顶管段刀盘转速 0.9～1.1r/min，顶进速度 4～9mm/min。顶进过程中刀盘转速在 1.0r/min 附近波动，顶进速度在 7mm/min 附近波动，如图 5-3-15 所示。施工过程整体数据稳定，未出现异常突变情况。

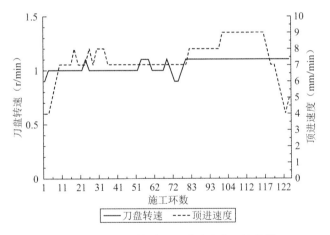

图 5-3-15　刀盘转速、顶进速度实际值曲线

2）减摩控制

（1）泥浆套建立

当顶管机壳体进入土层中时，壳体与周边土体就会产生摩擦力。为减小这种摩擦力，需在顶管隧道的前部设置泥浆套。此外，在顶管机土仓胸板后部约 20cm 的壳体上周圈布置了减摩（防背土）注浆孔。减摩注浆孔布置形式如图 5-3-16 所示。

在顶进过程中，注浆球阀注入减摩浆液，减摩浆液沿着顶管机的壳体向后扩散，形成一层减摩泥浆套。为增强减摩效果，采用稀浆+厚浆组合注浆的方式，其中厚浆起到支撑作用，稀浆则发挥润滑作用。稀浆、厚浆参数见表 5-3-5、表 5-3-6。

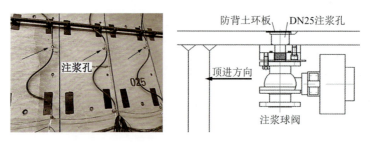

图 5-3-16　减摩注浆孔现场布置及结构示意图

稀浆浆液参数控制表　　　　　　　　　　　表 5-3-5

参数	密度（g/cm³）	漏斗黏度（s）	塑性黏度（MPa·s）	动切压力（Pa）	静切压力（Pa）
数值	1.05～1.10	25±2	11～11.5	15～20	10～12

厚浆浆液参数控制表　　　　　　　　　　　表 5-3-6

参数	坍落度（mm）	复合膨润土：水配合比
数值	14～18	1:1

稀浆注浆孔的通径为 DN25，单节共 20 个，上、下各 6 个，左右两侧各 4 个；厚浆注浆孔的通径为 DN50，单节共 18 个，上下各 5 个，左右两侧各 4 个，孔位布置如图 5-3-17 所示。

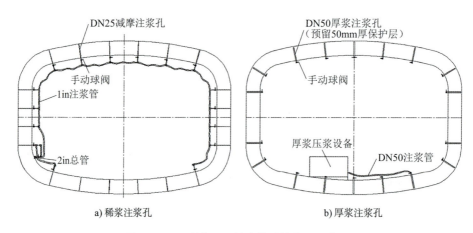

图 5-3-17　稀浆、厚浆注浆孔位布置示意图

（2）泥浆套维持

在顶进过程中，由于周边土体缓慢固结、减摩浆液在土层内被地下水缓慢稀释与扩散等众多因素影响，隧道后方的减摩泥浆套会逐步失效，因此需要定期在隧道内向外侧压注减摩浆液，以维持泥浆套的完整。遵循"先压后顶、随顶随压、及时补浆"的原则控制注浆施工，同时注浆过程中压力控制在 0.10～0.15MPa，总管压力小于 0.20MPa。

（3）止退装置

超大断面矩形顶管机因掘进掌子面较大，所以前端阻力大。且每次拼装管节、加设垫块时，主顶液压缸一回缩，在正面土压力作用下机头和管节也会一起后退。此时掌子面土压平衡受到破坏，正面土体得不到稳定支撑，就容易引起机头前方的土体坍塌，若不采取一定的措施，路面的沉降量将难以得到控制。

止退装置采用"止退架+千斤顶"的形式，由 4 个 2500kN 千斤顶、4 个 ϕ170mm 高强度剪力销、外加每侧设置的 2 道 H400×400 型钢止退架组成。型钢下方设置立柱与底板预埋钢板连接，同时横向支撑撑至始发井侧墙位置，以保证整个止退装置的强度、刚度及稳定性，管节侧边起吊孔插入剪力销作为千斤顶的支撑点进行止退，如图 5-3-18 所示。施工过程中缩短液压缸后，管节无支撑的时间减少、管节回退量减少，平均管节回退量控制在 15mm 以内，有效地避免了掌子面土体失稳。

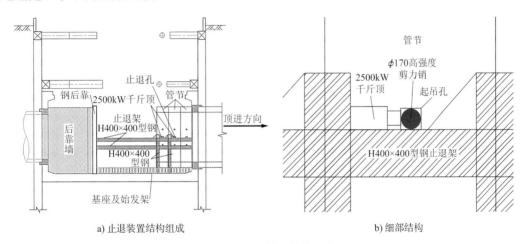

图 5-3-18　止退装置结构示意图

5.3.3.5　顶管接收施工

本工程接收井所处地层为淤泥层，地层中赋存有孔隙潜水，且含水率高、孔隙比大，易产生流变。存在产生管涌的风险。针对顶管接收的风险，主要采用如下技术措施：

（1）洞口止水装置安装。接收前，先对洞门位置进行测量确认，根据实际顶管机高程安装顶管机接收基座（接收架），并在接收井洞门安装止水装置。该止水装置为"两道环形钢板+海绵"的组合形式。其中环形钢板高度高于顶管管节外壁 10mm，厚度为 6mm，环形钢板之间还设置了三角撑，并在每个三角撑对应的位置割开 10mm 高的切口，同时在两道环形钢板之间加塞海绵。顶管接收时，该止水装置能有效起到挡水挡土的作用，装置组成如图 5-3-19 所示。

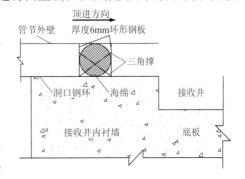

图 5-3-19　接收洞门止水装置剖面图

（2）洞口设置降水井。

在接收井洞门两侧各设置 1 口降水井，井深为 23m。顶管机接收前需将水位降至洞门底以下 0.5m。

在顶管机到达接收段时应及时停止向机头四周压注减摩泥浆，避免泥浆套压穿。

（3）施工过程中根据监测情况及时进行土体补偿。

（4）根据预先探测的顶管机的位置确定接收架的高低，避免产生过大落差。

（5）顶管机接收后，需及时进行浆液固化，通过固结周边土体减少后期沉降。

5.3.4 应用成效

省立医院站—东门站的顶管渡线段工程共设 73 个地表沉降监测点，均匀选取其中 12 个典型断面监测点，其点位分布、地表沉降曲线如图 5-3-20、图 5-3-21 所示。

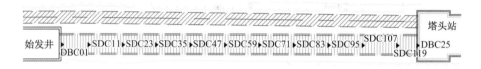

图 5-3-20　典型断面监测点位分布示意图

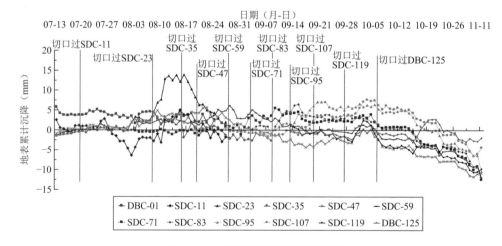

图 5-3-21　典型断面地表沉降曲线

由图 5-3-21 可知，整体地表沉降随着顶管机切口里程的变化呈现先隆起后沉降的规律，这是因为土体先受到刀盘的挤压作用而向上隆起，待顶管机穿越后则因管片间隙导致土体沉降、固结。

顶管施工过程中地表最大隆起点位为 SDC-21，数值为 +13.94mm。该点位位于始发顶管加固区域与原状土的过渡带，土体前后性质差异较大，导致地表位移数值变化较大。最终顶管施工过程中地表位移值控制在 −12.5～+13.94mm，整体数据较为平稳、无突变，确保了周围建（构）筑物的安全，工程顺利完成施工。

Chapter 6

第 6 章

其他工程关键技术

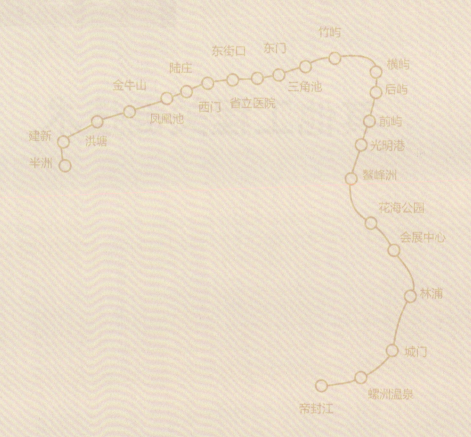

连线成环 | 福州地铁4号线建设技术创新与实践

6.1 停车场流水线式大面积施工组织

6.1.1 工程概况

洪塘停车场位于三环快速路东侧,金山大道北侧及纵一号路西南侧的地块内,占地面积约 160076m²,地块长 974m,宽 27~268m。目前该地块为橘园洲工业区,将规划为工业用地、商务设施用地。本停车场为下沉式停车场,结构包含底板、侧墙、盖板及单体(盖板外及盖板下)。本工程采用罗零高程,现状地面高程 8.8~9.0m,罗零高程 2.5m 处为轨道面,即工程的基准面为 ±0.00m。

洪塘停车场项目采用钻孔灌注桩基础,采用 ϕ1000mm 的端承型摩擦桩,选择〈4-8〉(含泥)卵石、〈7-1〉砂土状强风化花岗岩或〈7-6-1〉砂土状强风化正长斑岩作为桩端持力层(结合桩端高压注浆),桩端需深入持力层超过 3m,桩整体入土深度为 33~65m。

洪塘停车场平面示意图如图 6-1-1 所示。

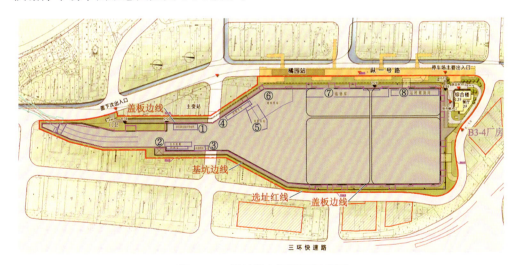

图 6-1-1 洪塘停车场平面示意图

①-牵引降压混合变电所;②-洗车机棚及控制室;③-污水处理站及废水调节池;④-内燃机库;
⑤-调蓄水池;⑥-材料堆场;⑦-临修库;⑧-运转辅助间

6.1.2 施工难点

(1)工程体量大、专业多。

整体上盖投影面积约 160000m²,由于体量大、专业众多、大面积且持续长时间的多专业交叉施工,所以施工组织管理协调难度大。同时还因现场工期紧、作业面多、材料需求量大,各种土方机械、桩基机械、材料运输机械以及其他施工机械数量众多,所以对现场施工组织和道路交通运输要求也很高。

（2）参建单位多、作业面协调难度大。

洪塘停车场的工程规模大、项目繁多，内容庞杂，参建单位多且施工场地有限。在结构工程完成后机电等多作业单位还会介入施工，导致施工场地十分紧张，所有工作面协调管理显得特别重要且难度大，这对施工造成较大的困难。

（3）基坑开挖等工序施工难度大，安全管理强度大。

基坑开挖深度大、地下结构施工工序多会导致周期较长，而本场地属大面积深挖且地下水位高，基坑边坡稳定性差，因此不利于基坑施工安全控制；同时主楼钢结构工程量大、单个构件长度/重量大、钢架跨度大，高空拼装工作量大且作业条件差，因此施工安全管理要求高；还存在盖上大平台梁板支模高度大、梁板结构分区段面积大等施工难点。

（4）工程文明施工要求高。

由于工程地理位置特殊、工程规模大、建设意义重大、公众关注度高，且工程参建单位多、施工场地紧张，施工过程与周围村庄、企事业单位关系协调难度大，导致福州市及建设单位对环境保护、文明施工的标准高、要求严格。

6.1.3 施工关键技术

6.1.3.1 施工总体布置

本工程施工前期主要进行地基处理和桩基施工，中期土建主体迅速穿插形成流水作业，后期装修、安装工程在盖下多点作业面同时施工，最后进行盖外绿化作业。整体施工可划分为以下五个阶段：

（1）围护施工阶段。

（2）桩基施工阶段。

（3）基础土方开挖及降水施工阶段。

（4）主体施工阶段。

（5）安装及装修阶段。

其中土建施工以顶梁板为施工主线，围护施工阶段以主基坑及坑中坑围护为主线，桩基施工阶段以钻孔灌注桩施工为主线，安装装修根据土建施工主线分段、分区进行组织施工。

洪塘停车场施工按照工程总平面布局、功能分区，施工总体上可划分为运用库及检修库区（A区）、咽喉区（B区）、出入场线（C区）以及维修后勤楼，共四个大的施工区段，如图6-1-2所示。四大施工区段分部进行施工。各施工区段根据所包含的项目或结构单元进一步划分为小的施工段或施工流水段，并按照施工区段间平行、区段内平行或流水施工的方式组织。流水施工区段划分示意图如图6-1-3所示，流水施工区段划分见表6-1-1。

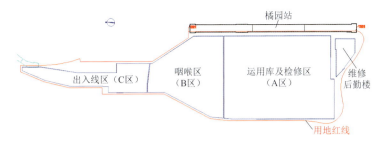

图 6-1-2 施工区段划分示意图

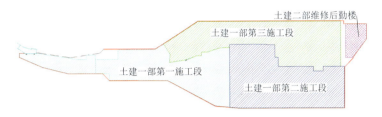

图 6-1-3 流水施工区段划分示意图

流水施工区段划分表　　　　　　　　　　　　　　　　　表 6-1-1

序号	区段	所含单体	备注
1	土建一部 第一施工段	雨水泵房、混合降压所、洗车机棚及控制室、污水处理站	整体上盖区域分 16 块
2	土建一部 第二施工段	运用库	整体上盖区域分 19 块
3	土建一部 第三施工段	调蓄水池、内燃机库、材料堆场、临修库、不落轮镟库	整体上盖区域分 12 块
4	土建二部 维修后勤楼	维修后勤楼	整体上盖区域分 1 块

6.1.3.2 基坑围护施工阶段

1）主基坑外围护结构

主基坑外围的开阔场地采用"型钢水泥土搅拌桩（SMW 工法桩）+斜抛撑"进行围护，对于场地相对较窄处，则采用双排 SMW 工法桩围护。

根据本工程施工工期并结合施工现场条件，采用 JB160 三轴搅拌桩机施工，根据桩机的工作效率拟投入 3 台三轴搅拌桩机。

（1）B 区西侧往南向和往北向各使用 1 台三轴搅拌桩机，由 B 区东侧往北向使用 1 台三轴搅拌桩机，3 台设备同时施工。

（2）待冠梁强度达到设计要求后开始进入桩基施工阶段。

（3）在结构底板钢筋安装的过程中，将钢牛腿埋入其中，待底板混凝土强度达到设计要求后安装 $\phi609mm$ 钢管斜抛撑。在外剪力首层浇筑及回填完成后拆除斜抛撑。

2）坑中坑围护结构

洪塘停车场单体建筑主楼承台大多在底板 $-2.9 \sim -4m$ 之间，在桩基施工完成并达到设计强度后，对主楼区域采用水泥搅拌桩进行施工。5台双轴搅拌桩对A区、B区非反压土区域进行围护，反压区内及地形狭窄的C区则采用"拉森钢板＋钢围檩桩"进行止水围护；对于个别单体（调蓄水池、污水处理站），则采用SMW工法桩进行止水围护。C区出入线雨水泵房采用"拉森钢板桩＋钢管支撑"进行维护；而C区出入线U形槽则采用"灌注桩＋支撑梁"进行止水围护。

土建一部3个施工段同时进行施工，首先土方在退至底板面4m位置时进行水泥搅拌桩施工，待强度达设计要求后将土方退至底板面2m处进行钢板桩施工。而C区出入线则因地质条件限制，计划采用9台冲击钻孔打桩机跳跃施工。

6.1.3.3 桩基础施工阶段

洪塘停车场采用桩基础，桩采用钻孔灌注桩（嵌岩桩）及后注浆钻孔灌注桩两种桩型。

（1）根据总进度将桩基础分为6个施工队（逐步进场）进行施工。施工工序为：钻孔→清孔→安装钢筋笼→浇筑混凝土→移机下一根桩。

（2）3个施工队优先在C区由南向北形成一条流水线，共同完成施工，为此计划配置9台旋挖机、3台车载反循环钻机。

（3）增加3个施工队进入A区，分别从东西两向施工，并在汇合后由南向北推进。计划配置24台旋挖机、12台车载反循环钻机。

（4）在C区的3个队伍施工完成后转移至B区，最终由B1区的施工队完成收尾并退场。计划配置12台旋挖机、6台车载反循环钻机。

桩基础施工阶段流水施工示意图如图6-1-4所示。

图 6-1-4 桩基础施工阶段流水施工示意图

6.1.3.4 基坑降水及土方开挖施工阶段

1）基坑降水

（1）在桩基础钻孔灌注桩静载试验时需进行基坑降水工作，为开挖做好准备；因洪塘停车场东靠洪湾河，西临乌龙江，水位较高，故计划由专业施工团队采用3台旋挖钻机进行施工降水。计划成井数量为1100眼，其中包括孔径600mm的井900眼、孔径450mm的200眼；同时，使用 1 台探钻机进行水位监测成孔。

（2）承台施工需在钻孔灌注桩静载试验完成且水位降至承台底 –1m 的位置后，再进行土方开挖。

（3）承台开挖后立即进行桩头破除，并同时进行桩基的试验检测，承台开挖完成后桩基检测工作也需同步完成，待桩基验收合格后，方可进行承台砖模的施工。

（4）承台砖模施工完成后按要求采用级配砂石对四周进行回填。

（5）基坑开挖的总原则是"开槽支撑，先撑后挖，分层开挖，严禁超挖"。混凝土支撑需达到设计强度要求后，才可开挖支撑下土方，且开挖坡度需小于 1：1.75。

基坑降水布置图如图 6-1-5 所示。

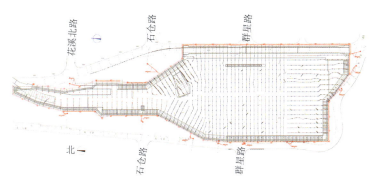

图 6-1-5　基坑降水布置示意图

2）土方开挖

（1）咽喉区、库区土方分层开挖顺序

① 开挖工法桩位置的浅基坑①，随后进行施工冠梁、支撑、挡墙等支护结构。

② 在冠梁、支撑、挡墙混凝土养护的同时，进行基坑中部②土层的开挖。

③ 在冠梁、支撑混凝土强度达到设计要求后，开始分层依次开挖③~⑦层，每层厚度需小于 2m，如遇软弱土则减少层厚至 1m，随挖随对预留反压土体表面进行喷锚加固；基底 50cm 范围内的土层需采用人工开挖。

④ 当地下室中部基础底板结构完成且强度达到设计要求及钢管斜抛撑完成后，开挖反压土体，从上到下依次开挖⑧~⑫层，同样每层厚度需小于 2m，如遇软弱土则减少层厚至 1m，基底 50cm 范围内的土层需采用人工开挖。

咽喉区、库区土方开挖顺序如图 6-1-6 所示，图中数字表示开挖顺序。

（2）出入线区土方分层开挖顺序

① 挖双排 SMW 工法桩位置的浅基坑①，随后进行施工护坡、冠梁、支撑。

② 在冠梁、支撑、护坡混凝土养护的同时，进行基坑中部②、③土层的开挖。

③ 待冠梁、支撑混凝土强度达到设计要求后，分层依次开挖④~⑦层，每层厚度需小于 2m，如遇软弱土则减少层厚至 1m，基底 50cm 范围内的土层需采用人工开挖。

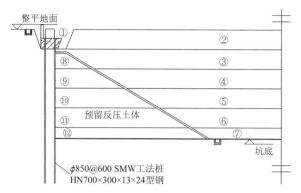

图 6-1-6　咽喉区、库区土方开挖顺序图

出入线区土方开挖顺序如图 6-1-7 所示，图中数字表示开挖顺序。

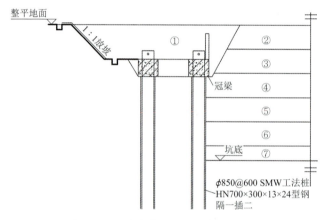

图 6-1-7　出入线区土方开挖顺序图

（3）基坑土方开挖顺序

基坑土方开挖由中部往南、北两侧分区块开挖，同时出入线区由北向南开挖，基坑土方开挖布置示意图如图 6-1-8 所示，开挖顺序为：第一分块→第二分块→第三分块→第四分块。

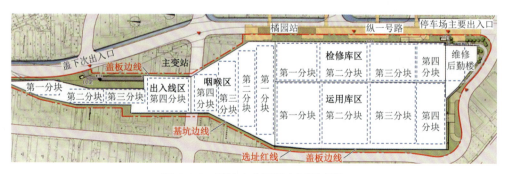

图 6-1-8　基坑土方开挖布置示意图

6.1.3.5　主体施工阶段

（1）承台、底板回填密实并经验收合格后，应及时施工混凝土垫层，并施作防水层、防水保护层。

（2）型钢柱脚预埋、承台底板钢筋、柱插筋需根据优化及设计图施工，钢筋安装工程根据施工区域计划提前 5~7d 预制完成并捆扎与标识。

（3）底板浇筑：洪塘停车场地下室底板根据设计总共分为 3 个大区（A、B、C），其中 A 区设有 5 个分区 24 个施工段，B 区设有 3 个分区 10 个施工段，C 区设有 2 个分区 7 个施工段，总计 41 个施工段，每个施工段面积约 3000m²。

（4）根据节点要求，优先对 C2-3、C2-4、A5-5、A5-6、A5-7、A5-8、A4-4、A4-5 共 8 个施工段进行底板、顶板施工。因此将整个底板以 B1 区为分界线（B1 区东西向为原市政横三号路）同时对 A 区和 C 区进行施工。C 区由 C2、C1 区相对施工，以 C1-3 区为终点，1 号大门作为材料进出口。A、B 区则以 A 区先行施工，由南朝北推进，并向中央临时施工道路合拢，最终以 B1 区为终点，3 号、6 号大门作为材料进出口。主体施工阶段施工布置示意图如图 6-1-9 所示。

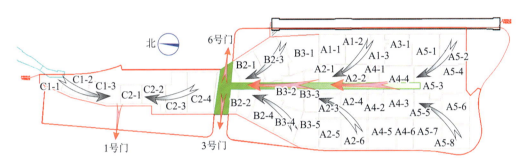

图 6-1-9　主体施工阶段施工布置示意图

6.1.4　应用成效

洪塘停车场总建筑面积达 258200m²，共有 1400000m³ 土石方量、5900 根桩基、1100 口降水井、41 块底板、47 块顶板、1795 根框架柱，合计需 105000t 钢筋、669300m³ 混凝土、11270t 型钢。依托科学合理的施工组织设计，形成了大面积的流水线式作业，各工序之间实现了有效搭接，并合理组织调度了各专业单位的施工，从 2020 年 10 月正式进场施工至 2023 年 4 月主体结构封顶，仅历时 30 个月。在保证业主移交节点的前提下，工程风险安全可控，结构质量良好，未发生工程质量事故。

6.2　机电系统

6.2.1　机电系统机房装配式施工技术（冷水机房）

6.2.1.1　工程概况

为满足福州地铁 4 号线的建设和工期要求，4 号线第 1 标段的 8 个车站冷水机房采用装配式施工工艺。现以4号线建新站为例，介绍机电系统（冷水机房）装配式施工工艺。

建新站位于福州市仓山区，地处园亭路与洪湾路交叉口，沿园亭路东北—西南向布置，为地下两层11m岛式车站，共设置6个出入口（2个预留）、3组风亭、1组冷却塔、1个消防疏散口。车站总长353.1m，标准段宽度为19.7m，采用明挖法进行施工。本站的冷却塔设置于A端风亭附近的地面。采用方形横流超低音型冷却塔。根据环评报告内容，本站无噪声敏感点，车站风亭所处环境的声功能区类别为2类区（噪声控制目标：昼间60dB，夜间50dB）。车站风亭的消声设计由消声器厂家依据环评报告，并结合现场勘测掌握的资料进行深化设计，以满足环评验收要求。配套的冷水机房位于站厅层14～17轴，机房平面布置图、大样图、三维示意图分别如图6-2-1～图6-2-3所示。

图6-2-1 冷水机房平面布置示意图

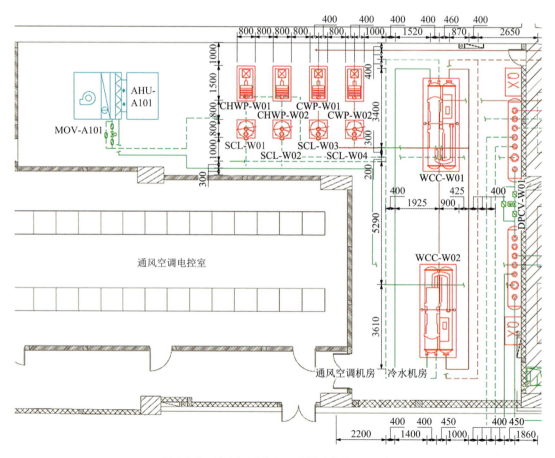

图6-2-2 冷水机房大样图（尺寸单位：mm）

第6章 其他工程关键技术

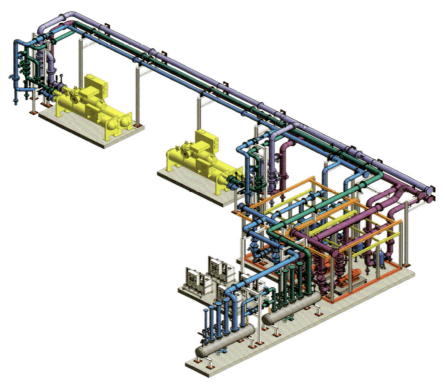

图 6-2-3 冷水机房三维示意图

6.2.1.2 施工难点

根据施工图及现场实测实量建立机房建筑信息模型（BIM），并进行系统管路优化，同时对模型中的族库进行了更新替换；然后将优化后的模型进行拆分、编码，并出具加工图提交给加工厂进行预制化生产加工；最后将其整体吊装进入车站房进行拼装施工。

目前机电预制化施工尚属起步阶段，机电行业由于涉及的专业多、系统多、材料品类多样，因此在预制化实施上存在标准化难、深化设计难、零部件加工精度高等难点。装配式机房重难点分析及对策见表 6-2-1。

装配式机房重难点分析及对策　　　表 6-2-1

序号	施工技术难点	具体分析	应对措施
1	设计精度	设计的精度是工厂预制加工及最后装配施工精度的首要条件及基本要素	（1）成立项目装配式制冷机房机电深化设计组，该设计组由各专业相关负责人及深化设计专业分包单位的技术人员组成，旨在多方整合资源。 （2）将 BIM 技术及精确的测量相结合，对机房的土建结构、机电管综及项目的设备阀门进行现场实地测量，以此对所有设备、基础、管段、阀门、配件等进行 1∶1 建模，使得每个 BIM 模型构件的精度误差需控制在 2mm 以内
2	设备基础的施工精度	土建基础的精度是实现机房精确装配的前提及环境条件	（1）前期与土建紧密配合，精密复核机房的建筑结构，并对设备基础进行二次深化出图。 （2）现场严格按照设备基础图纸进行设备基础的浇筑。 （3）对设备基础浇筑完成后的机房再次进行尺寸及定位复核，以作为后期管线及设备的调整依据

续上表

序号	施工技术难点	具体分析	应对措施
3	预制加工精度	为实现后面的装配安装精度要求,需要将项目的管段、模块及支吊架等构件全部在工厂进行预制加工及预拼装,同时确保满足设计精度要求	(1)在工厂预制加工阶段,严格按照设计提供的尺寸及顺序对管段、支架进行预制加工及预拼装。 (2)利用先进的机械设备、规范的人员操作,确保成品、半成品满足加工工艺与精度要求。 (3)对成品、半成品做好编号区分及保护
4	设备就位的精度控制	项目设备多、设备大、设备重,就位的精度影响后期装配的精度	(1)出具详细、正确的设备运输吊装方案,并报审通过。 (2)严格按照设备安装定位深化设计图进行设备就位,使用经验丰富的操作人员及安全可靠的吊装机械进行设备运输吊装
5	分段管道及模块化安装的运输	预制管段数量多、尺寸大、重量大。同时模块的体积及重量也大,数量也多,其运输的速度及顺序直接影响装配的进度与精度	(1)出具详细、正确的管段及模块运输吊装方案,并报审通过。 (2)对各管段及模块进行编号,并出具装配式施工安装图。 (3)使用经验丰富的操作人员及安全可靠的吊装机械按计划的次序将各管道运输至指定的位置
6	支吊架安装	支吊架数量多,所用型钢的型号较大。其安装定位的准确性直接影响管段是否能顺利安装到指定位置	(1)出具详细的支架深化设计图,对支架进行统一编号处理。 (2)严格按照图纸定位进行施工安装
7	水、电、风等其他专业的配合精度	制冷机房内存在各专业的管线并综合交错,若施工顺序不当,会导致管线安装不合理,将影响最后的装配安装	(1)前期做好对机房整体综合管线的把控,协调整体综合管线的排布设计,避免碰撞。 (2)排列好各专业管线的施工顺序,并依次在机房装配安装前完成相应的安装、调整

6.2.1.3 施工关键技术

1)前期信息采集

在前期 BIM 建模时,必须以图纸为依托,并以现场实际情况及工程设计变更为辅助,对模型进行深度优化,前期信息采集见表 6-2-2。

前期信息采集表 表 6-2-2

序号	类型	信息采集内容	
1	图纸	CAD 图纸(暖通全套图纸)	①施工设计总说明
			②图例及设备材料表
			③水系统及风系统平面图
			④制冷机房平面布置图
			⑤冷冻水、冷却水系统原理图
			⑥设备基础平面图
			⑦分、集水器大样图
			⑧空调器安装大样图

续上表

序号	类型	信息采集内容		
2	文件	（1）主要设备投产清单	①组合式空调器投产清单	
			②柜式空调器投产清单	
			③冷水机组投产清单	
			④空调泵排产清单	
			⑤水处理设备排产清单	
			⑥分集水器设备排产清单	
			⑦加药装置设备排产清单	
		（2）过程中涉及机房的变更文件		
		（3）本项目设计、施工、验收所需参照的规范、图集		
		（4）甲方及其他相关方对预制机房的要求（技术指引）		
		（5）预制项目部对预制构件的特定要求		
3	模型	（1）建筑、结构模型		
		（2）暖通专业模型，包含风管，风机、多联机等设备，以及机房外部暖通系统等管道模型		
		（3）电气专业模型，包含桥架、灯具、配电箱		
		（4）给排水专业模型，包含管道、管道附件、设备		
		（5）由厂家提供设备族及相应CAD图纸，并备注品牌	①空调水泵	
			②冷水机组	
			③水处理器	
			④加药装置	
			⑤组合式、柜式空调器	
			⑥分集水器（预制厂提供最终生产图纸，设备厂家按图生产）	
		（6）由厂家提供阀门附件族及相应CAD图纸，并备注品牌	①减振器	
			②橡胶软接头（DN32～DN250）	
			③压差旁通平衡阀（DN80～DN250）	
			④消声止回阀（DN32～DN250）	
			⑤螺纹截止阀（DN15～DN50）	
			⑥数字锁定静态平衡阀（DN50～DN250）	
			⑦Y形过滤器（DN50～DN250）	
			⑧电动二通阀（DN32～DN250）	
			⑨手动涡轮（对夹）蝶阀（DN50～DN250）	
			⑩螺纹闸阀（DN15～DN50）	
			⑪管道式流量计或能量计（DN150～DN300）	

2）BIM 深化设计

装配式机房 BIM 深化设计一般分为建立模块构件族库、全专业建模、模块构件分解、数字化图纸设计、运输通道设计五个阶段。BIM 深化设计流程图如图 6-2-4 所示。

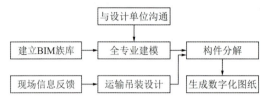

图 6-2-4　BIM 深化设计流程图

（1）建立模块构件族库

通过多项地铁工程实践总结，搭建标准模块构件族库，该族库囊括水泵、冷水机组、组合式空调器、冷却塔等常用设备的 3～5 种型号所对应的管线或设备与管线一体的构件，族库基于结构稳固、转运装配便利、运维检修空间足够及最小化等原则进行组建，通过多项地铁工程的检验，将其固化成标准的族库，方便调用，如地铁常见的三泵模型、两泵模型等。

与设计单位充分沟通，重新规划机房管线的布置，并绘制出机房平面布置图，随后从族库中调用标准模块构件，再通过连接构件进行机房水暖专业的建模。

（2）全专业建模

将结构、装饰、电气、给排水、暖通、自控等全专业模型合并，增加支架，调整碰撞、间距及相对位置不合理处，完成机房全专业模型，并锁定水暖管线的模型。全专业建模技术要求见表 6-2-3。

全专业建模技术要求　　　　　　　　表 6-2-3

序号	技术要求
1	当存在多专业管线交叉时，设计装配式方案应考虑其他管线的安装及检修空间，以及与本专业管线安装之间的先后顺序
2	支吊架方案模型创建时，应提前对支吊架最不利点进行受力计算，确定支吊架形式、位置及安装所需空间
3	模型建立时若土建工程已完成，需考虑施工现场土建施工误差问题，预留设备基础微调空间。模型在深化设计的同时需对与现场土建情况进行实地测量，并真实地反馈到深化方案模型上
4	在出具深化加工图前，需对方案中的设备、阀门进行实物测量，模型创建的所有设备、阀门及管道尺寸必须为实际加工及安装的尺寸

对图纸上所有标注尺寸进行复核，确保偏差不大于 ±5mm，且需重点复核以下几点：
①管道构件总长度（边界均取中心位置）。
②三通、弯头中线位置与管端的距离（边界均取中心位置）。
③相邻管段应执行临时拼接操作，以检验法兰孔是否对齐、支管角度是否正确。
模型的精度要求为：
①BIM 设备模型由原厂家提供，与设备实体尺寸大小完全相同，其中小型设备可发样品，

以确保 BIM 模型进度。

②管道的外径应与模型相同，管道、管件的外形尺寸精度以毫米为单位，模型尺寸误差不应超过 1mm。

③设备基础的尺寸也应与模型尺寸相同。考虑到实际安装过程中减振器因设备自重会压缩，所以模型设计需要考虑其压缩量，并确保尺寸误差不超过 2mm。

（3）模块构件分解

考虑运输通道、检修空间、吊装难度等因素，需对族库中的连接管段构件进行分解，并对分解后的模型进行编码。分解时先整体分解再局部分解，如图 6-2-5 所示。

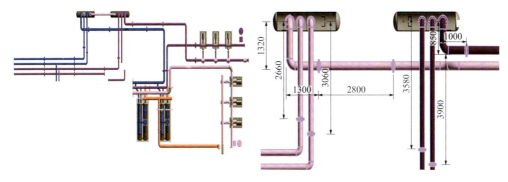

图 6-2-5　机房构件分解、编码（尺寸单位：mm）

构件尺寸确认原则：长边应小于 3m，避免不利于转弯；短边应小于 2m，避免设备区走廊过不去；高度应小于 2.4m，避免运输过程中与其他管线碰撞。

（4）数字化图纸设计

如图 6-2-6 所示，将构件分解后的模型进行导出，生成工厂加工预制图纸，并形成加工数据参数表，然后交付预制车间进行管道下料生产。数字化图纸包括三视图、三维图、构件信息、设计人员信息、项目信息等，直观清晰，可操作性强。

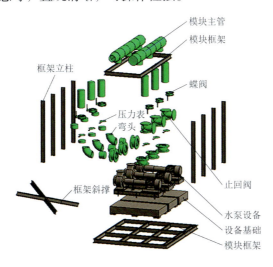

图 6-2-6　模块构件分解图

加工图技术要求见表 6-2-4。

加工图技术要求表　　　　　　　　　　　表 6-2-4

序号	技术要求
1	加工图在绘制过程中应详细标注清楚管段的材料、管径及长度信息
2	加工图应标注清楚管件的型号信息（如弯头的倍数、法兰的压力值）
3	加工图中应明确管段加工的技术规范要求
4	加工图应包含机电模块、直管段、支架、吊架、支架支撑、支架底座等大样图
5	施工安装图应明确管段编号安装位置及数量

（5）运输通道设计

施工现场需要充分考虑构件运输通道，在装配式机房运输完成前，需要预留通道。原则上应采用正式设备区走廊作为运输通道，不另行专设运输通道；由于个别门框和门需后安装，故需先预留门洞。现场运输路径如图 6-2-7 所示。

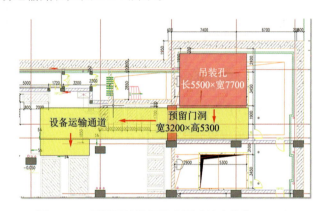

图 6-2-7　现场运输路径示意图（尺寸单位：mm）

3）工厂标准化预制

工厂标准化预制施工流程如图 6-2-8 所示。

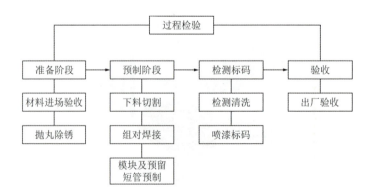

图 6-2-8　工厂标准化预制施工流程图

(1) 准备阶段

材料进场时，应对进场材料进行验收，确保原材料满足要求，如图 6-2-9 所示。

图 6-2-9　原材料工厂内验收

管道及配件验收要求如下：

① 安装材料包括管材、管件、法兰、焊条等，均需进行外观检查并验证相关文件。

② 法兰应符合国家现行标准，其材料应符合设计要求，厚度需按国标及定制标准，确保预制准确。

③ 法兰密封面应平整光滑，无毛刺、锈蚀，且凹凸面法兰其配合面应自然嵌合。

④ 严格控制管件弯头等配件尺寸偏差，同一规格配件偏差不得大于 2mm。

⑤ 管材厚度、承压能力需逐条核实，同时外观不得有破损、变形，具体验收标准见表 6-2-5。

管材验收标准表　　　　　　　　　　表 6-2-5

序号	验收项目	验收要求
1	管材直线度	弯曲度不大于 0.5mm/m
2	管材壁厚	符合相关标准要求
3	弯头曲率半径 R	$R = 1.5D$ 或定制，且弯头两端垂直度误差不大于 0.1mm

在抛丸除锈处理时，利用辊道通过式抛丸机对金属材料表面进行预处理，该设备除锈效率高，速度快，5min 就可除锈 6～10 根钢管，且除锈等级可达 Sa2.5 级。抛丸除锈流程图如图 6-2-10 所示。

a) 管道抛丸前　　　　　　b) 抛丸除锈　　　　　　c) 管道抛丸后

图 6-2-10　抛丸除锈流程图

（2）场内预制施工

① 数控下料

通过 BIM 模型形成的数字化图纸，结合管材数控相贯线切割机，实现数据快速转化，完成相应管段及贯口、坡口的自动化下料切割，且管材切割误差小于 1mm，坡口角度对位后为 65°～75°，管道下料施工如图 6-2-11 所示。

a) 管道数控切割　　b) 相贯线切割　　c) 坡口一次成型

图 6-2-11　管道下料施工

② 机械化组对施工

管道下料完成后，通过物流输送平台转运至组装区域，并与配件进行快速组对。机械化平台可有效控制构件的垂直度及平整度，经过偏差复测后再进行电焊固定，最后再输送至焊接中心，进行下一步的焊接工作，如图 6-2-12 所示。

a) 自动物流输送　　b) 机械化组对

图 6-2-12　机械化组对施工

利用数字水平尺及 DL134 数字显示角度尺，进行水平方向及垂直方向的垂直度检测，确保法兰与管道同心度及垂直度，从而减少误差。

③ 管道预制检验标准

a. 原材料检验合格的钢材需存放至指定区域，再转至切割设备进行下料。

b. 焊接前，清除管材或管件焊接端的污物，修整不圆的管口，确保坡口表面无缺陷。

c. 对口焊接时，不得使用强力对正或加偏垫消除缺陷。

d. 电焊接时，根据管材材质选择电焊条，并存放在通风干燥处。

e. 焊后检查焊缝外观，去除焊渣，确保焊缝平缓无缺陷，咬肉深度不大于 0.5mm。

f. 管道切口应与管道呈 90°直角，并用工具检验其垂直度。

g. 管道与弯头、管道与管道之间焊接时，先点焊后满焊，对于 DN150 以上的管道，至少保证 6 处点焊。

h. 核实多支管、多弯头构件的支管弯头对轴线的角度是否与图纸相符。

④ 自动焊接

自动焊接可焊接多种材质的管道及支架，焊接效率高，速度是人工焊接的 5 倍以上，焊缝美观，质量可靠；对于直径 200mm 以下的构件采用成品支架支撑，方便装配，自动焊接效果如图 6-2-13 所示。

图 6-2-13　自动焊接效果

⑤ 模块及预留短管预制

构件分为标准模块构件、异形构件、调节短管三种形式，应尽可能提高标准模块构件的比例，模块及预留短管预制如图 6-2-14 所示。

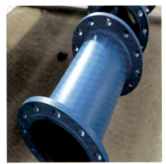

a) 模块架构制作　　　　　　b) 泵组及阀部件装配　　　　　　c) 预留短管预制

图 6-2-14　模块及预留短管预制

⑥ 检测标码

采用压力试验的方式对加工完成的管道模块进行检测，检测完成后对每个模块进行标码，如图 6-2-15 所示。

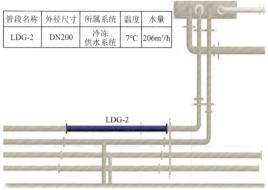

图 6-2-15 检测标码示意图

⑦ 验收

验收分为以下两个阶段。

第一阶段：出厂验收。出厂前，加工厂应自检验收。

第二阶段：进场验收。进入施工现场后，由总包单位、监理、业主组织验收，并制作开箱记录单。

常见误差分析及措施见表 6-2-6。

常见误差分析及措施表　　　　　　　　　　　　　　　表 6-2-6

序号	常见误差类型	误差产生原因	解决措施
1	信息收集误差	设备材料参数，结构、基础设计信息，如制作完成前出来了部分工作面的部位还需现场测量	（1）取得业主、设计支持，定期沟通。 （2）制定信息收集标准表格，由设计师及测量员进行填表，再由生产负责人进行抽查审批
2	设计误差/错误	设计未能正确处理高程、相对位置关系，比如管道高程按中心定位，管道间距按外壁考虑等	（1）制定明确标准，比如建模管道高程应底平考虑，如此联合支架横担高程便于统一设置，同时空调水管变径需顶平偏心时，则考虑大管底平，小管垫高；再如管道间距要考虑保温尺寸等。 （2）标准清晰，交底明确
3	材料设备误差	如管材直线度、法兰的水平度、弯头的曲率半径偏差，产品来源不统一质量标准不一致	（1）形成特有的验收标准，两级验收。 （2）采用集采供应，对自购设备进行定制，方便标准构件的实施
4	组对焊接误差	管道+法兰形式的组对焊接及三通贯口处的组对焊接，因存在人工观测及焊接受热变形的因素，所有会形成误差	（1）采用组对平台进行组对减少人工操作误差。 （2）对于热变形造成的误差可根据情况进行控制：一是采用反变形；二是小锤锤击中间焊道；三是采用合理的焊接顺序；四是利用卡具刚性固定；五是分析回弹常数
5	运输变形误差	运输及吊装转运过程中，因挤压及装卸受力产生的微小形变引起构件角度、水平度的相对误差	除模块式构件采用固定框架及支架加固外，其余标准构件段可利用泡沫缠绕膜进行保护，避免管道连接处受力
6	设备接口误差	因土建结构及基础易出现厘米级误差，模块设备端与构件连接易出现误差	（1）设备基础应协同项目相关人员及时交底复核。 （2）设置预留补偿段，此部分主控设备及构件连接处的误差校正，并确定装配顺序，确保补偿可靠有效
7	装配累计误差	单一构件误差容易控制，但整体管道到达一定长度后存在的累计误差会影响装配	分析累计误差可能产生较大影响的构件部位，如水平直管段较长部分，避免出现同一方向的累计误差

4）装配式机房现场施工

装配式机房现场施工一般分为可视化交底、构建转运定位、机房装配三个阶段。

（1）可视化交底

利用 BIM 软件实现远程 BIM 模型可视化的交底，现场作业人员利用手机就能轻松查看每个模组和模块的安装位置和细节，如图 6-2-16 所示。

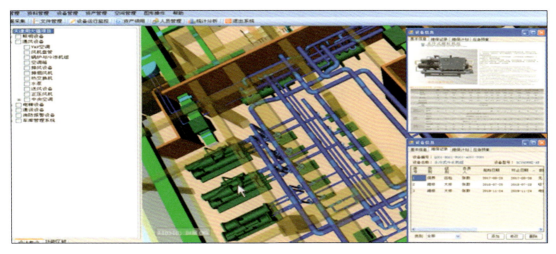

图 6-2-16　可视化交底示意图

（2）构件转运定位

构件模块运至现场后，按照预先设计好的运输通道，先用起重机运至站内，在采用葫芦、叉车等将构件运至机房内，按类别堆放整齐。

（3）机房装配

机房装配前，应按照装配式机房布置图施工完成设备基础。装配式机房施工安装对设备、基础和相关阀门配件几何尺寸要求严格精确，确保机房 BIM 模型符合现场实际情况。装配式部件尺寸要求见表 6-2-7。

装配式部件尺寸要求表　　　　表 6-2-7

序号	装配式部件	尺寸要求
1	设备	设备厂家应该提供主机、水泵、水处理设备、立式全自动定压补水装置、网式自清洗过滤器等所有设备的几何尺寸及接管方式，且已确定的设备尺寸不得随意变动
2	设备基础	设备基础强度，外观尺寸应符合设计深化后的设备安装要求，浇筑完的基础应通过技术测量将基础相关尺寸投射入 BIM 模型，复核相关基础高度及位置是否满足要求
3	阀门	阀门应精确提供产品类型、安装方式及几何尺寸，产品一经确定不得随意变动
4	减振器	减振器应精确提供型号及尺寸大小，其中应明确受压后减振器的实际高度
5	其他	弯头、法兰、垫片等相关件的几何尺寸应该符合国家相关标准，有偏差的应该及时沟通改正

机房装配安装顺序如下。

① 水泵、冷水机组安装。

水泵、冷水机组安装流程如图 6-2-17 所示。

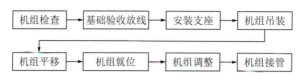

图 6-2-17　水泵、冷水机组安装流程图

② 支架安装。

支架安装是机房装配式施工最重要的一步，只有保证支架安装准确无误才能保证后续工序的施工精度。支架安装技术要求见表 6-2-8。

支架安装技术要求表　　　　　　　　　表 6-2-8

施工工序	图示	技术要求
测量点位		（1）支架安装过程中应该对支架位置进行安装测量，测量时根据模型要求选用一个基准点，所有位置的测量放线应该已该点作为水准点。 （2）整个机房内只允许有一个基准点，以保证测量精度
支架安装		（1）支架中心点位置确认后，先安装立柱，立柱安装固定后安装横档。支架底板在固定过程中螺栓应铅锤地板，不得倾斜。同一支架底座的螺栓必须在同一水平线上，以保证整体美观。 （2）支架安装完成后应进行复测

③ 管道、管件、设备模块装配，具体流程为：

a. 冷冻水泵机电模块安装就位。

b. 冷却水泵机电模块安装就位。

c. 冷机机电模块安装就位。

d. 冷机接口区域：管段对接拼装就位。

e. 冷却管 DN200 主管段区域：按照系统区域进行冷却管主管段对接拼装、就位。

f. 冷冻管 DN150 主管段区域：按照系统区域进行冷冻管主管段对接拼装、就位。

g. 冷冻水泵出水口区域：冷冻水泵出水口各段组组对拼接、就位。

h. 冷冻水水平主管段对接拼装、就位。

i. 冷却水泵出水口区域：冷冻水泵出水口各段组组对拼接、就位。

j. 冷却水水平主管段对接拼装、就位。

k. 冷冻水全程水处理设备安装就位，垂直段与水平段连接。

l. 冷却水全程水处理设备安装就位，垂直段与水平段连接。

m. 水处理仪安装就位，垂直段与水平段连接。

6.2.2 应用成效

冷水机房预制化施工技术的工艺设计和后期机房的工艺实施，在质量、进度、文明施工、成本方面都取得良好的效果。质量方面采用数控机床加工焊接，成品质量好且装配式模块美观大方；进度方面因工厂化预制，前期深化时间长，但不占用建设工期，后期施工时间由原本的2个月缩短至1周，大大节省施工工期；文明施工方面因大部分施工采用工厂预制，现场仅是搭积木似的拼装，使得施工现场干净整齐；成本方面虽然增加了前期深化设计成本，但深化过程中节省了大量的管件、连接件，即提高了成品质量又节约了成本。机房整体施工在成本未增加的同时，节省了施工工期，并保证了现场的文明施工。

参 考 文 献

[1] 涂康康. 福州地铁 4 号线鳌峰路车站深基坑数值模拟与风险评价研究[D]. 南昌: 南昌大学, 2021.

[2] 刘东超, 赵亚军, 王彦明, 等. 超深地下连续墙钢筋笼的分节吊装技术[J]. 建筑施工, 2021, 43(9): 1739-1740, 1749.

[3] 刘伟, 赵亚军, 赵保森, 等. 富水砂层超深地下连续墙工字钢接头止水适用方法比选[J]. 建筑施工, 2021, 43(10): 2009-2012.

[4] 赵亚军, 苏东黎, 刘伟, 等. 高水头软弱富水地层悬挂式基坑水平封底缺陷[J]. 建筑施工, 2022, 44(5): 899-901.

[5] 朱清鹅, 赵亚军, 吕朋, 等. 富水砂层深基坑地下水控制措施与突涌分析[J]. 中国新技术新产品, 2021(19): 112-114.

[6] 邱文翔. 富水砂层地区临河地铁深基坑降水技术研究[J]. 工程建设与设计, 2021(24): 147-149.

[7] 中华人民共和国住房和城乡建设部. 建筑地基处理技术规范: JGJ 79—2012[S]. 北京: 中国建筑工业出版社, 2013.

[8] 傅鑫晖, 赵红岗, 袁杰, 等. 不良地质条件下盾构机的脱困技术[J]. 工业建筑, 2023, 53(S2): 447-450.

[9] 傅鑫晖, 莫涛, 张晨, 等. 复合地层盾构机刀盘结泥饼成因及预防措施[J]. 地下空间与工程学报, 2020, 16(S2): 864-869.

[10] 袁杰, 肖翔, 南勇, 等. 福州轨道交通四号线孤石处治技术研究[J]. 四川建材, 2023, 49(5): 77-79.

[11] 邱文翔. 软硬不均匀地层盾构隧道孤石及基岩处理措施[J]. 建筑技术开发, 2021, 48(1): 152-155.

[12] 王超. 特殊地质下土压平衡盾构掘进施工技术[J]. 建筑技术开发, 2021, 48(8): 69-70.

[13] 黄春来, 饶伟. 土压平衡盾构河底长距离全断面富水砂层施工技术[J]. 工程建设与设计, 2022(1): 121-123.

[14] 何正福. 软弱地层中盾构掘进优化设计与数值模拟分析[D]. 南昌: 南昌大学, 2021.

[15] 邱文翔. 浅埋条件下盾构施工参数对地层扰动影响研究——以福州地铁 4 号线某路段区间盾构隧道施工为例[J]. 福建建筑, 2021(2): 70-76.

[16] 中华人民共和国水利部. 水利水电工程安全监测设计规范: SL 725—2016[S]. 北京: 中国水利水电出版社, 2016.

[17] 中华人民共和国住房和城乡建设部. 城市轨道交通工程监测技术规范: GB 50911—2013[S]. 北京: 中国建筑工业出版社, 2014.

[18] 徐英豪, 赵亚军, 刘伟, 等. 福州地铁4号线盾构区间下穿地表建(构)筑物注浆加固技术[J]. 建筑工程技术与设计, 2021, 27.

[19] 袁杰, 李赞新, 南勇, 等. 福州滨海软硬交替地层盾构机选型及可靠性分析[J]. 四川建材, 2023, 49(2): 36-37,62.

[20] 袁杰, 肖翔, 李赞新, 等. 透水性复合地层盾构穿越注浆施工技术研究[J]. 四川水泥, 2022(10): 212-214.

[21] 丁健, 冷建. 上软下硬地层中盾构施工对地表沉降影响分析及施工控制技术[J]. 城市轨道交通研究, 2022, 25(4): 229-233.

[22] 龚文棋. 盾构穿越房屋施工关键技术探讨——以福州地铁4号线工程为例[J]. 工程技术研究, 2022, 7(15): 20-22.

[23] 王建忠. 软土复合地层盾构机滚动角纠正施工技术[J]. 四川水泥, 2021(12): 60-61.

[24] 刘博峰, 李春芳, 谢春箐. 大坡度并小半径曲线隧道盾构下穿建筑物沉降预测及控制研究[J]. 建筑机械, 2022(6): 48-54.

[25] 李希宏, 姚兆龙. 福州地区不同地层泥水盾构参数控制研究[J]. 施工技术, 2021, 50(10): 67-71.

[26] 徐征杰, 郭晓阳. 基于正交试验的盾构施工渣土改良研究[J]. 铁道工程学报, 2021, 38(3): 86-92.

[27] 姚奋宗. 冷冻工法在全断面砂层中更换盾构机尾刷探析——以福州地铁4号线某区间为例[J]. 福建建筑, 2020(11): 90-94.

[28] 徐征杰, 郭晓阳. 基于响应面法的盾构施工膨润土改良参数优化[J]. 岩土工程学报, 2021, 43(1): 194-200.

[29] 中华人民共和国住房和城乡建设部. 建筑抗震设计标准: GB/T 50011—2010[S]. 北京: 中国建筑工业出版社, 2010.

[30] 国家安全生产监督管理总局. 爆破安全规程: GB 6722—2014[S]. 北京: 中国标准出版社, 2015.

[31] 全国钢标准化技术委员会. 钢丝绳通用技术条件: GB/T 20118—2017[S]. 北京: 中国标准出版社, 2017.